Theophil Friedrich Ehrmann

Geschichte der merkwürdigsten Reisen, welche seit dem zwölften

Jahrhunderte zu Wasser und zu Land unternommen worden sind

Theophil Friedrich Ehrmann

Geschichte der merkwürdigsten Reisen, welche seit dem zwölften Jahrhunderte zu Wasser und zu Land unternommen worden sind

ISBN/EAN: 9783743682504

Hergestellt in Europa, USA, Kanada, Australien, Japan

Cover: Foto ©Andreas Hilbeck / pixelio.de

Weitere Bücher finden Sie auf **www.hansebooks.com**

Geschichte
der
merkwürdigsten
Reisen
welche
seit dem zwölften Jahrhunderte zu Wasser
und zu Land unternommen worden sind.

Von
Theophil Friedrich Ehrmann.

Achter Band.   G.W.R.D.

Frankfurt am Main, 1793
in der Hermannischen Buchhandlung.

Geſchichte
der
merkwürdigſten Reiſen.

Achter Band.

Vorrede.

Da ich bei diesem Bande nur sehr wenig vorzuerinnern habe, indem das Innhaltsverzeichniß alles Nöthige über den Gehalt desselben sagt, so will ich diese schikliche Gelegenheit benuzzen, um meinen Lesern überhaupt, welchen doch in einiger Rüksicht daran gelegen seyn dürfte, und dann meinen Gönnern und Freunden insbesondere eine Erklärung über meine Autorschaft zu geben, die um so nöthiger ist, da mehrere Schriften, die ich nicht geschrieben habe, unter meinem Namen herausgekommen sind, und noch immer mir zugeschrieben werden, ob ich gleich schon im 40sten Stük des Intelligenzblatts der Janaer allgemeinen Litteratur-Zeitung vom 28 März 1792 deutlich erklärt, daß ich nicht der Verfasser jener vielen Schriften bin, und mich dabei gegen den daraus fliessenden Vorwurf der Vielschreiberei beßtens verwahrt habe.

Ich will mich hier, erlauben Sie es, meine gütige Leser, noch etwas weitläuftiger darüber erklären.

Schon in der Vorrede zum erſten Bande dieſes Werks ſagte ich Ihnen, daß ich von den früheſten Jahren meines Lebens an mit leidenſchaftlichem Eifer die hiſtoriſchen Wiſſenſchaften und insbeſondere Geographie und Statiſtik ſtudiert habe, und daß ich mit ungeduldiger Sehnſucht nach mancherlei widrigen Schikſalen, nur den günſtigen Zeitpunkt abwartete, in welchem ich mich wieder ganz meinen Lieblingsſtudien weihen könnte.

Der in dieſer Rükſicht günſtigere Zeitpunkt kam endlich, und ſeit drei vollen Jahren lebe ich jezt wieder ganz allein meinem hiſtoriſchen Studium, und wandle unverdroſſen die mir ſelbſt vorgezeichnete Bahn fort, ſo ſehr dieſelbe auch mit Schwierigkeiten beſäet, und mit Unannehmlichkeiten umgeben iſt, die der deutſchen Schriftſtellerei eigen zu ſeyn ſcheinen.

Die erſte Frucht meiner ſelbſtgeſchaffenen Muſſe war dieſe Geſchichte der merkwürdigſten Reiſen — mein Lieblingswerk, das ich nun ſeit drei Jahren mit Eifer fortgeführt, und nie einen Moment aus den Augen verloren habe. Der ſchmeichelhafte Beifall eines ſehr zahlreichen Publikums, den daſſelbe gleich Anfangs zu erhalten das Glük hatte, war mir Aufmunterung und Sporn zu ſeiner immer weitern Vervollkommnung, ſo weit es meine oft unangenehme Lage zuließ, und machte mich die

hämischen Nekkereien einiger sogenannten Kunst-
richter vergessen.

Da nun dieses Werk so sehr alle meine Aufmerksamkeit erforderte und fesselte, so wurde es
bald der Mittelpunkt, um welchen sich alle meine schriftstellerischen Arbeiten herumdrehten. —
Afrika, welchem Erdtheile die erste Abtheilung
dieser meiner Geschichte der Reisen gewiedmet
ist, ward der Hauptgegenstand meines Stu-
diums, bei welchem ich zugleich einige Entdek-
kungen machte, die ich dem Publikum auch neben
jenem Hauptwerke mittheilen zu dürfen glaubte.

So entstand zuerst meine Bibliothek der
neuesten Länder- und Völkerkunde, von
welcher seit 1790 drei kleine Bändchen erschienen sind — eine Sammlung von mancherlei,
ich glaube interessanten Beiträgen zur Erdkunde, besonders von Afrika, von kleinen Reisebeschreibungen, übersezten Aufsäzzen und Aus-
zügen — wenig Eigenes ist darunter! — Diese
Sammlung ist eine Aehrenlese im geographischen
Felde, die vielleicht manch brauchbares Weizen-
körnchen enthält! —

Daß ich diese kleine Sammlung neben meinem Hauptwerke herausgeben konnte, ohne diesem zu schaden, ja daß jene mir bei diesem vieles nüzte — das werden meine Leser selbst ein-
sehen!

Auf demſelben Wege führte mich mein Studium der Kunde von Afrika, auch zu der Her-
ausgabe der Reiſebeſchreibung des P. Lobo
nach Habeſſinien, an deren erſtem Bande
(welcher auf lezter Oſtermeſſe erſchienen iſt) ich
über ein ganzes Jahr gearbeitet habe. Der zweite Band, welcher eine weitere Beſchreibung von
Habeſſinien enthält, wird zu dieſer Herbſtmeſſe
ausgegeben werden können.

Dies iſt nun Alles, was ich, einige kleinen
Aufſäzze abgerechnet, in drei vollen Jahren,
bei dem freien Genuſſe meiner ganzen Zeit, und
bei meiner einſiedleriſchen Lebensweiſe ſelbſt für
den Druk geſchrieben habe!

Mein im Jahr 1791 erſchienener Grund-
riß der Staatenkunde gehört nicht hieher,
denn dieſer iſt, wie die Vorrede bezeugt, ſchon
im Jahre 1788 geſchrieben worden. Von dieſem gebe ich jezt eine neue ganz umgearbeitete
und erweiterte Auflage heraus, welche zugleich
ins Franzöſiſche überſezt wird.

Wie es aber nun kömmt, daß mir noch
mehrere Schriften zugeſchrieben werden; dies
muß ich nun den geneigten Leſern, die etwa an
meinen Autorsſchikſalen einigen Antheil nehmen,
noch kurz erklären.

Meine Bekanntſchaft mit mehreren Buch-
handlungen brachte mir mehrere Aufträge, die

ich selbst nicht übernehmen konnte; dabei hatte ich einen Freund, einen jungen Mann, der schon vorher mit Ehren als Schriftsteller aufgetreten ist; dieser war damals in einer etwas mißlichen Lage; ich empfahl ihn deßwegen meinen bekannten Buchhändlern, und übergab ihm diejenigen Aufträge derselben, die ich theils wegen Krankheit, theils wegen anderer Ursachen nicht selbst übernehmen konnte und wollte. — So entstanden dann verschiedene Bücher und Büchelchen, die unter meinem Namen in die Welt hinaus kamen, ohne wirklich von mir zu seyn. Wie es aber dabei zugieng, daß mein Name auf Titel und unter Vorreden von Werken kam, die ich nicht verfaßt hatte — das wird für meine Leser kein Räthsel seyn!

Die auf diese Art entstandenen Schriften und Schriftchen, gegen deren mir aufgedrungenes Eigenthum ich hier protestiren muß, sind folgende:

1) Brissots Reise nach Nordamerika. Aus dem Franz. übersezt (Hier sollte ein Strich seyn, und darunter stehen: Herausgegeben) von T. F. Ehrmann. gr. 8 Dürkheim bei Pfähler. 1791.

Von diesem Buche ist weder Uebersezzung noch Vorrede von mir, sondern bloß die kleinen Zusäzze am Ende, die, um einer andern Uebersezzung zuvorzukommen, so eilig in die Drukke

rei geliefert werden mußten, daß ich ſie nicht eins
mal vorher noch durchſehen konnte. Die Ueberſezzung, die ſelbſt von Kennern gelobt worden
iſt, habe ich, ſo viel es die Eile des Druks erlaubte, im Manuſkript durchgeleſen, und hier
und da noch etwas verbeſſert — ſie iſt, ſo wie
die Vorrede und Einleitung von meinem obenerwähnten Freunde.

2) Die Holländer, eine karakteriſtiſche
Skizze aus der Völkerkunde. Mit 18
Kupfern. 8 Leipz. und Jena 1791. bei
Schneider.

Dieſes Büchelchen ſchrieb mein Freund,
während ich krank war. Der Verleger, ein alter Bekannter, hatte zwar mir den Auftrag
dazu gegeben, ich konnte mich aber demſelben
aus angeführter Urſache nicht unterzeichnen,
übergab ihn, da die Sache ſo ſehr Eile hatte,
jenem jungen Manne, und hatte dann nicht
mehr Zeit, das Manuſkript zu durchleſen. Es
iſt ein Broſchürchen von vier Bogen!

3) Kurze Beſchreibung von Abyſſinien
und ſeinen heutigen Bewohnern. Ein hi-
ſtoriſch - geographiſcher Auszug aus J.
Bruce's Reiſe nach den Nilquellen. 8 Leipzig. Bei Weigel und Schneider, 1792.
(Macht auch die 2te Abtheilung des XVIII.
Bandes der Bibliothek der neueſten Reiſebeſchreibungen aus.)

Mit diesem hat es gleiche Bewandniß. Nichts in diesem ganzen Auszuge, selbst die Einleitung nicht, unter welcher mein Name steht, ist von mir, als der Nachtrag am Ende, dessen Veranlassung leicht einzusehen ist! — Herr Schneider in Nürnberg gab mir den Auftrag, einen solchen Auszug aus Bruce's Reise zu besorgen, und ich übertrug dem zu Folge diese Arbeit, der ich mich nicht unterziehen konnte, meinem mehrerwähnten Freunde, welchem ich den Plan dazu vorzeichnete, ohne mich weiter damit befassen zu können.

Dies ist kurz die Geschichte dieser mir zugeschriebenen Schriften, die, nach meiner Ueberzeugung nicht schlecht sind, und gewiß den Zwek zu welchen sie von ihren Verlegern selbst bestimmt waren, erfüllen. Da ich aber dennoch bald bemerken mußte, daß ihre Erscheinung einen nachtheiligen Einfluß auf meine schriftstellerische Ehre haben könnte, indem gewisse Leute, den Vorwurf: „ich mische mich in zu vielerlei Arbeiten, und verderbe mir meinen aufkeimenden Schriftstellerruhm, wenn ich für den Verfasser von so unbedeutenden Schriften gehalten werde„ — daraus abzogen, und mich noch überdies der Vielschreiberei beschuldigten — mich, der ich schon Jahre lang an Einem mäßigen Bande arbeitete, und von meinen Herren Verlegern immer Vorwürfe wegen meiner Lang-

samkeit im Manuskriptliefern anhören muß
— so ließ ich zu meiner Rechtfertigung schon
im März vorigen Jahrs die obenerwähnte Er=
klärung in das Intelligenzblatt der allg. Litter.
Zeitung einrükken.

Nun aber erfahre ich zu meinem Verdrusse,
daß man auf diese Erklärung wenig geachtet,
und mich noch immer in dem Verdachte der Viel=
schreiberei hat. Ich glaubte daher diese weitere
Auseinandersezzung der ganzen Veranlassung
dazu sowol mir, als auch meinen Gönnern und
Freunden, unter welche ich die gütigen Leser
dieses Werks rechnen zu dürfen glaube, schuldig
zu seyn.

Daß ich kein Vielschreiber bin, beweist
Ihnen schon die bisherige langsame Erscheinung
dieses Werks. Wenn ich aber auch mehr ar=
beite, von jezt an mehr liefre, als mancher
andre Schriftsteller, dem ein Amt die Hälfte
seiner ganzen Zeit raubt, sollte dies mir zum
Vorwurf gereichen? — Ich bin noch ganz un=
abhängig; ich stehe (ohne meine Schuld) noch
in keinem Amte; ich bin Herr meiner ganzen
Zeit, und diese meine ganze Zeit, weihe ich den
Wissenschaften. Ueberdies habe ich von meiner
frühen Jugend an in meinem Lieblingsfache so=
viel vorgearbeitet und gesammelt, daß ich jezt
mehrere Werke herausgeben kann, ohne mich
durch übereilte Sudeleien an dem Publikum

und an der Litteratur zu versündigen. Liefern doch Gelehrte, die in zeitraubenden Lehrämtern stehen, mehrere Bände zu jeder Messe, ohne daß man es wagt, ihre schriftstellerische Ehre deßwegen anzutasten! —

Ich sehe mich genöthigt, durch diese Erklärung allen solchen Vorwürfen zuvorzukommen, indem ich jezt, da ich nun mehrere Bände dieser meiner Geschichte der merkw. Reisen vorgearbeitet habe, bereit bin, einige andere Werke herauszugeben, zu welchen ich theils schon längst alle nöthigen Materialien gesammelt habe, theils welche wirklich schon lange ausgearbeitet sind, und nur noch die lezte Feile erwarten.

Um allen Mißverständnissen auszuweichen, zeige ich diese Werke vorläufig hier an. Wann sie erscheinen werden, weiß ich noch nicht, da ich mich nach der Arbeit, und nicht nach der Zeit richte — doch vielleicht schon zur nächsten Ostermesse.

Diese Werke sind:

1) Mein Handbuch der neuesten Länder-Völker- und Staatenkunde —

wovon bereits eine Ankündigung im Publikum ist. Dieses Werk sollte schon zu lezter Ostermesse erscheinen; der Druk unterblieb aber bisher, weil die Zeitumstände es nicht gestatteten,

doch wird es im Verlag des Universitätsbuch=
händlers Pfählers zu Heidelberg auf nächste
Ostern herauskommen. Dies Handbuch wurde
schon im Jahre 1783 zum Gebrauch des Gym=
nasiums meiner Vaterstadt entworfen; da aber
ein verdienstvoller Lehrer desselben mir zuvorkam,
so hielt ich meinen Entwurf zurük, und arbei=
tete an seiner weiteren Vervollkommnung, bis
im Jahre 1788 ein Buchhändler in Oberschwa=
ben, den Wunsch gegen mich äusserte, dieses
Handbuch zu verlegen. Ich arbeitete es daher
nochmals um, und lieferte ihm das Manuskript.
Nun aber machte mir der Mann Schikanen,
wollte das akkordirte sehr mässige Honorar nicht
bezahlen, und zwang mich dadurch, meine Ar=
beit zurükzunehmen. Diese verbesserte ich seither
immer mehr, und hoffe, daß sie nun mit Ehren
vor dem Publikum erscheinen darf.

2) Eine allgemeine Länder= Völker= und
 Staatenkunde, als Lesebuch für Lek=
 türfreunde aller Klassen.

Eine noch sehr unvollkommne Probe von
diesem weitläuftigern geographischen Werke ist
mein Magazin der Erd= und Völkerkun=
de, von welchem im Jahre 1783 zwei Hefte
bei Krieger, jüng. in Giessen erschienen, und
von dem Publikum mit vielem Beifall aufge=
nommen worden sind. Das Gefühl der dama=
ligen Beschränktheit meiner Kräfte, und einige

ungünstige Nebenumstände hinderten die Fort=
sezzung desselben. Dennoch verlor ich seither den
Entwurf dieses Werks nie aus dem Gesichte,
und glaube nun, wenn mir ein billiger Verleger
die Hand dazu bietet, damit auftreten zu dürfen.
Es ist eine systematisch ausgearbeitete Erdbe=
schreibung zur unterhaltenden Lektur für Lese=
freunde, und zum Nachlesen für Lehrer und
Lernende — durchaus kritisch aus den beßten
Quellen geschöpft. Der erste Band soll die Geo=
graphie von Afrika umfassen, die ich nun seit
mehreren Jahren ganz durchstudiert habe. Ich
hoffe meinen Lesern bald ein Mehreres davon
sagen zu können.

3) Ein geographisches Handwörterbuch
oder alphabetisches Namenverzeichniß
und kurzgefaßte Beschreibung aller
Länder, Völker, Staaten, Inseln, Flüs=
se, Gebirge, Städte und andern merk=
würdigen Oerter unsrer Erde —

liegt auch schon bis zur lezten Feile ausgearbei=
tet da, und könnte vielleicht zur nächsten Oster=
messe erscheinen. Schon seit bald 20 Jahren
lese ich alle guten Länder= und Reisebeschreibun=
gen, und exzerpire sie. Aus dieser beträchtlichen
Exzerpten=Sammlung ist dieses Werk entstan=
den, das mit der möglichsten Vollständigkeit
eine Kürze verbindet, die es zu einem wahren
Handwörterbuch macht, das nur einen starken

Oktavband geben wird. Auch davon in Zukunft noch.

Vielleicht finde ich auch bald Gelegenheit,
meine schon im Jahre 1785 angekündigte und
ausgearbeitete Geographie für Frauenzim-
mer herauszugeben. Doch dies hängt Alles
von Zeit und Umständen ab! —

Hier wäre nun, geneigte Leser, meine Re-
chenschaft abgelegt; halten Sie diese Geschwä-
zigkeit meiner Aufrichtigkeit zu gut, und verzeihen Sie, daß ich Ihnen so lang und so vieles
von mir selbst sagte. Ich glaubte es nothwendig.

Schenken Sie auch ferner Ihre Gewogen-
heit dem Verfasser dieses Werks, und er wird
sich für alle Mühe reichlich belohnt halten! —
Die Bände folgen nun schneller auf einander,
und an meinem Fleisse soll es nicht fehlen, sie
auch immer reichhaltiger zu machen.

Stuttgart, im August, 1793.

T. F. Ehrmann.

Inn-

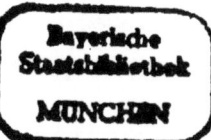
Innhalts=Verzeichniß
dieses achten Bandes.

(Im nächsten Bande folgt dann die allgemeine und besondere Beschreibung von Guinea, nebst nach einigen merkwürdigen Reisen nach einzelnen Theilen dieser Küste.)

Reisen nach Guinea.

(Fortsezzung.)

II.
Des französischen Ritters,
Villault von Bellefond
Reise nach den Küsten von Guinea.

In den Jahren 1666 und 1667.

Wir kommen nun zu den interessanteren einzelnen Reisen nach Guinea, von welchen wir noch Beschreibungen und Nachrichten besizzen.

Die erste derselben — in Rücksicht auf die Zeit — ist die des französischen Edelmanns Nikolaus Villault de Bellefond, welcher in den Jahren 1666 und 1667 diese Seefahrt machte, und sie im J. 1669 in französischer Sprache beschrieben herausgab *).

Diese Reisebeschreibung wird den beßten älteren beigezählt **). Der Zwek ihres Herausgebers war, seine Landsleute aufzumuntern, die Vortheile des Guineahandels noch besser und elfriger zu nuzzen. Er suchte deswegen Alles hervor, um den Franzosen Lust zu Unternehmungen auf Guinea einzuflößen ***).

---

*) Die englische Uebersezzung ist, nach dem Urtheile der brittischen Herausgeber der allg. Historie der Reisen (III. B. S. 357.) schlecht gerathen.

**) M. s. im VII. B. dieses Werks S. 20.

***) Er wollte z. B. seine Landsleute bereden, sie hätten kraft ihrer früheren Niederlassungen ein älteres Recht auf diese Küste, als irgend eine andre Nazion; auch würden die Franzosen von den Negern allen andern Europäern vorgezogen, u. s. w.

Zu dem Ende fügte er auch seiner Reisege=
schichte eine ziemlich weitläuftige Beschreibung der
Küste von Guinea und ihrer Bewohner bei; wozu
er aber wahrscheinlich die älteren Nachrichten, vor=
züglich die Beschreibung des M. Arthus von
Danzig benuzt hat *).

Diese geographischen und ethnographischen
Nachrichten lassen wir hier weg, um sie am gehö=
rigen Orte, so weit es dienlich ist, zu benuzzen,
und nehmen hier bloß das Tagebuch unsers Reise=
beschreibers, das aber gar nicht ohne Interesse ist,
um so mehr, da es die erste gedrukte Nachricht
von der Reise eines Franzosen nach Guinea enthält.

---

*) Allg. Hist. d. R. III. B. S. 357.

Nikolaus Villault's
Reise nach den Küsten von Guinea.

In den Jahren 1666 und 1667.

Im Jahre 1666 erhielt ein französischer Offizier
Namens Daliez von der französisch = westindischen
Handels = Kompagnie den Auftrag, für ihre Rech=
nung zu Amsterdam ein Schiff auszurüsten, das
nach Guinea segeln sollte.

Unser Ritter Villault wurde dabei als Con=
troleur (Buchhalter) angestellt, und kam am 13ten
September genannten Jahres glüklich zu Amster=
dam an, wo er sich wegen der Ladung des Schif=
fes einige Wochen aufhalten mußte.

Am 12ten November gieng er mit dem Haupt=
mann Williamburg, einem Holländer, dem das
Kommando übertragen war, mit den Holländern
Vantesk und Vanderberg, und dem Schiffs=
schreiber Matthews an Bord des Schiffes, das
den Namen Europa führte; am Tage dar=
auf giengen sie unter Segel, und passirten den
Terel. Sie stekten holländische Flaggen auf, um
nicht erkannt zu werden; denn den Holländern war
es scharf verboten, Fremden bei dem Handel nach
Guinea behülflich zu seyn.

Unter dem wohlthätigen Beistand eines dikken

Nebels fuhren sie von den feindlichen Engländern
unbemerkt durch den Kanal, und erreichten bald
einige Inseln nicht weit von Portugal *). Durch
Irrthum des Steuermanns verfehlten sie aber die
Insel Madera, wo sie gerne gelandet hätten,
und kamen an die Küste der Barbarei, nahe an
dem Vorgebirge Geer, einem hohen Lande. Sie
segelten zwischen den Kanarien=Inseln, und dem
Vorgebirge Bojador hin, bis sie die Küste des
weissen Vorgebirges erreichten. Dies Land ist nie=
drig und sandig. Bald darnach entdekten sie die
Spizzen des grünen Vorgebirgs, und segelten mit
dem Entschlusse an ihm vorüber, um zu Rio=
Fresko einzulaufen. Das grüne Vorgebirge ge=
währt den Reisenden durch sein immerblühendes
Grün den reizendsten Anblik. Sein Fuß wird von
der See bespült, deren Wellen durch die verborge=
nen Klippen durchschnitten werden.

Nun schifften sie von da nach der Insel Goree,
auf deren Berge an der Westseite eine Vestung
liegt: Die Insel war damals in den Händen der
Holländer. Nach dem ersten Kanonengrusse schikte
der dortige Statthalter ein Boot mit einem Offi=
zier zu ihnen, sie zu fragen, wer sie wären? Die=
ser Offizier rühmte ihnen die treffliche Lage dieser
Insel in Betreff des Handels, und prieß das nahe
Land und seine Produkte; vorzüglich lobte er die
herrliche Jagd daselbst, und sagte, man treffe hier

---

*) Die Selvages.

Thiere an, von denen man in Europa noch gar
nichts wüßte. Er wollte sie überreden nach der
Gambia zu gehen, wo die Engländer eine kleine
Vestung haben, allein sie reisten gerade zu nach
Rio = Fresko (Rufißko) und ankerten in der fran=
zösischen Bai, die einen kiesichten Grund und nie=
driges Wasser hatte *). Sie schikten hierauf den
Schiffsschreiber mit Geschenken für den Alkair
(Negerbefehlshaber) die in Messern und Brannt=
wein bestanden, ans Ufer, um Lebensmittel einzu=
tauschen, und zu sehen, ob hier ein Handel zu
machen sei. Er wurde sehr gut aufgenommen.
Der Alkair bewirthete ihn, und versprach ihm,
unverzüglich frische Lebensmittel auf's Schiff zu
schikken; zugleich erbot er sich, die Ankunft des
Schiffs den portugiesischen Kaufleuten, die sich tief
im Lande befänden, bekannt zu machen. Er hielt
Wort, und schikte sogleich einen Kahn voll Mann=
schaft, und noch mehrere Kähne mit Fischen an
sie ab. Die Negern waren meist nakt, oder hatten
einen garstigen zerrissenen Lappen um die Lenden
herum gewikkelt. Doch über ihrer Freundlichkeit
bemerkten die Reisenden ihren Mangel an Klei=
dung nimmer sehr; denn als sie hörten, daß es
Franzosen wären, mit denen sie zu thun hatten,
brachen sie über diese Nazion in ein begeistertes

---

*) Diese und die übrigen Gegenden von Senegambien
sind in den vorhergehenden Bänden dieses Werks schon
beschrieben worden.

Lob aus, und versprachen, den andern Morgen
ihnen viele Waaren zu bringen. Sie erschienen
auch wirklich, und an ihrer Spizze der Alkair,
der ein ernster Mann, und ungefähr vierzig Jahre alt war, er sprach gut englisch, franzöfisch,
holländisch, und verstand die Handlung sehr gut.
Er trug einen weissen kattunenen Rok mit langen weiten Aermeln, der ihm bis an die Knie reichte, und
der am Halse und an den Händen zusammen gebunden war; sein Hals war mit rothen wollenen
Lappen geziert, überdies hatte er lange rothe Beinkleider an, und eine Kapuze auf. Seine vornehmsten Begleiter hatten blau und weißgestreifte Kleider an. Die Reisenden schlossen mit ihm einen
Vertrag. Er berichtete ihnen, daß der König nur
drei Tagreisen weit von ihm wohne, und sich Da-
mel Biram, König von Rajor nenne, und
den Franzosen äusserst gewogen sei. Ohnerachtet
dieses Volk als lügenhaft verschrieen ist, so über-
zeugte sie doch der Alkair vom Gegentheil, und
hielt in allem Wort; denn es kamen auf seinen Bericht mehrere Negern aus dem Innern des Landes,
um mit ihnen zu handeln. Unsre Reisenden wollten,
nachdem sie einige Eßwaaren eingehandelt hatten,
sich nicht länger mehr aufhalten, und segelten nach
Sierraleona ab, wo sie den 26ten November in
der vierten französischen Bai, ohnweit einer guten
Quelle landeten. Sie hielten es für gut, die ostindische Flagge aufzustekken, weil ein von dem Könige des Landes beschüzter Engelländer auf dieser Insel

wohnte, der mit Kanonen versehen war. Sie schikten sogleich einige von ihren Leuten mit den gewöhnlichen Geschenken zwanzig Meilen den Fluß hinauf zu dem König von Burre, und liessen um die Erlaubniß anhalten, Holz und Wasser laden zu dürfen, schikten aber, ohne erst Antwort abzuwarten, ihr Boot an das Land, um sich mit diesen Bedürfnissen zu versorgen. Villault und der Schiffsschreiber begleiteten den Zug als Wache. Während dieser Zeit erschien der obenerwähnte Engländer Johann Thomas beim Hauptmann, und both ihm Elfenbein an, dieser wollte sich aber nicht mit ihm einlassen, weil er es zu theuer geboten hatte. Darüber ergrimmte der gute Mann so sehr, daß er im vollen Zorn das Schiff verließ, und mit etwa sechzehn Negern an der Quelle, wo sich unsere Mannschaft aus dem Schiffe aufhielt, landete. Zum Glük hatten sie sich mit Flinten und Aexten versehen, um die feigen Neger in die Flucht jagen zu können; das Schiff traute aber doch nicht ganz, sondern eilte ihnen ans Land zur Hülfe. Die Schwarzen verkrochen sich in das Gebüsch, wo sie sich den Tag über stille hielten, und bloß in der Nacht ein grosses Geräusch bei der Quelle machten. Den andern Tag besuchten die Reisenden die Quelle in der nämlichen Absicht wieder; es liessen sich zwar wieder einige Schwarze sehen, allein sobald sie blind auf sie feuerten, liefen sie davon.

Den nämlichen Tag kamen auch die Abgesandten von dem Könige wieder zurük, von mehrern mit

Elfenbein beladenen Kähnen begleitet, das sie sehr
wolfeil eingehandelt hatten. Am Tag darauf lang=
te des Königs Bruder mit einem Portugiesen und
anderm Gefolge in höchsteigener Person bei ihnen
an. Seine Ankunft verkündigte der Schall der
Trompeten. Majestätisch fuhr er daher, und man
begrüßte ihn mit der vollen Ladung. Er war schon
ziemlich betagt, hatte ein ernsthaftes Ansehen,
und seine Kleidung glich der des Alkairs von Rio=
Fresko. In seiner Hand trug er einen Stab, der
fast wie eine Flinte aussah. Seine übrigen Beglei=
ter, bis auf den Portugiesen trugen ebenfalls lange
kattunene Rökke. Die Reisenden beklagten sich über
das rachsüchtige Betragen des Engländers bei ihm,
und erhielten zur Antwort, daß er ein bekannter
unruhiger Kopf sei, und daß er dem vielen Dank
wüßte, der ihn gefangen nähme. Der Prinz zog
hierauf zwanzig kleine Steinchen aus einem Beu=
telchen, warf sie auf den Tisch, und verlangte im
Namen des Königs, so viel Stangen, wie sies
nennen, für Holz und Wasser. Sogleich bezahlte
ihm der Hauptmann seine Foderung mit einem
Kessel mit Branntwein, und einem Hute. Noch
beschenkte er ihn überdies mit zwei Flaschen Brannt=
wein und sein Gefolge mit Messern, so daß der
schwarze Prinz sie sehr vergnügt verließ. Dieses
Volk ehrt seinen Fürsten ungemein. Seine Trom=
mel und Trompete führt er überall, auch bei den
geringsten Geschäften mit sich.

Auf einer der Inseln innerhalb der Mündung

des Flusses Sierraleona besaßen die Engländer
ein Waarenhaus. Ihr dortiger Faktor, Namens
Abraham, schrieb etlichemal an den Hauptmann,
und bat ihn um Erlaubniß mit ihm handeln zu
dürfen, dieser gestand sie ihm zu. Er kam also in
seinem eignen Boot von drei Sklaven geführt, und
einem Holländer, nebst zween andern Bedienten
begleitet, bei den Holländern an. Er ward an=
fangs sehr freundlich aufgenommen, nach dem
Abendessen aber nahm ihn der Hauptmann nieder=
trächtiger Weise gefangen. Ja er trieb seine Unver=
schämtheit soweit, daß er am folgenden Tag sein
Waarenhaus belagern ließ.

Dieser von Ziegel= und Quadersteinen erbaute
Ort ward von vier vierpfündigen Kanonen verthei=
digt. Ringsumher standen Palmbäume, und nahe
dabei eine Negerei von etwa zwanzig Häusern.

Als die Holländer hier landen wollten, entdek=
ten sie 200 Negern in den Waffen, und nicht weit
davon eine noch größere Anzahl. Die Schwarzen
vertheidigten es mit ihren Kanonen sehr tapfer,
auch gaben sie den Einwohnern tiefer in das Land
Nachricht von ihrem Schiksal. Eilig erschien jezt
Bombo, ein Sohn des Königs, seinen geliebten
Freund Abraham loszukaufen. Es war ein jun=
ger stattlicher Mann, der den gefangenen Englän=
der auf das zärtlichste liebte. Da er den ersten
Tag mit Bitten und Vorstellungen nichts ausrich=
ten konnte, kam er am folgenden mit 900 Pfund

Elfenbein, und zwei Zibetkazzen wieder, für wel=
chen Preis er endlich die Loslaffung feines Frrun=
des erhielt.   Beim Abfchied wurde er von dem
Hauptmann mit Branntwein, Tabak und Käfe
befchenkt, nnd noch obendrein mit drei Kanonen=
fchüffen beehrt.

Bald hernach fegelten unfre Seefahrer an dem
Vorgebirge Ledo vorbei, und fteuerten füdoftwärts,
um die St. Annenbänke zu vermeiden. Sie tra=
fen unterwegs ein kleines holländifches Schiff an,
das die nämliche Reife machte, und kamen an dem
Fluffe Scherbro vorbei, wo fich die Engländer nie=
dergelaffen hatten. Selbigen Tag befanden fie fich
unweit dem Hünerfluffe, wo es fo viel Hüner
gibt, daß man für ein Meffer, das einen Pfen=
ning werth ift, drei oder vier Hüner bekommt.
Die Holländer hatten hier ehmals ein Haus, und
waren hier wohl bekannt. Die Einwohner winkten
ihnen alfo, ans Land zu kommen, aber fie trau=
ten fich wegen der Engländer nicht hin. Sie
fezten ihre Reife weiter fort, und erreichten bald
das Vorgebirge Monte; fie entdekten aber nicht
eher eine Hütte, als bis fie an das Ufer ftiegen,
wo fie etliche fanden, in denen die Negern Salz
machten. Diefe Negern fchienen eine groffe Furcht
vor ihnen zu haben, und fagten ihnen ganz ängft=
lich, daß fich ihr König drei Tagereifen tiefer im
Lande aufhalte; fie bothen fich auch an, ihm ihre
Ankunft zu melden, und ihnen den andern Tag
Elfenbein zu verfchaffen.

Man brachte also nach dieser Verabredung die beiden folgenden Tage mit Tauschhandel am Borde zu. Unterdessen stieg Villault bei dem äusserst niedrigen Wasser mit grosser Beschwerlichkeit an das Ufer; er mußte sich aber nebst den übrigen Offizieren eine gute Strekke weit auf den Rükken der Matrosen dahin tragen lassen. Es befanden sich mehrere Negern allda, die für die Ankunft des Königs, und zur Beschüzzung der Waaren eine Lauberhütte aufbauten. Auf einmal geriethen sie in die schröklichste Verwirrung, und liefen mit grossem Geschrei hin und her. Unsern Reisenden war hiebei nicht wohl zu Muthe; sie griffen also aus Furcht vor einem Ueberfall zu den Waffen. Ihre Furcht war aber ungegründet, denn diese un= erwartete Bewegung kündigte bloß die Ankunft des Königs an. Sobald die Europäer ihn von ferne er= blikten, giengen sie ihm entgegen, und begrüßten ihn mit ihrem Flintenfeuer. Er kam wie gewöhn= lich mit Trommeln und Trompeten angezogen, zwei Sklaven bedekten ihn mit ihren Schilden, die übrigen trugen ihm Bogen und Pfeile nach. Wei= ber, Töchter und Sklavinnen machten den Be= schluß des Zugs. In zinnernen und hölzernen Ge= fässen trugen sie ihm die Speisen nach, die sie so hoch sie konnten, in der Höhe hielten. Der Zug theilte sich nun in zwei Theile, nämlich die Män= ner auf die eine, die Weiber auf die andre Seite, und fiengen, unter den lächerlichsten Grimmassen zu tanzen an. Als der König mit dem Pfeile nach

der einen Reihe zielte, fielen sie plözlich auf die
Knie nieder; hierauf schoß er seinen Pfeil in die
Luft, und alle liefen wie rasend nach dem Orte zu,
wo er niederfiel. Denn der, welcher ihn dem Kö=
nig am ersten wiederbringen konnte, hielt sich für
sehr glüklich. Dieses Gaukelspiel dauerte beinahe
eine Viertelstunde fort. Der König war ein ehr=
würdiger Greis, dessen Miene sehr ernst war, ob
er gleich diese landesüblichen Possen mitmachte.
Er hieß Salam Burre, und besaß Vernunft und
Gefühl. Seine Kleidung war blau, und die seiner
Dienerschaft gestreift. Von seinen Unterthanen
wurde er fast vergöttert. Nachdem er die gewöhn=
lichen Geschenke erhalten hatte, begab er sich un=
ter eine andere Laube, und ließ die Europäer ih=
ren Geschäften abwarten. Villault machte ihm
nun eine besondere Aufwartung in seiner Laube,
wo er portugiesisch mit ihm redete. Der König sag=
te ihm, er hätte nun seit vier Jahren keinen Weis=
sen mehr gesehen, und versicherte ihn mit Freuden=
thränen, die Franzosen würden ihm willkommen
seyn. Es sei zwar, fuhr er fort, eine hizzige und
eigensinnige Nazion, doch seien es ehrliche Leute,
denen sein ganzes Land jederzeit zu Diensten stehe.
Er sprach sehr gut portugiesisch, und eine von sei=
nen Weibern auch französisch.

Villault versichert uns, das Vorgebirge Monte
sei ein so schönes Land, daß wenn ihm ganz Afrika
gliche, es allen schönen Gegenden von Europa
weit

weit vorzuziehen wäre. Es bestehet aus den schön=
sten mit Bächen durchschlängelten Wiesen, die mit
reizenden Wäldern umgränzt sind, deren Laub fast
dem Lorbeerlaub gleicht. Die Aussicht gegen Sü=
den begränzt das hohe Vorgebirge, und gegen Nor=
den ein grosser Wald, der eine kleine Insel in
einem Flusse beschattet. Man findet da Reiß,
Hirse und Mais in grossem Ueberflusse, desgleichen
Zitronen, Pomeranzen, allerlei wildes und zahmes
Geflügel in Menge. Auch Fluß= und Seefische,
Schildkröten, deren Schalen aber nicht brauch=
bar sind; Schweine und sehr häßliche Affen. Un=
erachtet die Holländer bei ihrer Ankunft nur sehr
wenig Hütten sahen, so rottete sich doch eine gros=
se Menge Negern zusammen, welche die ganze Ge=
gend am Ufer innerhalb zwei Tagen mit Hütten
anfüllten. Sie tauschten eine Menge Elfenbein,
Reiß und Matten für wohlfeile Preise ein; der
König versprach ihnen sogar, wenn sie sich noch
einige Tage aufhalten wollten, noch weit mehr zu
liefern.

Sie segelten aber in der Nacht am 13ten wei=
ter, nach dem Vorgebirg Miserado. Hier kün=
digten sie ihre Ankunft durch zwei Kanonenschüsse
an. Am 15ten kamen zwei Negern in einem Kah=
ne herbeigerudert, und sagten ihnen, daß in Jahr
und Tag keine Weissen mehr bei ihnen gewesen
wären, sie sollten doch zu ihnen kommen, denn
sie würden den andern Tag Elfenbein genug brin=
gen. Der Hauptmann schenkte ihnen einige Klei=

nigkeiten, und ankerte sodann an der Mündung des
Flusses Duro, der diesen Namen wegen der Grau-
samkeit der Völker aus jener Gegend erhalten hat.
Aus diesem Grunde verstärkten die Reisenden ihre
Mannschaft in der Schaluppe, und fanden das
Oberhaupt der Schwarzen schon zum Handel in
Bereitschaft, als sie an das Land stiegen. Sie
beschenkten ihn mit Branntwein, den er gierig
trank, und sie sodann in eine Hütte führte, wo
sie bis in die Nacht blieben.

Dieser Mann hatte einen Rok wie der Alkair
von Rio-Fresko, nur daß der seinige roth war;
überdies hatte er eine Müzze von der nämlichen
Farbe. Er wurde von einem Trupp Negern begleitet, die mit Bogen, Wurfspießen, Pfeilen und
Schwerdern bewaffnet waren. Seine Weiber ließ
er in das nahgelegene Gehölz zurükgehen. Da die
Holländer eine Kanone im Boote hatten, erkundig-
ten sich die Negern, ob sie als Freunde oder Feinde kämen? Sie schienen überhaupt sehr argwöh-
nisch zu seyn. Endlich wurden sie aber so vertraut,
daß das Oberhaupt dem Villault sogar seine Tochter zum Weibe aufdringen wollte. Als einer von
den ersten Bedienten des schwarzen Oberhaupts
während des Essens ein wenig Wein auf die Erde
goß, und man ihn um die Ursache fragte, so sagte
er, das geschähe um den Durst seines verstorbenen
Vaters zu löschen. Für ihre Pfaffen hegen sie auf-
serordentliche Ehrerbietung. Der Kaboschir führte

einſt einen davon zu **Villault**, und behauptete
von ihm, er wiſſe gleich, wo das Geſtohlene hin=
gekommen ſei. Ihre Kleidung iſt wie der übrigen
Negern an der ganzen Goldküſte. Den Englän=
dern, die auch hinter dem Vorgebirge ein Waaren=
haus haben, ſind ſie ſehr gewogen, indeß ſie die
Holländer ſehr haſſen, weil ſie Feinde von jenen ſind.

Unſre Seefahrer giengen nun wieder in ihr Fahr=
zeug zurük, und verſprachen am folgenden Tag
wieder zu kommen. Weil ſie aber Anfangs eine
ziemliche Menge Elfenbein wahrgenommen hatten,
und ſie hernach nicht wieder zu Geſicht bekamen,
wurden ſie argwöhniſch. Die Engländer hatten
nämlich im Sinn, ſie durch Handlung ſo lange
hinzuhalten, bis ſie ſich indeſſen genug verſtärkt
hätten, um ſie angreifen zu können. Weil nun die
Holländer etwas dergleichen merkten, ſo lichteten
ſie noch in der Nacht den Anker, und ſegelten an
Rio Junko vorbei nach **Rio Sextos**. Als ſie
bei dem Vorgebirge vorbei waren, entdekten ſie
am Ufer Feuer, das gewöhnliche Zeichen, daß die
Einwohner Luſt zum Handel haben, und ankerten
bei **Rio Junko**, dem Feuer gegen über. Unge=
achtet ihres Kanonenſchuſſes ſahen ſie kein Boot ent=
gegen kommen, ſie ſchikten alſo das ihrige mit ei=
nigen Gütern an ſie ab, welches aber wegen der
heftigen Wellen nicht zu landen wagte. Es blieb
ihnen alſo bei ſo bewandten Umſtänden nichts
übrig, als den Negern zu winken, die ihnen zwar

entgegen schwammen, aber sich nicht ganz nähern
wollten. Am Ende aber wagten es doch Einige,
und kamen in einem Kahne an Bord, drei andre
schwammen ihnen nach, und wurden von den Euro=
päern mit einigen Flaschen Branntwein beschenkt,
worauf sie ganz freudig ans Ufer zurükkehrten,
zwei davon aber blieben zurük. Ihre Freude er=
stieg den höchsten Gipfel, als sie die blinkenden
Kessel, und andere europäischen Waaren erblikten.
Die Negern versammelten sich immer in grösserer
Anzahl am Ufer, und hielten eine Menge Elefan=
tenzähne in die Höhe, und zeigten sich zum gegen=
seitigen Handel sehr geneigt. Doch war wegen
Unruhe der Wellen keine Möglichkeit zum landen;
sie mußten daher die beiden zurükgebliebnen Negern
zurükschikken, und den Handel aufschieben. Rio
Junko liegt unterm 5° 50′ nördlicher Breite.
Man erkennt seine Mündung an drei grossen Bäu=
men und Bergen, die in einiger Entfernung Land
einwärts einander gegen über stehen. Die Ufer
sind mit den schönsten Bäumen und Blumen ge=
ziert, und bilden mit dem sanften Strome eine herr=
liche Landschaft.

Orangen, Zitronen und Palmbäume sind hier
in der schönsten Ordnung gepflanzt. Die Einwoh=
ner besizzen viel Federvieh und Palmwein. Da unse=
re Reisenden hier nichts zu handeln fanden, segelten
sie nach Klein = Dieppe, einer Stadt ohnweit
dem Flusse, die ehemals den Franzosen gehörte,

die sie aber schon vor langer Zeit verlassen hatten.
Die Mündung des Flusses ist wegen der Felsen sehr
gefährlich. An der Küste entdekten sie ein kleines
Fahrzeug, auf welches sie vergebens Jagd mach=
ten. Am 22ten Jenner kamen sie zu Rio=Sex=
tos an, wo die Engländer drei Seemeilen davon
am Flusse ein Waarenhaus hatten, von dem aber
nur noch die Mauern stehen. Der Fluß ist zwölf
Seemeilen weit für ein grosses Jagdschiff oder Barke
schiffbar. Die Negern, die sie gleich in ihren Käh=
nen bewillkommten, berichteten ihnen, daß erst
vor vierzehn Tagen zwei flammändische Schiffe bei
ihnen vorbei nach Mina gesegelt wären; ferner,
daß man hier Elfenbein haben könnte; die Kähne
der Neger wären aber zu klein, um den Handel
vermittelst derselben treiben zu können. Die Hol=
länder ankerten deswegen ganz nahe am Lande,
bloß eine halbe Seemeile vom Ufer, und schikten
sogleich in ihren Booten verschiedene Waaren zu
ihnen. Der König, welcher weiter im Lande hin=
auf wohnte, machte ihnen seine Aufwartung, und
ward mit den gewöhnlichen Geschenken beehrt. Er
hielt aber sein Elfenbein sehr theuer, weil er erst
kurz zuvor eine grosse Menge davon abgesezt hat=
te. Man trug ihnen auch Seehechten von einem
sehr guten Geschmak an. Die Europäer hielten
diese Negern für bösartiger, als die zu Miserado,
sie fanden aber bei näherer Untersuchung, daß sie
sich getäuscht hatten. Sie sind sehr starkgliedig,
und jeder von ihnen trägt den Namen eines Heili=

gen; da Villault diesem auffallenden Gebrauche
nachspürte, erfuhr er, daß sie es zu Ehren der
fremden Völker thäten, die ihnen ehemals Gefäl=
ligkeiten erwiesen hatten. Ein Beweis, daß die=
ses Volk dankbarer Gefühle fähig, und nicht so
reh ist, als es ihnen vorkam. Ein grosser Beweis
von seiner Redlichkeit ist folgendes. Als ein engli=
scher Kaufmann, der sich in diesem Lande niederge=
lassen hatte, starb, zog der König alle seine Güter
ein, und überlieferte sie dem ersten englischen Schif=
fe, das hier landete, ohne den geringsten Abzug.
Villault schenkte dem Neger, der ihm diese Nach=
richt ertheilte, ein Messer, worüber derselbe eine
ungemeine Freude bezeugte, und ihn um seinen
Namen bat, damit er ihn seinem Kinde, mit dem
seine Frau wirklich schwanger gieng, zum ewigen
Beweis seiner Dankbarkeit beilegen könnte.

Villault nahm hierauf von diesen Leuten Ab=
schied, und sezte seine Reise nach Rio Sanguin
fort. Sie steuerten südwärts um den Felsen aus=
zuweichen, deren es in hiesigen Gegenden unzähli=
ge giebt.

Unsre Reisenden glaubten aus verschiedenen Denk=
mälern schliessen zu dürfen, daß hier ehemals die
Franzosen einen starken Handel getrieben haben.
Jezt ziehen einige wenige englische Handelshäu=
ser den ganzen Gewinn des Ortes. Den Franzo=
sen folgten damals die Portugiesen, wurden aber
von den Engländern und Holländern von den Kü=

ſten vertrieben. Da ſie ſich nun im J. 1604 weiter ins Land zurükgezogen, vermiſchten ſie ſich mit den Einwohnern, und zeugten die Mulaten. Durch dieſe Heiraten haben ſich die Portugieſen des ganzen innern Handels bemächtigt, ſo, daß es Fremde nicht ohne Gefahr wagen dürfen, auch dahin zu handeln. Ihre Gewalt über die Negern iſt ſo groß, daß ſie mit ihnen nach Belieben ſchalten und walten, und doch haben ſich die erſtern noch nie gegen ſie aufgelehnt. Sie ſind ſo gewaltthätig, daß ihnen oft ſogar ſchwarze Königsſöhne bei Tiſche aufwarten müſſen. Da, wo es Noth thut, laſſen ſie ſich ihre Güter von den Schwarzen auf dem Rükken nachtragen.

Die Portugieſen haben kleine Kapellen bei ihren Häuſern, und geben ſich alle Mühe, Proſelyten zu machen. Dieſen hängen ſie dann Roſenkränze um den Hals, und tragen hernach ſtäts Sorge für ſie. Zu **Rio Sanguin** fängt die Malaghettaküſte an, und erſtrekt ſich ſechzig Seemeilen weit bis zum **Palmenkap** im 3 Grad 40 Minuten Nordbreite. Sie begreift die Derter **Rio Sanguin**, **Seſtre‑Krou**, **Grova**, **Baſou**, **Zino**, **Krou**, **Krouſeſtre**, **Wapo**, **Batou**, **Groß Seſter**, **Klein Seſter** und **Goyane**, welche Derter ſie alle in neunzehn Tagen beſuchten. Der **Rio Sanguin** fällt Südſüdoſt ins Meer, und iſt nicht weit hinauf ſchiffbar. An ſeinem Ufer iſt eine Stadt von ungefähr hundert Häuſern mit Bäu‑

men umgeben. Sie wurden hier von drei Negern,
wovon einer des Königs Bruder war, besucht. Er
hatte sich drei Jahre in Holland aufgehalten, und
redete die Sprache sehr gut. Von ihm erhielten sie
die Nachricht, daß sich vor ungefähr einem Monate
ein flamändisches Schiff dem Ufer genähert hätte,
um Holz und Wasser zu laden, bei der Ankunft
eines englischen Schiffes habe es aber sogleich seinen Weg wieder weiter nach dem Rio Sexto genommen. Aus der Beschreibung des Prinzen schlossen sie, daß es das nämliche sei, welches sie bei
Klein-Dieppe hatten kreuzen sehen. Ferner erzählte er ihnen, daß erst vor einem Jahre die Engländer ein Haus, das sie bei ihnen gehabt, verlassen hätten, und daß vor kurzem durch ein kleines
englisches Schiff im Vorbeisegeln zwölf Negern bei
Krou-Sester mit Gewalt entführt worden wären.
Kurz nach dieser Unterredung kam der König selbst
in Begleitung zweier Boote bei ihnen an. Es war
ein ziemlich ernsthafter Greis. Seine Kleidung
war blau; er wollte nichts als Wasser trinken.
Der König und sein Bruder verliessen sie erst am
Abend. Unsre Seefahrer segelten weiter, und landeten bei Wappo, wo sie ein Schiff entdekten, das
mit vollen Segeln auf sie zu kam. Sie hielten es
für ein englisches Schiff, und machten sich bereit,
es feindlich zu empfangen. Die Nacht brach aber
ein, und so verloren sie es wieder aus dem Gesichte. Bei Batou, wo sie sich vor Anker legten,
sahen sie wieder ein anderes auf sie zusegeln. Die

Menge Negern, die bei ihnen am Bord waren, hinderten sie es zu erkennen, doch sahen sie, daß es von der Grösse des ihrigen war. Sie schikten also ihre schwarzen Kaufleute fort, und waren entschlossen es anzugreifen. Doch wie groß war ihr Erstaunen, als es die holländische Flagge aufstekte, und seine Zinken vom Boogspriet hören ließ. Die Europa stekte dann sogleich die französische Flagge auf. Es war eine Amsterdamer Fregatte, von einem Privatmanne, die nach Ardra gehen sollte. Der Hauptmann davon, Namens Wilare hatte, als er das französische Schiff im Texel sah, sich gerühmt, er wolle, wo er es antreffe, sich an dasselbe wagen und es wegnehmen. Seine Fregatte war 400 Tonnen stark, und führte sechs und dreissig Kanonen. Er stekte daher eine rothe Flagge auf, und gab sich drei Stunden lang alle Mühe, ihnen den Wind abzugewinnen. Gegen Abend aber, wo sie ihm recht nahe gekommen waren, zog er seine Segel ganz bescheiden ein, schwenkte seinen Hut, und trank ihnen mit einem Glas Wein Gesundheit zu. Sie waren so höflich, es ihm zu erwiedern, und sezten beiderseits ihren Weg weiter fort. Die Europa gieng nach Gros=Sestro, wo sie ihren Handel fortsezte. An diesem Orte wird sehr gut in Eisen gearbeitet; Villault bekam schöne Proben davon zu Gesichte. Auch gibt es da sehr guten Pfeffer, verschiedene Gattungen Hülsen=und Schalen=Früchte, runde Nüsse, die über den Kern keine Haut haben, herr=

lichen Palmwein, Pflaumen von dem beßten Ge=
schmak; Ochsen, Kühe, Schweine, Federvieh,
und zwar alles sehr wohlfeil. Das Land ist nie=
drig und flach, und wird von einer Menge Flüsse
und Bäche durchschnitten, die die Luft ungesund
machen. Die Weissen können sich, ohne krank zu
werden, nicht lange hier aufhalten. Die Einwoh=
ner halten sich so viele Weiber als ihnen beliebt,
sie sind wohl gewachsen, gehen aber doch bis auf
die Lenden nakkend; ungeachtet der ungesunden
Luft, sind sie gesund, frisch und roh. Einer von
ihnen hatte einen fürchterlichen Bruch nebst ei=
ner tiefen Wunde im Kopfe, und doch kam er al=
le Tage an Bord, rauchte, und trank Branntwein
als ob ihm nichts fehle. Die Europäer mußten
sich dem Volke durch Zeichen verständlich machen,
weil es keine fremde Sprache verstand. Gros=Se=
stro trägt bis jezt noch den Namen **Paris**, und
das Wenige, was die Einwohner den Europäern
verständliches reden, ist französisch, dies bestätigt
die Vermuthung, daß die Franzosen ehemals hier
starken Handel getrieben. So wie ein Schiff an=
kömmt, rufen die Negern ihm entgegen: Malg-
hetta tout plein, tout plein! — Sie nennen
den Pfeffer, welcher ihr größter Handels = Artikel
ist, **Malaghetta**.

Wenn welche von ihnen aus verschiedenen Ge=
genden zusammentreffen, so greifen sie sich bei den
Achseln, dann bei den Ellenbogen, und sodann bei
den Fingern an, und rufen dabei: **Roma!** Bei den

Fingern ziehen sie sich so lange, bis sie knaken, und sprechen dazu, Ænfa Remata, Ænfa Remata, d. h. Wie gehts mein lieber Freund? Alles, was ich habe steht dir zu Diensten, sogar mein Leben! Dieser Gruß zeigt, wie sehr ihr Herz für Freundschaft und Dienstfertigkeit empfänglich ist, da bei diesen Naturmenschen die Verstellung nicht leicht ihr Spiel treiben kann.

Nach diesen Bemerkungen richteten die Franzosen ihren Lauf um das Vorgebirge de las Palmas nach Grova, dem ersten Orte an der Elfenbeinküste. Dies Vorgebirge hat seinen Namen von den Palmbäumen, welche es umschatten. Die Küste hingegen von der Menge Elefantenzähne, welche da verkauft werden. Sie erstrekt sich 24 Seemeilen, bis an den Fluß Issini, wo die Goldküste anfängt. Unsre Reisenden besuchten alle umliegenden Oerter, und es begegnete ihnen bis nach La Hoy, wo sie wieder Anker warfen, kein weiteres Abentheuer. Auf dem Wege trafen sie wieder auf ein Schiff, das mit vollen Segeln auf sie zukam. Sie hielten es für das schon erwähnte englische Privatschiff, und stekten die französische Flagge auf; sie irrten sich aber diesmal, denn es trug die holländische Flagge. Es kamen ihnen einige Offiziere in Booten entgegen, einer traute ihnen nicht, und wollte ohnerachtet der Versicherung, daß die meisten auf dem Schiffe Holländer wären, nicht an Bord kommen, die andern waren

aber nicht so mistrauisch, und begaben sich dahin.
Sie erfuhren von ihnen, daß sie der Sturm in Vlies-
singen von 26 Privatschiffen getrennt habe. Sie
sagten ihnen ferner, daß sie jezt nach Mina, Ardra,
und dem Vorgebirge Lopo Gonsalvo segeln wollten, und wenn sie da keinen guten Handel fänden,
wären sie gesonnen, den Inseln einen Besuch zu
machen. Beim Abschied ward die Fregatte von der
Europa mit zwei Fässern Pulver und vier Fässern
Kugeln beschenkt. Unsere Reisende erfuhren nachher,
daß diese Fregatte bei St. Thomas mit 400
Schwarzen vorbeigesegelt sei, die es aus zwei
Schiffen beim Vorgebirge Lopo geraubt hatte. Das erste habe sich ohne Widerstand ergeben,
das andere aber sei von ihnen in Grund geschossen
worden.

Als die Schwarzen bei Grova sahen, daß die
beiden Schiffe Freunde waren, kamen sie wieder
zurük, um ihren Handel fortzusezzen. Den Tag
darauf segelten sie der Goldküste zu, und kamen
bald bei Issini, dem ersten Ort an der Goldküste
vor Anker. Das Land ist sehr niedrig, und die
Stadt liegt an der Mündung des Flusses. Hier
hielten sie sich drei Tage auf, und handelten etwas
Goldstaub ein. Den 4ten März fuhren sie bei Albiani, Tabo und andern Städten an der Küste
vorbei. Sie ist hier sehr niedrig und holzreich, hat
aber keine Flüsse. Die Kähne, die zu ihnen gerudert kamen, versicherten, es gebe diesmal kein

Gold. Sie sezten hierauf ihren Weg weiter nach
dem Vorgebirge Apollonia fort, fanden aber hier
ebenfalls nur einen geringen Handel. Dies Vorgebirg erstrekt sich bis tief in die See, und seine Berge, die aus lauter aufgehäuften Hügeln zu
einer ziemlichen Höhe angewachsen sind, geben die
reizendste Aussicht. Die Brandung um diese Berge
ist sehr heftig. Unsere Reisenden lichteten am Abend
noch die Anker, und landeten zwei Tage darauf zu
Arim, einer holländischen Vestung. Sie liegt an
der Seite eines Flusses der nordwärts ins Land
fließt, und viel Goldstaub bei sich führt, welcher der beste an der Küste ist. Seine Ufer sind
höher, als bei Issini. Sie blieben nur zwei Tage
da, weil sie wahrnahmen, daß die Negern von den
dasigen Holländern abgehalten wurden, mit ihnen
zu handeln. Sie schifften hierauf um das Vorgebirge der dreien Spizzen, und erreichten am 8ten
März Botrou oder Butteroe, eine Vestung, die
den Holländern gehört. Hier fanden sie wieder nichts
zu handeln. Sie lichteten daher am 11ten März,
und ankerten darauf zwischen Sukonda und Ta-
koray, sechs Seemeilen von Botrou. Diese
Oerter liegen zwischen den Bergen, die sich an die
Ufer zu lehnen scheinen. Hier bekamen sie Briefe
von dem Statthalter aus Friederichsburg, das
unweit dem Vorgebirge Korse liegt. Er bot ihnen
seine Rheede an, und ersuchte sie, ihm einige Waaren aufzuheben. Villault entdekte hier von einem
Berge, der ihm die schönste Aussicht gewährte, nicht

ohne Rührung die Trümmern einer französischen Ve=
ſtung. Den 13ten lichteten ſie wieder, und er=
reichten in zwei Stunden die Rhede von Rom=
mendo, wo die Einwohner den Franzoſen geneig=
ter ſind, als ſonſt einem andern Fremden. Die
Schwarzen ſchienen über ihre Ankunft ſehr zufrie=
den. Der König, der zu Groß=Rommendo re=
ſidierte, beſchenkte ſie mit treflichen Früchten, und
lud ſie in ſeine Reſidenz ein. Er bot ihnen alle
mögliche Waaren an, und verſicherte ſie, daß er
ſich geweigert habe, eine Flagge von dem holländi=
ſchen General zu Mina anzunehmen, unter dem
Vorwand, ſein Land ſei bereits im Beſiz der Fran=
zoſen, und ſie allein würden da willkommen ſeyn.

Die Reiſenden dankten ihm für die gute Auf=
nahme, und ſegelten ſodann nach Friedrichsburg
und dem Kaſtel Mina. Von da gieng es nach
dem Vorgebirge Korſe, wo die Engländer eine
kleine Veſtung beſaſſen. So bald ſie vor Anker la=
gen, ließen ſie dem däniſchen General Harry
Dalbrekhe ihre Ankunft melden. Dieſer ſchikte
ſeinen Buchhalter in einem Boote, ſie zu begrüſſen,
welches von Sklaven geführt wurde, die wechſels=
weiſe ſangen und brüllten. Dies iſt ihre Gewohn=
heit, wenn ſie einen Weiſſen führen. Sie fuhren
dreimal, ſo ſchnell als möglich um das Schiff her=
um, ehe ſie an Bord giengen. Der Buchhalter
mußte nun wegen eines heftigen Sturms, der un=
vermuthet eintrat, einen Tag und eine Nacht bei

ihnen an Bord bleiben. Als er den andern Mor=
gen mit Waaren für den Statthalter an das Ufer
gieng, so wurde von dem Vorgebirge Korse aus
auf sein Boot mit einer Kanone geschossen. Kaum
hatte dies der dänische Statthalter in Friedrichs=
burg wahrgenommen, so feuerte er eine Kanone
auf das Kastell Corse ab, wovon die Kugel in die
erste Batterie fiel. Die Engländer gaben sodann
plözlich ihre Feindseligkeiten auf, weil sie sahen,
daß die Dänen sie unter ihren Schuz nahmen.
Villault gieng sodann zum Statthalter, der ihn
sehr freundlich aufnahm. Er sprach lateinisch, und
erzählte ihm, daß die Könige im Lande ihn vier
Jahre bekriegt hätten, wodurch denn der Handel
so sehr ins stekken gerathen sei, daß er sich genö=
thigt sehe, Lebensmittel nach der Vestung Kristi=
ansburg zu schikken, wo der Krieg alles aufge=
fressen habe.

Am folgenden Tage sahen unsre Reisenden ein
Schiff, das nach Mina gieng, nebst einer Scha=
luppe voll Soldaten, die der holländische General
nach Kormantin, einer Vestung, die den Hol=
ländern gehört, schikte. Die Negern erzählten ih=
nen: der dortige Kommendant sei einst mit seiner
Familie nach Anamaboe gegangen, um sich da=
selbst lustig zu machen, bei welcher Gelegenheit ihn
dann der König, in dessen Gebiete Kormantin lie=
ge, mit seinem ganzen Gefolge weggenommen ha=
be. Die Ursache war, daß der König von Santin,

der den Engländern versprochen hatte, sie in den
Besiz von Kormantin zu sezzen, seinen Sohn, der
als Geisel in den Händen der Engländer war, wie=
der haben wollte. Weil sie ihn aber vor Erfüllung
seines Versprechens nicht herausgeben wollten, be=
mächtigte er sich des holländischen Generals und
vier Anderer, um sie gegen seinen Sohn auszutau=
schen. Endlich erhielten sie auch noch die sichere
Nachricht, daß der holländische Generalkontrolleur
zu Axim umgebracht worden sei, und daß das Volk
sich für die Engländer erklärt habe. Den nämli=
chen Tag nahmen die Reisenden zwei Negern in
Arrest, weil sie noch eine Schuld unter ihren Ka=
meraden ausstehen hatten. Die Schuld wurde be=
zahlt, und sie bekamen ihre Freiheit wieder. Am
Karfreitage fuhren sie nach Eniacham; es gehört
dem König von Sabou, seine Residenz liegt nicht
weit davon. Auch die Engländer haben hier eine klei=
ne Vestung. Die Schwarzen brachten ihnen guten
Palmwein, und versprachen ihnen am folgenden
Tag Gold genug zu bringen. Am Tag darauf er=
hielten sie aber die Nachricht, der König von Fan=
tin sei in Sabou eingefallen, wobei viele Menschen
umgekommen und gefangen worden wären. Die
Stadt hätte darauf die Weiber und Kinder wegge=
schikt, und sich in Vertheidigungsstand gesezt. Da
sie also sahen, daß hier mit dem Handel nichts zu
machen war, kehrten sie wieder nach Friedrichs=
burg zurük. Von da fuhren sie nach der Insel
St. Thomas. Der dasige Statthalter empfieng

sie

sie zwar höflich, gab ihnen aber keine Erlaubniß
in die Stadt zu kommen, und doch hatten sie Was=
ser und Lebensmittel sehr nöthig. Da sie ihm nun
ihre Noth vorstellten, so versah er sie zwar mit al=
lem ihnen so Unentbehrlichen, bestand aber darauf,
daß Niemand außer Villault, welcher kränklich
war, an's Land gehen und die Gegend umher besu=
chen durfte. Aber auch ihm wurde dies nicht ver=
stattet worden seyn, wenn er nicht ein Franzos ge=
wesen wäre; denn keinem Holländer wurde dies
erlaubt, auch Villault's Schreiber nicht, weil er
ein Holländer war. Die Ursache davon war nicht
schwer zu finden. Die Holländer hatten vormals
garstig hier gehaust, und noch waren die Spuren
ihrer Verheernngen sichtbar.

Sie segelten dann südwestwärts nach der por=
tugiesischen Insel Annobon, von wo sie ihren
Lauf wieder nach Europa zurük richteten.

Auf dieser Rükfahrt verfehlten die Steuerleute
den rechten Weg. Sie kamen bis zur Nordküste
von Schottland, fuhren an den Färöer=Inseln
vorbei, welche dem Könige von Dänemark gehören,
und erreichten die Küste von Norwegen, wo sie ei=
nige holländische Schiffe antrafen, die ihnen von
dem Bredaer Frieden Nachricht gaben. Der Steuer=
mann hatte sich in der Fahrt so sehr geirrt, daß sie
über 200 Meilen weit umher fuhren.

Am 4ten September 1667 kamen sie endlich

nach einer zehntehalbmonatlichen Abwesenheit wieder glüklich zu Amsterdam an, ohne mehr als einen Mann verloren zu haben, der sich durch zuviel Zukkerfreſſen den Durchlauf zugezogen hatte, woran er zu St. Thomas ſtarb!

III.
Reise

eines ungenannten französischen

Seeoffiziers

nach der Westküste von Afrika,

vorzüglich

nach Guinea.

In den Jahren 1670 und 1671.

Herr Hauptmann von Archenholz hat uns in seinem bekannten Journale: Litteratur und Völkerkunde, im Februarhefte v. J. 1786 *) den Auszug aus dem Tagebuch eines ungenannten französischen Seeoffiziers mitgetheilt, der in den Jahren 1670 und 1671 die Westküste von Afrika vom 13ten Grade Norderbreite bis zum 3ten Grade Süderbreite beschiffte.

Diese Reise nach Guinea ist die zweite von Franzosen unternommene, von welcher eine Beschreibung bis auf unsre Zeiten gekommen ist; sie ist deswegen schon für die Geschichte der Seereisen nach Guinea wichtig. Aber sie besizt auch Interesse genug, die Aufmerksamkeit des Lesers zu fesseln, für welchen jene Geschichte kein Gegenstand seiner Wißbegierde ist.

Aus diesem doppelten Grunde verdiente sie in dieser Sammlung die ihr hier angewiesene Stelle.

---

*) Auch abgedrukt im XIV. Thle der Auswahl kleiner Reisebeschreibungen, oder im IV. Thle der neuen Beiträge zur Völker- und Länderkunde, (Leipzig, 1792) Seite 84 u. ff.

Das Original dieſer Reiſe iſt mir ganz unbe=
kannt *); ich konnte hier alſo nichts anders thun,
als den Auszug, welchen Herr von Archenholz
uns mitgetheilt hat, mit einigen zwekmäſſigen Ver=
änderungen hier einzurükken, und ihm einige kleine
Anmerkungen beizufügen.

---

*) Herr von Archenholz gibt uns auch weiter keine
litterariſche Nachricht davon, und ſonſt nirgends
konnte ich ihrer erwähnt finden.

Reise

eines ungenannten französischen Seeoffiziers
nach der Westküste von Afrika,
und vorzüglich nach Guinea.

In den Jahren 1670 und 1671.

Der Graf von Etrees, Vizeadmiral von Frankreich, langte mit seiner Eskadre den 3ten Decem-
ber 1670 am grünen Vorgebirge an, und warf
auf der Rhede von Goree Anker. Diese Rhede hat
ihren Namen von einer kleinen Insel nahe am vesten
Lande, woselbst sich zwei Hafen befinden, in welchen mit den Negern starker Handel getrieben wird.
Die Holländer haben hier in allen Dörfern längs
der Seeküste Abgeordnete wohnen, die den Handel
besorgen, und die eingetauschten Waaren nach ihren Forts schiffen. Diese Waaren bestehen in
Büffelhäuten, in Wachs und in Elefantenzähnen,
welcher leztere Artikel jedoch hier nicht sehr beträchtlich ist.

Die Kaufmannsgüter, die man dahin bringt,
sind vorzüglich Sarsche von allen Farben, womit
die Negern ihre Lenden umgürten, ob sie gleich übrigens nakkend sind. Die Zeuche gehen indessen hier
weniger ab, als an andern Orten der Küste, weil
die Negern selbst dergleichen aus Baumwolle verfer-

tigen, hingegen lieben sie Glaswaaren, Zinn, ku-
pferne Kessel, Messer, eiserne Stangen und Branntwein. In Ansehung der Gelder sind die Piastres
hier im Gange. Die Kaufleute dürfen nicht ans
Land, ehe sie die Erlaubniß des Statthalters dazu
haben, der den Zoll erst für den Negerkönig, und
sodann für sich bestimmt, da hierin nichts festgesezt
ist. Sie lassen es nicht an allerhand Forderungen
fehlen; denn wenn ein Schiff nur bloß Holz und
Wasser einnehmen will, und man dem Statthalter
deshalb ein Geschenk gemacht hat, so zeigt sich sogleich ein Neger, der sich Befehlshaber über das
Wasser, und ein andrer, der sich Befehlshaber
über das Holz nennt, denen man auch etwas geben muß. Wenn man nun einig geworden ist,
und ihr Wort erhalten hat, so können die Waaren
mit aller Sicherheit aus Land gebracht werden.
Wird etwas entwendet, so tragen diese Oberaufseher
Sorge, daß es wieder gegeben wird, weil man
sonst beständig dem Raube ausgesezt seyn würde,
da ihnen alles ansteht.

Die Einwohner führen eine sehr faule Lebensart, und bauen ihre Felder nicht an, ausser in
kleinen Bezirken, wo sie türkisch Korn pflanzen.
Ihre größte Beschäftigung ist der Fischfang; auch
fangen sie in kurzer Zeit viele Fische, da man wenig Küsten findet, die so sehr damit versehen sind.
Sie leben unter der Herrschaft eines Königs, der
an die entfernten Oerter Statthalter schikt, die

ihm, wenn er Krieg führt, Soldaten schikken müſſen. Ihre Waffen ſind Pfeile und Lanzen, auch
haben ſie einige Musketenträger, die zur Leibwache des Königs dienen. Der König war kurz zuvor geſtorben, ehe wir ankamen, daher wir alle
Männer und Weiber in Trauer fanden. Dieſe
Trauer bezeichneten ſie durch ihre Haare, die ſie in
langen Flechten abtheilten, und über den Rükken
hängen lieſſen. Sie zeigen viel Unterwürfigkeit
gegen ihre Vorgeſezten. In Anſehung ihrer Religion würde es ihnen ſchwer werden zu ſagen, worin ſie beſteht. Die meiſten ſind beſchnitten, einige ſind Gözzendiener, andere aber nennen ſich
Kriſten, und ſagen, daß ſie von den Portugieſen
getauft worden ſeien, die ehemals längs dieſen
Küſten den Herrn ſpielten. Sie ſcheinen mir alle
ſehr abergläubiſch zu ſeyn, und haben immer viele
kleine Stükchen Zeuch bei ſich, die beſonders gefal-
tet ſind, und denen ſie groſſe Eigenſchaften zuſchrei-
ben. Einige derſelben ſchüzzen wider Löwen, andere wider Tiger, noch andere um nicht zu erſau-
fen, u.ſ.w. Sie legen ſich eiſerne Strumpfbänder
an, um keine Kopfſchmerzen zu bekommen. Alle
dieſe Lappereien heiſſen bei ihnen Grygry, und
wenn ſie unſre Skapuliere und Kreuze ſehen, ſo
geben ſie ihnen eben dieſen Namen. Es iſt wahr,
daß eine gewiſſe Gleichförmigkeit dazu Anlaß giebt,
denn ſie glauben eben ſo wohl als wir, daß alle
dieſe Dinge die Macht haben, gegen widrige Zufälle zu ſichern.

Die Art, ihre Todten zu begraben, ist äusserst sonderbar. Ich habe zwei dieser Beerdigungen gesehen. Sie luden dazu alle ihre Nachbarn ein; die Männer kamen bewaffnet, als wenn sie mit dem Tode hätten fechten wollen, und brachten ihre Trommeln und andere Kriegsinstrumente mit; die Weiber hingegen kamen, um Grimassen zu machen, und entsezlich zu heulen. Da sie bei der Hütte des Todten, die einem grossen Bienenkorbe ähnlich sahe, angelangt waren, so bemüheten sie sich eine Razze zu finden. Dieses Suchen geschah bei dem Klang ihrer Instrumente und unter beständigem Schreien. Da sie endlich eine gefangen hatten, bezeigten sie sich überall vergnügt, und trugen sie tanzend zum Leichnam hin, wo sie dieselbe tödteten und auf ihn legten; sodann wurde ein Bund Reiß unter den Kopf des Todten gelegt, der Körper mit Milch besprengt, und mit etwas Sand bestreut. Nach dieser Handlung verließ Jedermann die Hütte, man hieb die Stüzzen um, die dieselbe aufrecht erhielten, und so stürzte das Gebäude auf den Leichnam. In diesem Zustande läßt man ihn für immer liegen, wobei man dann sagt: Er schläft —!

Dies Land ist schön, ganz flach und mit grossen Bäumen bedekt. Die Negern haben Wiesen, wo sie eine Menge von Ochsen, Pferden und Kameelen ernähren. Von wilden Thieren gibt es hier Löwen, Tiger, wilde Schweine, Hirsche u. s. w. desgleichen allerhand Arten von kleinem Wildpret und zahmen Thieren, die gut zu essen sind.

Nachdem der Vizeadmiral gehört hatte, daß
die Einwohner erst seit drei Tagen einen König er-
wählt hatten, so schikte er zu ihm, um ihm zu seiner Thronbesteigung Glük wünschen zu lassen. Dieser Negerstaat ist zwar kein eigentliches Wahlreich,
aber diesmal ward er es, weil der Verstorbene keine
Kinder hinterlassen hatte, und auf andere Verwandten und Erben dabei nicht gesehen wird *). Unsere
Abgeordnete brachten ihm auch Geschenke, die in
einem lakirten Degen, einem Kastorhut mit silbernen Borden, und einer schönen Flinte bestanden.
Er empfieng alles dieses wie ein wahrer Neger,
und wollte den Abgeordneten zwingen, ihm auch
seinen Rok zu geben, der von grauem Tuch, und
mit kupfernen vergoldeten Knöpfen besezt war. Er
wollte sich aber nicht dazu bequemen, und eilte
mit den elenden Geschenken, die er vom König
erhalten hatte, an Bord zu kommen.

Vier Tage nachher schikte der Vizeadmiral ein
Schiff von seiner Eskadre, um längs den Küsten
von Guinea zu segeln, damit der Handel der französischen Schiffe erleichtert würde. Ich erhielt Befehl mit zu gehen. Wir fuhren ohne Verzug ab, und
warfen zwölf Meilen von da Anker. Die Küste führte hier den Namen Porto Hally (Portudal) und
gehörte einem andern Könige; jedoch herrschen unter
diesen Völkern dieselben Neigungen und Sitten.
Die Weiber wurden in uns sehr verliebt, besonders

---

*) M. s. im V. B. d. W.

in einen Offizier, der sich durch eine grosse Statur
auszeichnete; sie versammelten sich um ihn herum,
klopften in die Hände und schrien. Ich bemerkte,
daß sie den Eideren eine grosse Verehrung bezeig=
ten; denn da ich in Begleitung eines Negers auf die
Jagd gieng, und eines dieser Thiere tödten wollte,
so fieng mein Gefährte zu schreien an, und gab mir
durch Zeichen zu verstehen, daß dieser Mord auf
unser Schiksal Einfluß haben würde.

Wir blieben zwei Tage hier, wegen eines fran=
zösischen Kauffarteischiffes, das nicht ohne Grund
besorgte, zwei hier befindliche Agenten, ein Hol=
länder und ein Portugiese, würden seinen Handel
verhindern. Nachdem unsre Gegenwart die Hin=
dernisse gehoben hatte, giengen wir unter Segel,
unsern Weg weiter fortzusezzen. Der Wind war
uns günstig bis zur Insel St. Anna, die ohnweit
dem festen Lande unter dem 7ten Grad der Breite,
und dem 8ten Grade der Länge liegt. Hier hatten
wir sechs Tage lang Windstille, da denn der Wind
wieder in die Segel blies, und uns nach Kap
Monte führte, wo wir landeten, um Wasser zu
holen. Hier fanden wir ein elendes Dorf von zehn
Häusern. Ich stieg zuerst ans Land, wo ich zwölf
bis fünfzehn Negern antraf, deren Freundschaft ich
bald durch Branntwein gewann. Dies war meine
gewöhnliche Komplimentiermethode in dieser Welt=
gegend, wobei ich mich sehr wohl befand. Ich
empfieng von ihnen mehr Gunstbezeugungen als
mir lieb war, denn sie stanken sehr. Sie versicher=

ten uns, wir wären ihnen zwar sehr willkommen, sie könnten aber ohne ihren Statthalter, dem sie unsre Ankunft schon gemeldet hätten, nichts versprechen. Um ihn zu vermögen, sich im Dorfe desto geschwinder einzufinden, riethen sie uns, in der Nacht einen Kanonenschuß zu thun, der auch überdem die Wirkung haben würde, alles Volk aus den umliegenden Gegenden herbeizuziehen, um uns ihre Waaren zu bringen.

Da mein Branntwein ihnen so wohl schmekte, bat mich einer um Erlaubniß, etwas davon ihren Göttern bringen zu dürfen, das zwei aus einem Baumstamme geschnittene Frazzengesichter waren. Das eine hatte eine männliche, das andere eine weibliche Figur, und beide waren in einem Hundeloche in die Erde gestekt. Der Neger reichte ihnen knieend eine Tasse voll dar, da aber die Götzen nicht trinken wollten, so leerte er die Tasse selbst aus, und brachte sie mir wieder. Ich gieng darauf selbst hin, diese Götter zu sehen, und ward einen kleinen Heerd gewahr, um welchen rund' herum viele Fischgräten lagen, die man geopfert hatte. Da sie keine Priester haben, so kann ein Jeder selbst opfern. Sie nähern sich diesen Göttern beständig mit Ehrfurcht, rühren sie aber nie an, weil sie glauben, daß diejenigen, die es sich unterstehen, unfehlbar gestraft werden. Ihre Begräbnisse sind denen auf dem grünen Vorgebirge nicht ähnlich, denn sie haben eigene Beerdigungsplätze; ein Jeder den seinigen, jedoch alle an einem Orte.

Am folgenden Tage kam der Statthalter, wir machten ihm ein Geschenk, und er gab uns alle Freiheiten. Wir tauschten hier Reiß ein, welches fast das einzige Produkt ist, das sie besizzen; dagegen sind ihnen alle europäischen Waaren willkommen, die oben beim Handel am grünen Vorgebirge genannt, und längs der ganzen Küste gangbar sind.

Das ganze Land hier ist schön, ganz mit Waldungen bedekt, und sehr eben, nur das Kap ist der einzige Berg, der aber nur wenig Raum einnimmt. Wir blieben hier vier Tage, ohne weitere Bemerkungen zu machen; ausser daß ich im Dorfe ein Weib sah, deren Haar kraus, allein von rother Farbe waren; ihr Körper war aber weißlich. Ich fragte um die Ursache dieser sonderbaren Verschiedenheit, und vernahm, daß sie von einer Nazion wäre, die tief im Lande wohnte, mit welcher sie Krieg geführt, und dieses Weib gefangen genommen hätten.

Nachdem wir unser Wasser und Holz eingenommen hatten, giengen wir unter Segel, und gelangten bald zum Fluß Sestre *). Nichts ist schöner, als die um diesen Fluß liegenden Gegenden, die ganz flach sind. So weit das Auge reicht, sieht man grosse Bäume, die ein ewiges Alter zu haben scheinen, und so sehr in ihren Farben verschieden

---

*) Rio Sestro. Der Verf. sagt, unterm 4°. N. B. und 14°. L. welches unrichtig ist. M. s. die Karte.

sind, daß man glauben sollte, die Natur hätte einen Gefallen daran gefunden, sie so gut zu vermischen; denn unter einer Menge dunkelgrüner Bäumen, findet man welche die blaßgrün, andere die feuerfarbig sind, und so überhaupt allerhand Farben darstellen.

Der Fluß ist so breit wie die Seine bei Paris; die Ufer desselben sind mit grossen Bäumen besezt, deren Zweige zu Wohnörtern für die Seevögel und Affen dienen. Längs dem Ufer liegen Negerdörfer; die Residenz des Königs aber ist zwei Meilen vom Meer entfernt. Wenn ein Schiff ankömmt, und ein Kanonenschuß die Ankunft kund gethan hat, so findet sich der König an der Mündung des Flusses ein, woselbst das Handelsdorf liegt. Der Handel besteht hier blos aus Elfenbein und Reiß. Oft versucht dieser Neger eine Taxe auf die europäischen Kauffmannsgüter zu legen, wenn man ihm aber Widerstand zeigt, so läßt er den Kaufleuten freien Willen, die dann gewöhnlich seinen Weibern Geschenke machen, wodurch der Handel am geschwindesten in Gang gebracht wird.

Sobald wir nur die Anker geworfen hatten, eilte ich ans Land, ohne jedoch die Branntweinflasche zu vergessen. Ich zeigte sie gleich beim Aussteigen, da mir denn die Einwohner ihretwegen viele Liebkosungen machten. Sie gaben zu verstehen, daß wir zwar willkommen wären, daß sie aber nichts ohne Befehl ihres Königs zu unserm Vortheil thun könnten. Da ich nun von ihnen erfuhr, daß sein Wohnort nur zwei Meilen entfernt war, so bestieg ich wieder meine Schaluppe, um dahin zu fahren. Eine Menge Negern begleiteten mich in ihren Kähnen. Zwei der angesehensten nahm ich zu mir. Während dieser Route sah ich über hundert Kähne, die mit Waaren beladen, nach dem Handelsdorfe fuhren.

Ich langte endlich in der Negerstadt an, die eine vortrefliche Lage hat. Sie liegt auf einer Anhöhe am Ufer des Flusses, der hier am breitesten ist, weil ein anderer Fluß sich mit ihm vereinigt. Die Stadt selbst aber ist der Schönheit der Gegend ganz und gar nicht angemessen. Ihre Häuser sind bloß von Erde aufgeführt, und mit Kalk übertüncht; die Höhe derselben ist zwölf Fuß, und die Form völlig rund. Da aber alle andere Häuser, die wir auf der Küste gesehen hatten, nur von Rohr waren, so schienen sich diese auszuzeichnen.

Als ich die Schaluppe verließ, fand ich eine Menge Negern, welche die Neugierde herbeiführte. Ich fragte sie, wo der König wäre, worauf sich dann ein Jeder beeiferte, mein Führer zu seyn, besonders da sie sahen, daß einer von meinen Matrosen zwei große Flaschen trug, die ihnen gewaltig in die Augen stachen. Ich fand den König unter einer Art von Dach auf einer drei Fuß hohen Terrasse sizzend. An diesem Orte nimmt er gewöhnlich die Klagen seiner Unterthanen an. Hier saß er ganz nakkend auf einer Matte mit seinen Prinzen,

die

die sich rund um ihn gelagert hatten. Sie verliessen diese Stellungen bei meiner Ankunft nicht, allein der König reichte mir die Hand, um zu ihm
herauf zu steigen, und ließ mich neben sich auf
seiner Matte sizzen. Ich nahm eine von meinen
Flaschen, und trank auf seine Gesundheit; nachher schenkte ich ihm eine Tasse ein, die er willig
annahm und ausleerte. Sodann ergriff er selbst
die Flasche, und schenkte daraus allen seinen Hof-
leuten ein. Nachdem sie alle getrunken hatten,
bat ich ihn um die Freiheit, Holz und Wasser einnehmen, desgleichen Lebensmittel kaufen zu dürfen,
die bloß in Reiß und Hühnern bestanden. Er erlaubte alles, und ich gab ihm dafür meine Erkenntlichkeit mit einigen Geschenken zu erkennen, die in einem Hut, 20 Sols werth, und in einem Stük
Leinwand bestanden, worüber er viel Freude bezeugte. Ich gab seinem Bruder auch einen Hut, und
da ich sah, daß sie mir so geneigt waren, verlangte ich vom König die Freiheit, die Stadt zu besehen. Er ertheilte mir sie nicht allein, sondern sagte
auch, daß er mir zu essen geben wollte.

Ich brauchte indessen nicht viel Zeit, die Merk-
würdigkeiten dieser Stadt zu besehen; das vornehmste darunter war, ein ihren Göttern geheiligtes Gebäude. Die Gözzenbilder in demselben waren von
Holz, dabei aber ein so grosser Gegenstand der Ehrfurcht, daß sie des Tages mehreremal hingehen,
um ihre Gebete zu verrichten.

Da ich herum ging, sahe ich zwei Negerjungen,
die Hühner rupften; man sagte mir, daß dieses
des Königs Köche wären, die meine Mahlzeit zu=
bereiteten. Ich suchte sogleich den König auf,
nahm meine andere Flasche hervor, ließ sie alle
daraus trinken, und sagte ihm sodann, ich wollte
dem Befehlshaber des Schiffs seine guten Gesin=
nungen melden, wo er dann selbst kommen, und
dafür danken würde. Der König wollte mich auf=
halten, und sagte, wenn wir gegessen hätten, wür=
de er selbst mit uns gehen; die Art aber, wie ich
die Speisen hatte zubereiten sehen, konnte bei mir
keinen Appetit erregen. Da er mich nun fest ent=
schlossen sah, wegzugehen, ließ er mir von seinem
Getränke reichen, das sie Palmwein nennen, und
abscheulich schmekt. Dieser sogenannte Palmwein
wird auf folgende Weise gemacht. Sie durchboh=
ren den Palmbaum, und das Wasser, das sodann
aus den Löchern fließt, ist der Negerwein, den sie
auf der ganzen Küste trinken. Nachdem ich davon
gekostet hatte, gieng er in Begleitung seines Bru=
ders und noch zweier anderer in meine Schaluppe;
ich führte sie gerade nach dem Handelsdorfe. Da
wir den Fluß herunter fuhren, bemerkten wir in
vielen Kähnen Neger, die uns begleiteten und al=
lerhand farbige Zeuche um ihre Schultern hängen
hatten. Man sagte uns, daß dieses die königliche
Leibwache sei.

Als wir angelangt waren, ließ ich ihn ausstei=
gen, und verfügte mich an Bord des Schiffs, um

von meinem Auftrage Bericht zu erstatten. Nach
dem Essen gieng der Kapitain mit mir zum Köni=
ge, der uns sehr freundschaftlich empfing. Er hat=
te noch nicht gegessen, ließ aber seine Speisen vor
uns auftragen. Dieses waren zwei Hühner, die
in einem Topf mit Piman (einer Art sehr starken
Pfeffers) gekocht waren. Er sezte sich dabei auf
seine Matte, und ließ den Kapitain neben sich
Plaz nehmen. Die Erde diente ihm bei dieser
Mahlzeit zum Tisch, und ein kleiner Mantel, der
um sein Oberkleid hieng, zur Serviette. Es fehlte
ihm nicht an Appetit. Nach der Mahlzeit über=
nahm er die Justizpflege. Wir waren Zeugen ei=
nes Prozesses, der ziemlich lange vor ihm plaidirt
wurde. Die Advokaten saßen, die Parteien lagen
aber auf den Knien. Nachdem beide Theile ausge=
redet hatten, sprach der König das Urtheil, ohne
daß darüber gemurret wurde.

Was uns betraf, so gab er die Versicherung,
daß wir ungestört die Waaren ans Land bringen
könnten, nebst der Erlaubniß, diejenige zu tödten,
die Unordnung anfangen würden. Er äusserte den
Wunsch, daß wir uns in seinem Lande niederlassen
möchten. In diesem Falle sollten uns seine Unter=
thanen ein Haus bauen helfen, und zu unsrer Si=
cherheit wollte er Geisseln nach Europa schikken.
Wir bezeugten unsre Dankbarkeit, und gaben
ihm viel Branntwein zu trinken. Nachdem wir
das Nöthige eingenommen hatten, giengen wir un=

ter Segel, und paſſirten das **Palmenkap**. Das
Land war immer das nämliche, ſehr flach und mit
Waldungen bedekt; die Sitten der Einwohner ſind
aber ſehr von einander unterſchieden; denn dieſe
jenſeits des grünen Vorgebirges freſſen Menſchen,
daher auch die Seefahrer hier nicht gern landen.
Dennoch kommen ſie gewöhnlich zu den vorbeige=
henden Schiffen, die ſie aber nicht eher beſteigen,
bis ſie für ihre Sicherheit geſorgt haben. Sie fah=
ren mit ihren Kähnen um daſſelbe herum, und
ſchreien immer Qua! Qua! und nähern ſich
nicht eher, bis das Schiffsvolk auch Qua gerufen
hat. Wenn ſie an Bord kommen, ſo bleibt immer
einer im Kahne mit ihren Waaren zurük, um im
Nothfall die Flucht zu nehmen. Die Waaren ſind
mehrentheils ſehr ſchöne Elefantenzähne. Von al=
len denen, die das Schiff beſteigen, geht nur einer
in die Kajüte und in den Schiffsraum, die andern
bleiben auf dem Verdek, und beobachten die Mie=
nen des Schiffsvolks. Bei dem geringſten Geräuſch
ſpringen ſie ins Meer, und da ſie geſchikte Taucher
ſind, ſo ſchwimmen ſie unterm Waſſer zu ihren
Kähnen, beſteigen ſie, und entfernen ſich auf den=
ſelben mit groſſer Schnelligkeit; denn ihre kleinen
Fahrzeuge ſind ſehr leicht, und ſie verſtehen ſie
ſo gut zu rudern, daß es ſelbſt für unſre am
beſten bemannten Schaluppen unmöglich iſt, ſie
einzuholen.

Dieſe Neger führen oft Kriege mit ihren Nach=
barn, daher ſie von allen europäiſchen Waaren

nichts so begierig verlangen, als Flinten und Pul=
ver. Sie sind von Körper nicht übel gestaltet, und
haben alle wohl proporzionirte Glieder. Ihre Zähne
sehen roth aus, weil sie beständig eine gewisse
Frucht kauen, die ihnen diese Farbe giebt. Die
Küste dieses Volks ist 45 Meilen lang; etwas
weiter hin findet man eine gute Menschengattung,
deren Land aber keinen grossen Raum einnimmt;
und nach diesem die Goldküste, woselbst wir bei
Achim Anker warfen. Die Holländer haben hier
auf einer kleinen Anhöhe ein Fort gebaut, und
thun alles, was sie können, um die andern Euro=
päer zu verhindern, hier Handel zu treiben. Die=
jenigen aber, die dazu entschlossen sind, fahren mit
ihren kleinen Schiffen die Küste entlang, die keine
Klippen oder Sandbänke hat, wo denn die Neger
ihren Goldstaub zu ihnen bringen. Dieses zu ver=
hindern sind die Holländer nicht mächtig genug; ja
wenn sie keine Schiffe auf der Rhede haben, so
kann man sich dem Fort bis auf einen Kanonenschuß
nähern. Wir blieben 36 Stunden hier, ohne et=
was besonders zu bemerken, ob wir gleich den Ne=
gerstatthalter besuchten. Das Dorf, wo er wohnt,
liegt unter dem Fort, und ist groß und stark be=
völkert.

Von da giengen wir nach Butru, wo die Hol=
länder ein Fort haben. Ich besuchte hier den Kom=
mendanten, der wie ein armseliger Handelsmann
aussah, und fand überhaupt nichts merkwür=

diges. Das Land fängt hier an, bergigt zu wer=
den. Nach meiner Rükkunft lichteten wir die An=
ker, und segelten weiter nach Sama.

An diesem Orte ist ein sehr breiter Fluß, der
aber wenig Tiefe hat. Man findet darin Krokodil=
le, und an dessen Ufern Zibetkazzen. Hier sind die
lezten Waldungen, daher auch alle holländische
Forts, die weiter hin liegen, hieher schikken, Holz
zu holen. Um es ihnen nicht daran mangeln zu
lassen, verhindert der Kommendant des hiesigen
Forts die Schiffe andrer Europäer dieses Bedürfnis
in Sama einzunehmen. Wir blieben zwei Tage
hier, und aßen beim Kommendanten, der aber,
wie ich glaube, die Einladung bereute, da wir im
Fort ankamen, weil wir stärker waren, als er.
Die grosse Unruhe, worin er sich befand, war au=
genscheinlich. Das beste auf seiner Tafel war eine
afrikanische Razze, die so groß und dik war, als
ein vierzehntägiges Schwein.

Während wir uns am Lande befanden, kamen
eine Menge Negern an unser Schiff, um Brannt=
wein zu fordern. Die zurükgebliebnen Offiziers
vertauschten ihn an sie, wurden aber betrogen,
denn anstatt des Goldstaubs, gab man ihnen Ku=
pferstaub. Sie besizzen die Kunst, diesen so zu
vergolden, daß diejenigen, die diese Waare nicht
genau kennen, und nichts zum probiren bei sich ha=
ben, ohnfehlbar hintergangen werden. An diesem
Tage sollten sie der Berechnung nach für tausend

Thaler Gold bringen, der Kupferstaub war aber kaum einen Thaler werth. Zu eben der Zeit kamen Neger von Kommendo an, um uns zu bitten, zu ihnen zu kommen, weil sie die Franzosen sehr liebten. Dieses Gesuch wurde erfüllt, denn wir ankerten den folgenden Tag vor ihrer Stadt.

Wir fanden bei unsrer Landung die Einwohner, um uns desto mehr Ehre zu erzeigen, unter den Waffen. Sie begrüßten uns mit drei Salven aus ihren Musketen. Ein grosser Trupp Männer und Weiber begleiteten uns tanzend nach dem Schall einer Art von Guitarren, und verschiedener Instrumente, die von Elfenbein gemacht waren. Alle diese Neger waren den obenbeschriebenen ähnlich, nur die Weiber ausgenommen, die Scherpen trugen, und an ihren Gürteln eine Menge Schlüssel hängen hatten. Diese hielten sie für eine grosse Zierde, da alles in ihren Häusern mit Schlössern versehen ist. Wir zogen auf diese Weise durch die Stadt, und fanden in allen Gassen neue Tänzer. In der Mitte war ein grosser Plaz, der mit Männern und Weibern angefüllt war, die auch tanzten und schrieen: Es lebe Frankreich! Ueberhaupt schienen sie alle sehr vergnügt uns zu sehen. Sie führten uns zu einem Hause, das von den Franzosen ehmals erbaut worden war; wobei sie sagten, daß es uns gehöre, und wir uns desselben als Herren bedienen sollten. Wir blieben zwei Stunden lang hier, die wir damit zubrachten, sie tanzen zu se-

hen. Unter den Haufen waren Männer, die Tiger=
häute statt der Scherpen trugen, und um die Len=
den und den Unterleib eine Art von Panzer hatten,
den sie gewöhnlich im Krieg anlegen. Nur diese
Theile des Körpers sind bedekt, alle andre aber
nakkend.

Als wir dieses Haus verliessen, um uns einzuschif=
fen, kam ein Neger, uns zu sagen, daß der bisher
abwesend gewesene Statthalter angekommen sei. Er
kam aus der Residenz des Königs, Groskommen=
do genannt, die nur vier Meilen von hier entlegen
ist. Wir besuchten also diesen Statthalter, und
ich war nicht wenig überrascht, als ich nichts barba=
risches an ihm fand; im Gegentheil, er hatte ein
menschenfreundliches Aussehen. Er empfing uns
auch ganz anders, als alle übrigen, die wir gese=
hen hatten. Sobald wir nur die Goldküste berühr=
ten, hatte ich schon bemerkt, daß die Leute hier
zivilisirter, als in andern Negerländern waren.
Dieser Schwarze war von grosser Statur, alle sei=
ne Glieder zeugten von Kraft; die Nase war bei
ihm nicht platt, auch hatte er keinen so grossen
Mund wie die andern Neger; seine Augen waren
sehr offen und voller Feuer. Er sagte uns, der Kö=
nig hätte mit vieler Freude gehört, daß ein fran=
zösisches Schiff auf der Küste angekommen sei, da=
her er ihm auch befohlen habe, sogleich abzureisen,
um uns zu versichern, daß wir willkommen wären;
er für seinen Theil wünschte uns auch Dienste zu

leisten. Er drükte sich hiebei sehr verständig aus. Nachher gab er allen denen, die ihn sprechen wollten, Audienz. Dieses geschah ohne alle Verwirrung, und in unsrer Gegenwart. Das Zimmer, worinn wir uns befanden, war mit Tischen, Sesseln und Kästen meublirt; die Audienzsuchenden aber standen in einer Art Vorzimmer, aus welchem sie einer nach dem andern herausgerufen wurden. Beim Eintritt in das Unsrige warfen sie sich auf die Knie, und sprachen in dieser Stellung mit dem Statthalter, der durch gewisse Gebärden ihnen gleichsam den Segen gab; worauf sie denn fortgiengen. Den Vornehmsten reichte er, wenn sie knieeten, die Hand. So wurde er von allen Instrumentenspielern besucht, die alle nach der Reihe ihm ihre Ehrfurcht zu beweisen kamen, und von Tänzern und Tänzerinnen bezleitet waren, die tanzen mußten, während wir mit ihm assen. Die Mahlzeit war sehr anständig. Er schlug uns vor, seinen König zu besuchen, wobei er uns soviel Sklaven anbot, als wir brauchten, um uns in baumwollenen Tragsesseln dahin zu bringen. Diese ihre Reisemaschinen sind sehr bequem; man wird in denselben ganz sanft, und ziemlich geschwinde getragen. Unser Kapitain, der Chevalier von Hailly, dankte ihm, und sagte: daß er seine Abreise beschleunigen müßte, ja, daß er, wenn er nicht gekommen wäre, bereits unter Segel seyn würde. Er bat ihn jedoch auf sein Schiff zu kommen, wo er ihn regaliren würde. Diesen Vorschlag nahm er

an, und sagte, er habe ein grosses Zutrauen zu
den Franzosen, und würde das bei andern Nazio=
nen schwerlich thun. Wir mußten zuerst aus sei=
nem Zimmer gehen, dann folgte er uns von drei
Sklaven begleitet, die vor ihm hergiengen, nach.
Zwei von ihnen hatten Flinten, und der dritte trug
seinen Panzer und Degen, der von Eisen, und sehr
schneidend war; denn dieses Volk versteht die Kunst,
dieses Metall weich zu machen. Sie machen Sä=
bel daraus, die aber so breit, wie die Fleischer=
messer sind. Der Griff wird aus einem sehr wei=
chen Holz gemacht.

Dann giengen wir ans Ufer des Meers, wobei
ich mich wunderte, den Plaz, wo wir vorher so
viele Tänzer gefunden hatten, jezt voller Handels=
leute anzutreffen, die Früchte verkauften, als Ana=
nas, Citronen, Orangen, Bananen u. s. w. Man
hat hier auch türkischen Weizen, wovon die Neger
Brod machen; dieses wurde bereits gebakken auf
dem Markt verkauft, desgleichen Mehl, Honig,
Reiß, Wurzeln, Fische und Palmnüsse, von wel=
chen leztern sie Oehl verfertigen, das auf der gan=
zen Küste gebraucht wird. Auch fanden wir hier
Tücher, und überhaupt alle europäischen Waaren,
die hieher gebracht wurden. Diese Märkte dauern
alle Tage beständig fort.

Nachdem der Statthalter also unser Schiff be=
stiegen hatte, bemüheten wir uns, ihm zuzutrin=
ken, allein vergebens, denn er war sehr mässig.

Er fand unter den Schiffsleuten einen Bekannten;
dieses war ein Portugiese aus der Insel St. Thomas, der auf seiner Reise nach Europa Schiff-
bruch gelitten hatte. Da es unsre Absicht war,
diese Insel zu berühren, so hatte ihn der Chevalier
von Hailly mitgenommen, um ihn in sein Vaterland zurük zu bringen. Dieser Portugiese versicherte uns, daß der Statthalter der muthigste Neger
auf der ganzen Küste von Guinea sei, daß er das
Fort Capo Corso den Holländern mit Gewalt abgenommen, und es den Engländern verkauft hätte,
die es noch besizzen. Da wir so vom Kriege rede-
ten, wurde unser Neger ganz zutraulich, und zeigte uns sieben Schußwunden, die er an seinem
Leibe bekommen hatte. Nachdem er drei Stunden
lang bei uns gewesen war, verlangte er wieder zurükzukehren. Er bat uns beim Abschiede zu glauben, daß sein Herz nicht so schwarz, als sein Körper sei, und daß wir uns auf alle Anerbietungen
verlassen könnten, die er uns gemacht hätte. Nachdem er in die Schaluppe gestiegen, und diese vom
Schiff abgestoßen war, feuerte man fünf Kanonen
ab, durch welche Ehrenbezeugung seinem martiali-
schen Ehrgeiz sehr geschmeichelt wurde. Den folgenden Tag ließ er uns sagen, daß die Holländer
entschlossen wären uns zu arretiren, wenn wir das
feste Schloß Minne betreten würden. Wir ließen
ihm durch seinen Abgeordneten für diese Nachricht
danken, wobei wir ihm aber meldeten, daß die
Holländer sich wohl nicht unterstehen würden, et-

was gegen uns zu unternehmen, aus Furcht un=
sern König zu beleidigen. In der Stadt Kommendo
befand sich sowohl ein holländischer als englischer
Kommissarius, die hier Handel trieben; der Hol=
länder ließ sich jedoch nicht bei den Belustigungen
des Volks sehen, vielmehr bezeigte er seinen Un=
willen über die günstige Aufnahme, die uns wi=
derfuhr, und stieß einige Drohungen aus, die denn
des Statthalters Botschafft veranlaßten. Demun=
geachtet aber segelten wir ab, und ankerten bei
dem Schloß Minne.

Es sind hier zwei Forts, eines am Ufer des
Meers von den Portugiesen erbaut, und das an=
dere auf einem Berge, der das alte Fort komman=
dirt, und von den Holländern errichtet wurde. Hier
wird ein sehr starker Handel getrieben, auch ist es
der Siz des holländischen Generalgouverneurs, von
denen die übrigen Gouverneurs und Kommendan=
ten längs der Küste abhängen. Er empfing uns
sehr höflich, und bewirthete uns vier Tage lang
auf deutsche Art, indem er uns sehr mit Trinken
zusezte. Jedoch schien er Misrauen in uns zu sez=
zen, denn sobald wir sein Fort betreten hatten,
wurden die Thore gesperrt, so daß wir nicht her=
aus konnten; ja wir durften nicht in ein anderes
Zimmer gehen, ohne von einigen Sklaven beglei=
tet zu werden. Er fragte uns oft, was wir an
der Küste suchten, und ob wir ihm gleich sagten,
daß wir den Auftrag hätten, die französischen Han=

delsschiffe zu begleiten, und den Alliirten der Kro=
ne beizustehen, so stellte er sich doch andere Dinge
vor, weil er nicht gewohnt war, franzöfische Kriegs=
schiffe in diesen Meeren zu sehen. Indessen gieng
alles in guter Verträglichkeit zu. Der Chevalier
von Hailly machte ihm Geschenke, und erhielt
ebenfalls einige von ihm, worunter ein ganz beson=
derer Vogel war, den man den gekrönten Vogel
nannte. Er war vier Fuß hoch und hatte schwarze
und weisse Federn; sein Leib war einem kalekutschen
Hahn ähnlich, der Hals war sehr lang, und die Krone
von grossem Umfang, gelbfarbig mit etwas schwarz
vermischt. Zwischen seiner Krone und seinem Schna=
bel war ein sammtartiger Quast; seine Augen wa=
ren zitronengelb, rund um dieselben aber befand
sich eine sehr feine und schneeweisse Haut, die Oh=
ren hatten die schönste Fleischfarbe, und diese Farbe
gieng bis an die Brust herunter.

Während wir uns lustig machten, ergriffen die
Neger, die im Dorfe am Fuß des Forts wohnten,
die Waffen, und kamen 3 bis 400 Mann stark
mit fliegenden Fahnen angezogen. Ich glaubte an=
fangs, daß dies auf des Gouverneurs Befehl ge=
schähe, er sagte uns aber, daß sie es von selbsten
thäten, und daß sie in dergleichen Uebungen när=
risch verliebt wären, und sich zu allen Stunden
bei Tag und Nacht damit belustigten. Dieses Volk
schien mir in der That von einer guten Gemüths=
art zu seyn; sie zeigten sich immer tanzend. Ihre

Kriegsübungen machten uns Vergnügen. Wir sahen ihre Bewegungen zum Angriff, die so waren,
als wenn sie durchs Gesträuch hätten Enten schlie-
ßen wollen. Sie führen auch alle Kriege nur durch
Ueberfall, greifen nie alle zugleich an, sondern zer-
streuen sich links und rechts, nachdem sie eine Zeitlang auf dem Bauche herumgekrochen sind, und ihre
Flinten abgefeuert haben. Nachher begeben sie sich
aufs Laufen, in welchem sie so geschikt sind, daß
sie in wenig Augenblikken bei ihren Fahnen eintref-
fen. Ich bin aber gewiß, daß, wenn sie von den
Feinden verfolgt würden, dieses Zusammenziehen
nicht ohne große Verwirrung geschehen könnte. Zu
der Zeit, da die Holländer die Portugiesen aus diesem Lande vertrieben, schlugen sich die hiesigen Neger sehr muthig herum, und wurden nur mit vieler Mühe überwunden. -

Nachdem der Negergeneral seine kriegerischen
Uebungen geendigt hatte, kam er zu uns ins Fort,
und bat den Gouverneur um Erlaubniß, uns mit
seiner Musik belustigen zu dürfen, deren Instrumente aus einigen elfenbeinernen Trompeten bestanden, die einen gewaltigen Lärm machten, jedoch
bemerkte man dabei eine Art von Simphonie, da
jede einen verschiedenen Ton hatte. Der Ritter
von Hailly bat diesen Negeranführer auf den folgenden Tag am Bord seines Schiffes zu essen, desgleichen lud er die holländischen Offiziere ein, und
erbot sich von seinen Offizieren Geiseln am Lande

zu laſſen. Dieſes wurde angenommen, und das Schiffsmahl zu beiderſeitiger Zufriedenheit vollbracht.

Einige Tage nachher giengen wir unter Segel, und ankerten zwiſchen dem Vorgebirge Capo Corſo genannt, und dem Fort Friedrichsburg, die nur 600 Schritte von einander liegen. Ich habe bereits oben geſagt, daß die Engländer von unſern Freunden zu Kommendo das Capo Corſo gekauft hatten, daher ſie hier einen General haben, ſo wie die Dänen auch einen in dem ihnen zugehörigen Fort Friedrichsburg unterhalten. Wir beſuchten beide. Ein jeder von ihnen bewirthete uns aufs beſte. Von beiden Theilen wurden Geſchenke gemacht, der däniſche General gab dem Chevalier von Hailly ein Krokodill, und einen gekrönten Adler von Gold.

Was die Einwohner des Landes betrifft, ſo ſind ſie von ihren Nachbarn gar nicht verſchieden, wenigſtens habe ich in den drei Tagen meines hieſigen Aufenthalts nichts auszeichnendes bemerken können. Der König von Sabu, deſſen Land zwiſchen den Beſizzungen der Holländer und Dänen liegt, ſchikte einen ſeiner vornehmſten Offiziere an uns ab, der zum Zeichen ſeiner Würde einen goldenen Ring, das Bild eines Vogels, an dem Daumen ſeiner rechten Hand trug. Dieſer Offizier bat uns im Namen ſeines Königs zu ihm zu kommen, mit der Verſicherung, daß er ſich am Seeufer in

einem ihm gehörigen Dorfe einfinden würde. Die
europäischen Nachbarn aber schöpften darüber Ver=
dacht, und zeigten uns ihr Mistrauen; denn der
holländische General befahl dem Kommendanten von
Naſſau, uns ein an den Gränzen des Königs von
Sabu gelegenes Fort nicht betreten zu laſſen. Die=
ſer Verdacht verdroß den Ritter von Hailly ſo ſehr,
daß er nicht länger auf der Küſte bleiben wollte, da
er überdies gehöret hatte, daß ſich keine franzöſi=
ſchen Schiffe mehr hier herum befänden. Während
man die Anker lichtete, ſchrieb er einen höflichen
Brief an den König von Sabu, um ihm für ſeine
Einladung zu danken; denn obgleich dieſe Nazion
weder leſen noch ſchreiben kann, ſo halten ſie ſich
doch ſehr geehrt durch einen Brief, und bezeugen es
durch die groſſe Sorgfalt, die ſie anwenden, Brie=
fe aufzuheben.

Wir giengen alſo unter Segel, und nahmen
unſern Weg gerade nach der Inſel St. Thomas,
wo wir viel Lebensmittel fanden, nämlich Ochſen,
Schafe, Schweine, Hühner, und eine Menge
Wildpret. Dennoch leben die hier wohnenden Por=
tugieſen ſehr ſchlecht, und begnügen ſich mit einem
Salat und etlichen Eiern zu ihrer ganzen Mahlzeit.
Anſtatt des Brods bedienen ſie ſich der Bananen, ei=
ner elenden Frucht, und trinken dabei nichts als
Waſſer. Sie haben immer eine andere Frucht im
Munde, die ſie kauen, um dadurch dem Waſſer einen
beſſern Geſchmak zu geben. Was mich betrift, ſo
habe

habe ich es nie gut gefunden, weil die Frucht mir
eine Bitterkeit im Munde zurükließ. Sie halten
es aber für den Magen so gesund, daß diejenigen,
die noch nicht gefrühstükt haben, die Fruchtkauer
den bitten, jhnen in den Mund zu hauchen. Diese
elende Lebensart verursacht, daß sie wie Leichname
aussehen. Hiezu kommt, daß ihre Insel nach dem
Bericht aller Reisenden der ungesundeste Ort von
der Welt ist. Wenn Fremde dahin kommen, so
dürfen sie nicht ausserhalb ihren Schiffen schlafen,
und noch weniger mit den weiblichen Bewohnern
der Insel vertrauten Umgang pflegen, wenn sie
nicht Todesgefahr laufen wollen; denn der Bei-
schlaf ist hier bei den Ausländern mit einem solchen
Verlust an Lebensgeistern verbunden, daß der Körper ganz ausgemergelt wird, und gewöhnlich in
wenig Wochen ins Grab sinkt. Ich habe auf unserm Schiff Beispiele davon gesehen, und diejenigen, die mit dem Leben davon kamen, brauchten
über vier Monate um wieder hergestellt zu werden,
wobei ihnen viel Blut durch die Harnröhre abgieng.
Ich glaube, daß die gebornen Portugiesinnen
nicht so gefährlich sind. Diese Geschöpfe sind der
christlichen Religion zugethan, und so ausschwei-
fend sie auch leben, so wollen sie sich doch mit Ke-
zern nicht vermischen, denn einer unsrer Offiziere,
der seinen Trieb stillen wollte, wurde von ihnen gefragt, ob er auch ein Katholik sei, weil sie, wie sie
sagten, sonst mit ihm durchaus nichts zu thun haben wollten, aus Furcht, Gott gröblich zu beleidigen.

: ... Wir fanden hier die Regierungsform republi-
kanisch, nämlich sieben oder acht Portugiesen be-
herrschten die Insel, die ungefähr fünfzehen Meilen lang und zehn breit ist. Sie hatten ihren
Gouverneur, nachdem er lange Zeit bei ihnen ein
Gefangener gewesen war, nach Portugal geschikt,
und erwarteten von ihrem Könige Gerechtigkeit, in
Ansehung ihrer eingereichten Klagen. Es ist in der
Insel ein Bisthum, allein ohne Bischof, desgleichen ein Kapitel, wo die Kapitularen regelmäßig
ihren Gottesdienst versehen, obgleich ihr Privatle-
ben nicht mit diesem äussern Schein übereinkommt.
Wir blieben eilf Tage hier um unsre Lebensmittel
und Bedürfnisse einzunehmen, und erhielten dabei
von den Portugiesen allen nur erfinnlichen Beistand; sodann giengen wir wieder unter Segel, und
passirten die Linie, wo wir alle mit grossen Zere-
monien getauft wurden, der Kapitain und der
Oberkanonier ausgenommen, die sie schon vormals
passirt waren. Die Winde waren uns sehr entgegen, so daß wir in achtzehn Tagen nicht mehr als
sechzig Meilen machten, nachher wurden sie uns
aber günstig, so daß wir alle Tage regelmäßig 40
bis 50 Meilen vorrükten, und so endlich in unser
Vaterland wieder zurükkamen.

IV.

Otto Friedrich's von der Gröben

kurbrandenburgischen Majors

Reise nach Guinea,

in den Jahren 1682 und 1683.

Unternommen

auf Befehl des grossen Kurfürsten

Friedrich Willhelm's

von Brandenburg.

Ein Gegenstand, besonders würdig der Aufmerksamkeit jedes Deutschen ist die Geschichte einer
deutschen Niederlassung auf der Küste von Afrika,
die Geschichte der von Deutschen dahin unternom-
menen Schiffahrten, die Geschichte einer deutschen
afrikanischen Gesellschaft!

So ehrenvoll aber diese Unternehmungen für
ihren grossen Urheber, für seine Mitwirker, für
ganz Deutschland sind — so sehr ist es auch zu be-
dauern, daß diese schöne Grundlage eines künfti-
gen höhern Flors des deutschen Handels und See-
wesens so bald wieder in den Abgrund des Nichts
versank!

Kurfürst Friedrich Willhelm der Grosse
von Brandenburg war der deutsche Fürst, der
zuerst wieder eine deutsche Flagge in Respekt setzte,
einen weiten Seehandel unternahm, und im fernen
Afrika Niederlassungen gründete, die noch jezt blü-
hen — aber nicht mehr für Deutsche!

Sobald dieser Mann von weitumfassendem
Geiste im Besizze von Pommern war, legte es den

Grund zu einer kleinen Seemacht, die er mit Hülfe eines holländischen Kaufmanns Namens Raule nach und nach vergrößerte. Mit einer kleinen Flotte von wenigen Fregatten erwarb er zuerst in der Ostsee seiner Flagge Respekt, und beschleunigte durch sie seine kriegerischen Unternehmungen; bald aber wehte sie auch in fernen Meeren, und die Küsten von Amerika sahen zum ersten Male brandenburgische Schiffe, als der grosse Kurfürst im Jahr 1680 den kühnen Entschluß faßte, durch eine kleine Flotte von sechs Fregatten spanische Schiffe wegnehmen zu lassen, um sich für die ihm von Spanien noch schuldigen Subsidiengelder zu entschädigen. Die brandenburgische Eskader machte mehrere Prisen, schlug sich tapfer mit einer weit stärkern spanischen Flotte herum, und erregte dadurch grosses Aufsehen in ganz Europa; aber der Vortheil, den sie für den Kurfürsten errang, war unbeträchtlich; doch brachte diese Unternehmung den Vortheil, daß sie ihm Ehrfurcht erwekte, und seine Macht in ein günstiges Licht sezte.

— Doch, ich lenke ein! — daß ich diese merkwürdige Anekdote dem verdienstvollen Grafen von Herzberg hier nacherzählte *) — das wird mir gewiß jeder Deutsche verzeihen! —

---

*) In seiner Abhandlung vom 24 Jan. 1781. in seinen Acht Abhandlungen 2c. A. d. Fr. 8 Berlin, 1789 — woraus auch die übrigen hier angeführten Thatsachen entlehnt sind.

Während jener in der Geschichte der Deutschen
so wichtigen Unternehmung, wandte der grosse Kurfürst seine Aufmerksamkeit auf die Erweiterung des
Seehandels. Jener Raule war der Direktor seiner
Marine, und durch diesen wurden Plane ausgeführt,
die den Brandenburgern ewig Ehre machen.

Friedrich Willhelm gab nicht nur dem preussischen Seehandel neues Leben, sondern errichtete
einen unmittelbaren Handel nach Guinea. Dem
zu Folge schikte Raule ein Schiff unter dem Kommando des Kapitän Blonk's auf jene Küste, und
dieses schloß im Jahr 1681 mit den drei Neger-
häuptern (Raboschirs) am Kap der drei Spizzen einen Vertrag, kraft dessen sie den Kurfürsten von
Brandenburg für ihren Oberherrn erkannten, sich
verpflichteten mit keinen anderen als brandenburgischen Schiffen zu handeln, und den Brandenburgern einen Plaz zu einem Fort einzuräumen. —
Hierauf stiftete der Kurfürst eine afrikanische Han-
dels-Gesellschaft, ertheilte ihr ein Privilegium auf
dreissig Jahre, und schoß selbst eine Summe zu
ihrem Fond; auch versicherte er sie des Schuzzes
von Frankreich, den er sich durch einen Artikel seiner
Allianz mit Ludwig dem XIV. ausbedingt hatte.

Nun wurde der Major von der Gröben mit
zwei Fregatten von dem Kurfürsten nach Guinea
geschikt, um den obenerwähnten mit den Negern
geschlossenen Vertrag zu Stande zu bringen, und
auf der Goldküste ein Fort anzulegen.

Dieser Major Otto Friedrich von der Gröben war aus einem alten abelichen Geschlechte in der Kurmark, hatte schon im J. 1675 eine Reise nach Palästina gethan (die er auch beschrieben hat) und stand damals als Kammerjunker in den Diensten des grossen Kurfürsten *).

Er hat seine merkwürdige Reise nach Guinea — er unternahm sie im 24sten Jahre seines Alters — selbst beschrieben. **) Ich liefre sie hier meinen Lesern in einem gedrängten Auszuge, und nun mag er Ihnen seine Reiseabentheuer und den Fortgang der brandenburgischen Angelegenheiten in Guinea selbst erzählen.

---

*) M. s. seinen Vorbericht zu seiner orientalischen und zu seiner guineischen Reisebeschreibung.

**) M. s. Im VI. Bd. d. W. S. 21. — Das Werk ist ziemlich selten geworden; ich hatte mich lange vergeblich bemüht, es aufzutreiben, als ich es endlich bei meinem verewigten Freunde Schubart fand, und von ihm zum Geschenke erhielt. Dafür sei seiner Asche hier noch Dank gesagt! —

Otto Friedrich's von der Gröben,

kurbrandenburgischen Majors,

Reise nach Guinea.

In den Jahren 1682 und 1683.

Von ihm selbst beschrieben.

Nachdem ich von Friedrich Willhelm dem Grossen, Kurfürsten von Brandenburg, den Auftrag bekommen, mit den beiden Fregatten der Kurprinz und der Moridn an die guineische und angolische Küste in Afrika, und von dannen nach Amerika zu segeln, so trat ich im Mai des Jahrs 1682 die Reise an. In Hamburg sezte ich mich mit meinen Leuten auf die Fregatte Kurprinz, worauf ich in etlichen Tagen zu Glük-stadt ankam. Daselbst traf ich die andre Fregatte Moridn, auf welcher mein Fähndrich mit einem Unteroffizier und einiger Mannschaft sich befanden. Sobald wir uns zu Glükstadt vollends mit allem Nöthigen versehen hatten, lichteten wir die Anker, und kamen vor Freiburg im Bremischen an, wo wir einige Tage stille liegen, und auf günstigen Wind warten mußten. Bei Kokshaven zwang uns der widrige Wind abermal, die Anker auszu-werfen, und eine Zeitlang zu verweilen. Beinahe

wäre uns hier schon ein grosses Unglük zugestossen,
denn als wir von Kokshaven auslaufen wollten,
trieb uns ein starker Wind wieder zurük auf eine
Sandbank. Unerachtet wir' nur noch einen halben
Faden Wasser unter dem Schiffe hatten, mußten
wir doch für jezt die Anker fallen lassen, damit wir
nur nicht ganz auf die Sandbank getrieben werden
möchten. Nach etlichen Tagen schien uns der Wind
wieder günstiger zu seyn; wir liefen also früh Morgens in die See. Als wir das Ende von den Sandbänken erblikten, glaubten wir uns schon aus aller Gefahr, und liessen unsern Bootsmann, den
wir aus Glükstadt mitgenommen hatten, zurükfah-
ren. Wir hätten aber seiner Hülfe sogleich wieder
bedurft, indem bald darauf eine unsrer Schaluppen, die wir so eben ins Schiff aufnehmen wollten, mit drei Personen umschlug, und unsre Schiffe über der Rettung derselben auf eine Sandbank
geriethen. Wir gewannen indessen die tiefe See
bald wieder, warfen den grossen Anker aus, und
hielten Rath, wie wir unsre Schaluppe und den
abgerissenen Wurfanker wieder bekommen möchten.
Weil wir aber den Grund nicht genug kannten, und
uns keinen neuen Gefahren aussezzen wollten, so
liessen wir lieber Schaluppe und Anker zurük, und
schifften auf Helgoland zu. Unsre verlohrne Schaluppe ersezten wir durch eine andre, die wir einem
Grönlandsfahrer, der uns begegnete, abkauften.
Auch versahen wir uns unterwegs mit Häringen,
die wir von einem holländischen Schiffe gegen Spek

nnd Branntwein eintauschten. Indeſſen fieng unſere Mannſchaft auch ſchon an, krank zu werden.

Am 26ten Tag nach unſrer Abreiſe mußten wir
ſchon Waſſer trinken, denn unſer Bier war ausge-
gangen. Innerhalb 26 Tagen hatten wir den Weg
von Schottland bis zu den Canariſchen Inſeln
zurükgelegt.

Mit günſtigem Winde erreichten wir bald das
weiſſe und grüne Vorgebirg, und die Küſte
Sierraleona. Hier verſahen wir uns in aller
Eile mit Holz und Waſſer. Ich gieng darauf mit
einigen jungen Edelleuten in die Negerei, die dem
Waſſerplaz ſehr nahe gelegen war. Am dritten
Tag nach unſrer Ankunft kam der Waſſerkapitän
Jan Thomas, den ich in jener Negerei angetrof-
fen hatte, an Bord, um ſein Waſſer und Holz bezahlt
zu haben, wofür wir ihm ein halb Viertel Branntwein und ein paar Flaſchen Wein gegeben. Ich
gieng nachher noch einigemal ans Land; wo ich
aber hinkam, flohen die Negern in ihre Wälder,
ſo daß ich nichts als hie und da einen Krüppel, der
nicht mitlaufen konnte, und etwa eine Kazze oder
Hund vorfand.

Der hieſige engliſche Gouverneur, den wir bei
unſrer Ankunft auf dem Schiffe traktirt hatten,
ließ uns bitten, ihn auf ſeiner Inſel zu beſuchen.
Ich ſezte mich alſo mit dem Hauptmann und den
beiden Ingenieurs in die Schaluppe; und ſchiffte
der Inſel Bens zu, welche drei Meilen aufwärts

im Strome liegt. Unterwegs kamen wir an unter-
schiedlichen Negereien vorbei, und endlich zum
Aufenthalt des Gouverneurs. Dieser kam uns entgegen, bewillkommte uns mit sieben Kanonenschüssen, und that uns alle ersinnliche Ehre an.

Die Insel Bens beträgt ungefähr eine halbe
Meile im Bezirk. Man hat die Bäume auf derselben ausgerottet, damit die Erde freier ausdünsten, und von den Stralen der Sonne getroknet
werden möge. Auf einer Seite liegt das englische
Fort, von der Seeseite mit einer 8 Fuß hohen
Mauer versehen, auf welcher 8 Kanonen befindlich
sind. Hinter der Mauer steht ein kleines steinernes
Haus, worin der Gouverneur wohnt. Vor demselben sind 6 Kanonen aufgepflanzt. Wir fanden auch
noch ein anders steinernes Haus, wo man Nachts
die Sklaven einsperrt. Am Fusse des Bergs ist die
Negerei, wo die Sklaven der Kompagnie wohnen.
Man findet dort einen Brunnen in einen Felsen gehauen, der das beßte süsse Wasser hat. Für die
Matrosen ist hier eine lange Hütte, und zwei kleinere, wo die Konkubinen des Gouverneurs und
Schiffhauptmanns wohnen.

Nachdem uns der Gouverneur hier drei Tage
lang bewirthet, und unsre Schaluppe noch mit
Limonen versehen hatte, kehrten wir wieder nach
unsern Schiffen zurük. Wir luden ihn aber zu uns
ein, und erwiederten ihm, so viel wirs vermochten,
alle empfangene Höflichkeiten. Am andern Tag

lichteten wir die Anker, und segelten dem Kap
Monte, an der Pfefferküste zu, wo wir nach sieben
Tagen anlangten. Am Tag darauf ruderten drei Ne=
gern in einem Kanot zu unsern Schiffen heran.
Nach vielen Freundschaftsversicherungen von unsrer
Seite kamen sie endlich an Bord, und versprachen,
am andern Tag Elfenbein mitzubringen. Sie ka=
men auch, aber am dritten Tage erst, mit 1000
Pfund Zähnen, die wir gegen Kessel, Kleiderchen
und eine Flinte einhandelten. Des Nachmittags
fuhr ich mit dem Schiffskapitain dem Lande zu
um zu sehen, ob wir so viel Elfenbein fänden, als
die Negern vorgaben. Da wir noch auf einen Pi=
stolschuß vom Ufer waren, kamen bei 50 Negern
heran, und schrieen, wir sollten ans Land kommen.
Es war aber theils nicht rathsam, sich ihnen anzu=
vertrauen, theils machte es die starke Brandung
schon unmöglich. Die Negern hingegen kamen doch
mit einem Kanot angestochen, und zeigten uns
1000 Pfund Elfenbein, die sie sich aber wegen der
stürmischen Wellen nicht an unser Boot zu bringen
getrauten. Am vierten Tag fuhr der Kapitgin noch
einmal mit verschiedenen Waaren dem Lande zu.
Um die Handlung mit Sicherheit eröffnen zu kön=
nen, brachten die Negern einen von den ihrigen als
Geisel ins Boot, und begehrten von uns ebenfalls
einen. Nach geschehener Auswechslung fieng unser
Tauschhandel an. Die Negern aber meintens doch
mit uns so aufrichtig nicht, denn sie hatten ih=
rem Geisel heimlich befohlen, aus dem Boot zu

springen, und sich durch Schwimmen zu retten.
Weil wir aber den Spaß merkten, so zogen wir
ihm einen Rok an, und knüpften ihn von oben bis
unten zu, um ihn desto eher vesthalten zu können.
Da er aber doch zu entwischen suchte, banden wir
ihn mit einem Strik so lange vest, bis wir unsern
Matrosen wieder im Boot hatten. Die Negern
machten uns dann doch in allem Ernste den Vor=
schlag, wir möchten eine Festung bei ihnen bauen;
und versprachen, sie wollten uns gerne in allem
behülflich seyn, damit nur ihr Handel in bessern
Gang käme. Wir achteten aber nicht darauf, und
segelten dem Kap Miserada zu, wo wir unsre
Fregatte Moridn, die sich vor drei Tagen bei
Kap Monte von uns getrennt hatte, wieder fanden.

Als wir die Anker geworfen hatten, berief ich
den Kapitain von der Fregatte Moridn an Bord
meines Schiffes. Bei seiner Ankunft meldete er
mir, daß mein Fähndrich in den lezten Zügen liege.
So gern ich den guten Mann noch einmal besucht
hätte, konnt ichs doch heute nicht leicht mehr thun,
weils schon sehr spät war. Ich verschob also den
Krankenbesuch auf Morgen, wo ich den Fähndrich
schon ganz sprachlos fand. Er starb auch wirklich
zwei Stunden hernach. Ich ließ ihn nicht aufs
Land, sondern in die See begraben, weil ich be=
fürchtete, die Negern möchten das Grab eröffnen,
und den Leichnam mißhandeln.

Nachmittags fuhr ich mit meinen Kapitains
unbewaffnet ans Land, um die Negern bei unserm

vorgehabten Handel nicht schüchtern zu machen.
Gleich fanden sich ihrer bei fünfzig ein, und betrieben den Handel, wie es schien, ganz ehrlich
und freundschaftlich. Allein bald merkten wir doch
ein Geflüster unter ihnen, das sicher auf unsre Gefangennehmung Bezug hatte. Wir machten uns
also, unter theuren Versprechungen, den andern
Tag mit vielen Waaren wieder zu kommen, so
schnell als möglich aus dem Staube.

Am folgenden Tag bewaffnete der Hauptmann
die Schaluppe mit einigen Bootsleuten, und fuhr
mit einem Ingenieur ans Land. Da aber die Negertruppe gegen 200 Köpfe anwuchs, zog er sich
mit seinen sieben, blos mit Degen und Pistolen bewaffneten Personen so schnell als möglich aus dem
Spiele, nachdem er zuvor alle seine Waaren wolfeil genug verkauft, und eine neue Ladung aus
dem Schiffe zu holen, versprochen hatte.

Am dritten Tag nahm ich dreißig bewaffnete
Soldaten und fünfzehn Matrosen, die mich nebst
dem Kapitain und den Ingenieurs ans Land begleiten mußten. Wir waren Willens, unser morsches
Boot am Lande zu verpichen, und mußten uns also
nothfalls gegen die Einwohner zu vertheidigen im
Stande seyn. Wir zweifelten anfangs, ob sie sich
wohl auch sehen lassen würden, wann wir bewaffnet wären. Als wir uns nun am Lande befanden,
ließ ich meine Pfeifer blasen, während die andern
die Fahrzeuge ans Land zogen, um sie zu verpichen.

Wir hatten aber kaum die Arbeit angefangen, als
schon vier Negern zu spioniren kamen, ob wir
keine Gewehre bei uns hätten. Da sie uns aber in
einer friedlichen Beschäftigung fanden, gewannen
sie Zutrauen, und blieben bei uns. Ihrem Beispiele folgten noch mehrere, bis der Haufe zu
dreißig Köpfe anwuchs. Sie hatten wieder Lust,
mit uns zu handeln. Da wirs ihnen aber abschlu-
gen, blieben sie dennoch bei uns, und verkauften
Hüner, Reiß u. dgl. Einigen von unsern Leuten,
die Leinenzeug wuschen, entwendeten sie ein Schnupftuch. Als ich nun einige Negern ernsthaft darum be-
fragte, fiengen sie sammt und sonders an, so schnell
als möglich dem Walde zuzulaufen, zwei ausgenommen, welche ihre Vorsteher zu seyn schienen;
diese blieben stehen, und riefen die andern wieder
zurükke. Nun mußte einer nach dem andern in den
Fluß gehen, die Augen aufthun, und Wasser drein
giessen, welches bei ihnen einen Eid bedeutet. Diejenigen, auf welche ich einen besondern Verdacht hatte,
mußten ihre Hemder ausziehen. Dieß ließ ich nicht
so wohl um des gestohlenen Tuches willen geschehen, sondern eigentlich, um zu erfahren, was sie
am Halse hängen hätten, weil ich daran einige
Schnüre wahrnahm. Da fanden sich denn Amulet-
te von Zähnen, Klauen, Stroh u. dgl. Auf meine Frage, wozu ihnen dieser Unrath diene? gaben
sie mir zur Antwort: Sie trügen sie, damit der
Donner ihnen nichts schaden könnte. Ich fragte
weiter; wer denn donnere, und wie sie den Urhe-

ber

der des Donners verehrten? Dort oben, antworte-
ten sie, donnert der grosse Monarch. Auf einmal
fiengen sie nun einen der seltsamsten Tänze an, die
je gesehen werden können. Etliche nahmen ihre
Spiesse, etliche ihre Messer, und andere brumm-
ten durch die Nase. Darauf liefen sie mit grosser
Geschwindigkeit und seltsamen Gebärden im Sand
herum, schrien aus vollem Halse, gaben sich Stiche
mit ihren Spiessen und Messern, verkehrten die
Augen, knirschten mit den Zähnen, und machten
die wunderlichsten Sprünge von der Welt, bis zulezt einer aus übermässiger Andacht fast unsinnig
ward. Nun liefen die andern herzu, rissen ihm den
Spieß aus der Hand, und klopften so lange auf
seinen Kopf los, bis ihm der Eifer vergieng, und
er sich besänftigen ließ.

Nun verlangte ich auch einen ihrer Freuden-
Tänze zu sehen. Sie thaten mir diß gern zu Gefallen, und baten mich, ich möchte ihnen auf den
Schallmeien blasen lassen. Ich ließ also einen
polnischen Tanz aufspielen, nach welchem die Negern so munter hüpften, daß wir uns nicht wenig
darüber verwunderten.

Darauf gaben sie mir auch ein kriegerisches
Schauspiel. Sie liefen nämlich schnell von mir
weg, und eben so schnell wieder auf mich zu, als
wollten sie mich durchbohren, und sprangen in die
Höhe, wie wenn sie über meinen Kopf wegsezzen
wollten. Ich zog meinen breiten Säbel, und rief
einem unter ihnen zu, er sollte wieder auf mich an-

rennen; das wollte er aber nicht, sondern antwortete, wenn ihre Feinde bewafnet seien, so werfen sie zehn Schritte weit ihre Spieße nach ihnen. Ich nahm also die Flinte, und rief, er soll werfen; aber er schlug es ab, und sprach, ich würde ihn gewiß nicht treffen; worauf er denn so schnell wie eine Gemse von einer Seite zur andern sprang. Nachdem wir uns hieran lange genug ergözt hatten, nahmen wir unsern Abschied, und fuhren weiter.

Am vierten Tag huben wir die Anker, um unsern Weg nach Rio Sestre zu nehmen, wurden aber von widrigen Winden eine grosse Strekke wieder zurükgetrieben. Als wir endlich doch Rio Sestre gegen über lavirten, kamen zwei kleine Negerkanote drei Meilen weit zu uns hergefahren, und berichteten, daß Sanguin rechts über uns liege, und daß ihr König uns bitten lasse, daselbst zu ankern. Sie führten uns auch wirklich auf die Rhede von Rio Sestre. Ich wunderte mich nicht wenig, daß die Negern sich auf Kanoten so weit in die See wagen durften, welche doch nichts anders, als ein ausgehöltes Stük Holz, und etwa acht Fuß lang und zwei Fuß breit sind, womit sie sehr schnell mit kleinen Rudern in der Hand fahren können. Wenn die See zu stürmisch wird, und das Kanot umwirft, so wissen sie das Wasser sehr geschwind auszuschütten, und sich wieder hineinzuschwingen.

Unser Schiffer wollte auch einen Versuch darauf machen, er war aber kaum hineingestiegen, so lag er im Wasser.

Sobald wir uns vor Anker gelegt hatten, fuhr
ich mit dem Kapitain ans Land, wo viele Negern
auf uns warteten, und uns ankündigten, daß ihr
König, der drei Meilen tiefer im Lande wohnt, mor=
gen an den Strand kommen werde. Unterdessen mach=
te uns der königliche Prinz einen Besuch, und führ=
te mich in dem Dorfe, das nahe am Flusse liegt,
herum, und erwies mir auf seine Art alle Höflich=
keit. Unsre Bootsleute tauschten indessen viel Reiß
und Hüner für weisse Korallen ein.

Am Tag darauf kam der Prinz in unser Schiff,
um uns des Königs Ankunft zu melden. Weil es
nun eben Mittagszeit war, lud ich den Prin=
zen zur Tafel, wobei meine Musikanten aufspie=
len mußten. Der Prinz war ein wohlgestalteter
junger Mann, der sich in unsre Art zu essen und zu
trinken wohl zu schikken wußte, denn er rührte die
Speisen nicht eher an, bis er mich selbige zum
Munde bringen sah. Unsere Musik hatte seinen
ganzen Beifall.

Folgenden Tages giengen wir mit der Schalup=
pe ans Land, und fanden den König, der sich Pe=
ter nannte, am Flusse unter einer Negerhütte siz=
zend. Er empfieng uns mit seinen zwei Brüdern
und dem ganzen Hofstaat sehr höflich, nöthigte uns,
bei ihm nieder zu sizzen, und traktirte uns mit
Palmwein. Er fragte uns gleich anfangs nach un=
sern Namen. Ich heisse Peter, gab ich ihm zur
Antwort, denn ich wollte nicht geringer als der

König seyn. Darüber freute er sich denn sehr, und
sprach: Ich Peter, du Peter, sei also mein
Freund. Er war ein ehrwürdiger alter Mann, des=
sen Augen etwas Hohes anzukündigen schienen.
Sonst zeichnete er sich vor den übrigen durch nichts
aus, als durch die Ehrerbietung, die ihm seine Un=
terthanen erwiesen. Sein Ansehn unter ihnen war
so groß, daß, als uns von den Negern eine Flasche
Branntwein aus dem Boote gestohlen wurde, und
wir den Dieb unter so viel hundert Negern nicht
kannten, sie uns auf ein einziges Wort des Königs
wieder zugestellt wurde.

Nachdem wir nun eine Stunde lang bei dem
König gesessen waren, beschenkte er uns mit einem
Korbe Reiß und einem Ziegenbok. Bald hernach
ließ er uns aber durch seinen Dollmetscher um ein
Gegengeschenk bitten. Wir verehrten ihm dann eine
Stange Eisen, einen kupfernen Kessel und Königs=
Kleidchen. Während der Zeit kauften wir für we=
nig weiße Korallen zwei Fässer Reiß, und bei dreiß=
sig Hüner, worauf wir wieder Abschied nahmen.

Das Königreich Rio Sestre führt von dem
Flusse Sestre den Nahmen. Es ist fruchtbar und
zimlich bewohnt; die Einwohner nähren sich meist
von Reiß und Hünern, und haben einen König.
Diejenigen, die sich am Strande aufhalten, sind
höfliche Leute; viele unter ihnen reden ein wenig
Englisch, Holländisch und Portugiesisch durcheinan=

der. Sie gehen mehrentheils naffend, auſſer, daß
ſie die Scham ein wenig bedekken.

Von Rio Seſtre ſchiften wir weiter, und legten uns zwiſchen Sanguin und Baſſa vor Anker.
Hier brachten uns die Negern viel Pfeffer an
Bord. Wir ſegelten nun weiter längs der Pfeffer-
küſte nach dem Palmen=Kap.

Von Rio Seſtre bis zum Palmen=Kap rechnet man 45 Meilen. Von hier an bis Sette Al-
deas erſtrekt ſich die Elfenbeinküſte. Wir getrauten uns hier nicht, ans Land zu gehen, weil
wir uns vor der ungeſunden Lage deſſelben, und
vor den Wilden fürchteten. Vom Palmen=Kap
bis Rio de Sueyro de Coſta, eine Strekke von
etwa 73 Meilen, ſegelten wir innerhalb 16 Tagen. Wir ankerten nämlich ſchon vor dem Dorfe
Berby. Weil aber keine Kanote uns zu beſuchen
kamen, ſchifften wir nach Druvin, wo wir abermal ſtill lagen. Auch hier lieſſen ſich keine Negern
am Bord ſehen; am Ufer aber machten ſie hie und
da groſſe Feuer, um den Ihrigen die Ankunft fremder Schiffe kund zu thun. Da wir nun ſehr begierig waren, zu wiſſen, warum keine Negern ſich
an unſer Schiff wagen wollten, ſo ſchikte ich die
Schaluppe ans Land, um ſich bei den Wilden deshalb zu erkundigen, jedoch mit dem gemeſſenen
Befehl, nicht aus dem Fahrzeuge zu gehen, auch
keine Wilde zu ſich herkommen zu laſſen, ſondern
bloß von ferne mit ihnen zu reden. Da nun die

Schaluppe bis auf einen Pistolschuß dem Ufer nahe
gekommen war, kamen die Negern in die See,
und luden sie ein, ans Land zu kommen. Drauf
ruderte ein Kanot mit drei Negern an die Scha=
luppe, Sie sprangen unversehens alle drei in das=
selbige hinein, und hatten Lust, sich des Fahrzeugs
zu bemeistern. Unsre Schaluppe zog sich aber wie=
der an das Schiff zurük, und berichtete, daß sie
etliche tausend Negern mit Bogen und Pfeilen
bewaffnet am Ufer erblikt hätten. Folgenden Tags
fuhren beide Kapitains mit den Ingenieurs ans
Land, um die Ursache ihres Mistrauens genauer zu
erforschen. Die Negern aber wollten nicht lange zur
Rede stehen, sondern gaben blos den Bescheid,
daß vor kurzem zwei Schiffe mit weissen Flag=
gen die Küste passirt, und alle Negern, die an
Bord gekommen, weggeführt hätten. Da wir nun
fanden, daß hier nichts auszurichten sei, segelten
wir weiter nach dem Flusse St. Andreas. Hier
schikte ich meine Soldaten bewaffnet ans Land, um
Holz zu fällen, indeß die Matrosen Wasser herbei
schaffen mußten. Am andern Tag begab ich mich
auch ans Land, um die Arbeit zu betreiben. Hier
sahen wir wohl einige Haufen Negern in der Fer=
ne; sie getrauten sich aber nicht, herbei zu kom=
men. Nach verrichteter Arbeit rükten wir weiter
vorwärts, und legten uns zwischen Rottroe und
Kap Lahoe, wo die Negern haufenweise mit El=
fenbein an Bord kamen, so daß wir 4000 Zentner
für 30 Fäßchen Armringe einhandelten.

So oft die Negern an Bord kamen, riefen sie Qua qua, daß eine Freundschaftsversicherung seyn sollte. Sie sind alle starke, handveste Leute, gehen nakkend, und binden nur ein Stükchen Bast um die Scham. Ihre Leiber färben sie ganz roth.

Selbigen Tag, als wir wieder unter Segel gehen wollten, kam ein Neger mit zwei seiner Weiber an Bord, um sie für 20 Stangen Eisen zu verkaufen. Sie schienen beide 40 Jahre alt zu seyn, und waren für uns von keinem Werthe.

Weil mein Kapitain alle seine Armringe nicht so bald unterbringen konnte, übergab er sie an die Fregatte Morian, die daselbst liegen bleiben mußte, um sie zu verhandeln. Wir aber schifften nach Issini und am folgenden Tage nach Jaque Jaque. Bei Abeni legten wir uns abermal vor Anker, und erwarteten unser zweites Schiff. Am Tag zuvor lagen wir vor Rio Sueyro de Costa stille, wo die Negern das erste Gold an Bord brachten. Sie boten uns auch zwei Mädchen von fünf Jahren feil. Die Schönste davon kaufte der Kapitain für drei Flinten und eine Reihe Korallen.

Folgenden Tags fanden sich wieder viele Negern mit Golde bei uns ein, um Flinten und leinene Tücher dafür zu kaufen. Nachmittags kam eine Kanot mit vier Negern, um ebenfalls Flinten gegen Gold einzukaufen. Nach abgeschlossenem Kauf begehrte ihr Kapitain ein Geschenk zum Andenken, daß sie auf unserm Schiffe gewesen seien.

Ich gab ihm zur Antwort, er solle mir auch eins
zum Andenken geben, daß ich in Afrika gewesen
sei. Darauf erwiederte er, wenn ich ans Land
komme, wolle er mir nicht nur Palmwein, Hüner
und Ochsen geben, sondern auch sein Weib in meine Arme führen. Darauf kam er zu mir und dem
Kapitain in die Kajütte, ließ die Thüre verschließen,
und vertraute uns in geheim eine vortheilhafte Entdeckung für unsern Handel an. Er rieth uns nämlich, nach Issini zu fahren, wo wir, weil die
Einwohner gegenwärtig Krieg führten, für unsre
Flinten doppelt so viel Gold als hier lösen würden.

Jezt befanden wir uns an der Goldküste.
Folgenden Tages sahen wir die Negern haufenweise am Ufer laufen, und unaufhörlich mit Flinten feuern. Drauf kamen drei Kanote mit grossem
Jubelgeschrei an Bord, weil sie ihren Kapitain
bei sich hatten, der sie heute wider die Issenier in
Streit führen sollte. Er kaufte einige Fäßchen
Branntwein und bei 800 Pfund Pulver, und
sagte: Wenn ich glüklich aus der Schlacht zurükkomme, werde ich Morgen wieder bei euch seyn.
Am dritten Tag bekamen wir unsre Fregatte Morian wieder zu Gesicht. Darauf segelten wir nach
dem Kap St. Apollonia, wo die Negern wieder
mit vielem Golde an Bord kamen. Es blieben deren bei zwanzig in unserm Schiffe über Nacht. Am
Morgen kauften sie 500 Flinten und 400 Pfund
Pulver, um ihren Krieg im Lande fortzusezzen.

Darauf kamen wir in die Gegend des Kastells
Axim, aus welchem zwei Holländer an unsern
Bord kamen, um uns folgenden Tages mit Kokos-
nüssen und süssen Pomeranzen zu beehren, eine
Vergeltung der Höflichkeit, die wir ihnen den Tag
zuvor erwiesen, als wir ihrem Schiffe begegnet
waren.

Weil wir vor Axim keinen sonderlichen Handel trafen, so segelten wir weiter, und passirten
das Dreispizzen=Kap, und legten uns bei Commende vor Anker. Nachdem wir einen ganzen Tag
im Gesichte von Commende und Kastell del Mina gelegen, und schon eine ziemliche Quantität
Gold empfangen hatten, schikte der holländische
Handlungsdirektor drei der Seinigen an unser
Schiff, mit dem ernstlichen Befehle, wir sollten
uns, da wir kein Recht hätten, an der guineischen
Küste zu handeln, mit unsern Schiffen entfernen,
damit er uns nicht mit Gewalt fortreiben müsse.
Wir hielten hierauf einen Kriegsrath, und gaben
den Deputirten zur Antwort: Wir wären verpflich-
tet, dem Befehle Sr. Kurfürstlichen Durchlaucht
von Brandenburg nachzuleben, und da die Holländer sich Herren von der ganzen Goldküste nenneten,
so wären wir wohl zufrieden, wenn sie ihren Unterthanen den Handel mit unsern Schiffen verwehrten,
weil sie es aber nicht vermöchten, so sei es ein kla-
rer Beweis, daß es freie Leute wären, die mit
Jedermann handeln dürften. Würde aber der Ge-

neraldirektor zu gewaltsamen Mitteln schreiten, so
müßten wir unser Heil in der Gegenwehr versuchen.
Wir behandelten indessen die Deputirten sehr höf=
lich, und liessen bei ihrem Abzuge alle unsere Feuer=
gewehre abbrennen, um zu zeigen, daß wir auf
jeden Fall zur Gegenwehr bereit wären. Am fol=
genden Tag ließ ich die Fregatte Morián herbeiru=
fen. Mit ihr kam ein Schmukler aus Seeland,
und legte sich nahe bei uns vor Anker. Wir hat=
ten uns vorgenommen, sechs Tage vor Commen=
de stillen zu liegen, und waren beständig schlag=
fertig. Auf einmal kamen die drei vorigen Depu=
tirten wieder, und ersuchten uns sehr freundlich im
Namen des Generals und der ganzen guineischen
Kompagnie, gedachten Schmukler, der ungefähr
einen Kanonenschuß von uns entfernt lag, wegka=
pern zu helfen, und nach dem Kastell del Mina
zu bringen. Sie versprachen uns an der Beute
Theil nehmen zu lassen, und allen Schaden zu er=
sezzen. Wir hielten nun wieder Kriegsrath, und be=
schlossen zu thun, was man von uns verlangt hat=
te, versicherten aber die Deputirte, daß wir keinen
Antheil an der Beute nehmen, sondern selbige unsrer
und ihrer Kompagnie überlassen wollten. Wir mach=
ten nun mit vollen Segeln Jagd auf den Schmuk=
ler, weil er aber unsre Absichten schon eher ge=
merkt haben mochte, war er völlig zur Flucht be=
reit. Zum Unglük brach uns noch die grosse Mar=
seil=Ree, welches uns so sehr im Nachjagen hin=
derte, daß wir in zwei Stunden den Schmukler

aus dem Gesichte verloren. Von mehrern Schüssen, die wir nach ihm abfeuerten, traf ihn nicht ein einziger, denn das Schiff war klein, und zum schnellen Segeln vortrefflich eingerichtet. Weil nun unser Nachsezzen ganz umsonst war, kehrten wir wieder zurük, und fertigten unsre Deputirte mit dem Bericht an den General ab, daß wir unser möglichstes gethan hätten.

Folgenden Tages schikte uns der General ein Danksagungsschreiben, und eine Vollmacht, alle Kontrebandschiffe von ihrer Nazion wegnehmen zu dürfen, wo wir sie anträfen.

Weil wir nun gewisse Geschäfte zu Dreispiz-zen hatten, schifften wir nach Samma zurük, welches ein holländisches Komtoir ist. Von da fuh-ren wir nach Boutru, wo wir ein holländisches Kom-pagnieschiff, das Wappen von Sizilien genannt, antrafen. Es wurde vom Kapitain Voß, dem Va-ter unsers Kapitains kommandirt. Ich sezte mich mit lezterem in die Schaluppe, und fuhr dem Schiffe zu, um den Kapitain zu sprechen; er war aber gerade im Fort zu Gaste, wo wir ihn denn auch aufsuchten. Er wunderte sich nicht wenig, daß wir Brandenburger es wagten, an ihre Nie-derlassungen zu kommen. Als ich ihm dann vol-lends den Freiheitsbrief vom General zeigte, nach welchem es mir erlaubt war, an alle holländische Schiffe zu fahren, um zu untersuchen, ob sie kei-ne Schmukler seien, erstaunte er noch mehr.

Nachdem wir darauf einander etliche Tage wechselsweise bewirthet hatten, giengen wir einstmals wieder des Morgens früh unter Segel, und kamen mit grosser Mühe in zwei Tagen vor das Dorf Attaba. Wir stiegen ans Land, um Steine und Wasser zu holen; allein der Kaposchcir des Dorfs begehrte für ein Boot voll Wasser, das überdieß schon stinkend war, zehn holländische Gulden.

Von hier zogen wir unser Schiff zwo Meilen lang aufwärts im Strome, wo wir wieder ein Dorf antrafen. Die Negern brachten uns viel Ananas und Palmwein zu Kaufe. Wir bewirtheten alle mit Branntwein, bis Männer und Weiber ganz trunken waren. Die Negern gaben uns dagegen wieder in ihrer Art ein herrliches Mahl. Zulezt nahm ich die umliegende Gegend in Augenschein, und verfügte mich dann in Begleitung einer Menge zujauchzender Negern wieder an Bord. Wir richteten nun unsern Lauf nach der ersten Spizze vom Dreispizzen-Kap, wohin wir endlich mit grosser Mühe gelangten, weil wir unser Schiff mehrentheils fortziehen mußten. Es liegt in dieser Gegend ein grosses langes Dorf, Accoda, welches Kapitain Blank noch selbigen Abend zu besehen gieng. Weil wir den andern Tag wegen widrigen Windes nicht abfahren konnten, gieng ich auch mit dem Kapitain und einem Ingenieur ans Land. Kaum hatten wir die herrliche Gegend und ihre vortreffliche Lage eingesehen, so erkundigte ich mich bei den Kaposchcirs, ob sie uns nicht erlauben wollten, ein brandenburgisches Fort daselbst aufzurichten? Mit Freuden willigten sie ein. Ich ersuchte sie also, am folgenden Tag zu mir auf die Fregatte Kurprinz zu kommen, und versprach ihnen, sie durch meine Kapitaine abholen zu lassen. Das geschah; meine zwei Schreiber, nebst dem Kammerdiener ließ ich den Negern als Geisel ausliefern. Acht Kapis-ciers waren an Bord gekommen, mit denen ich den Kontrakt anfangs nur mündlich abschloß, und sie so bewirthete, daß man sie wegen der Trun-kenheit an einem Tau ins Fahrzeug niederlassen mußte. Sie wollten aber nicht eher das Schiff verlassen, als bis sie alle beschenkt waren.

Das Terrain von Accoda ist eine Halbinsel, die sich dreißig Ruthen in die See erstrekt, und ei-nen so guten Hafen bildet, daß man nicht nur in der schlimmsten Zeit einlaufen, sondern auch ein ziemlich großes Fahrzeug vor allen Stürmen in Sicherheit bringen kann. Zwar gränzen einige Ber-ge daran, denen aber mit keinem Fahrzeuge beizu-kommen ist, weil sich die Wellen sehr stark daran brechen; man kann daher auch keine Kanonen hin-aufbringen. Ich ließ mich nun mit meinen bei-den Ingenieurs und Kapitains wieder ans Land bringen, um die Nacht über daselbst zu bleiben, und bei anbrechendem Tage zu den Kapiscirs von Dreispizzen zu schiffen, meine Geschäfte mit ih-nen abzumachen, und die Gegend in Augenschein

zu nehmen. Die Einwohner von Accoda waren sehr
höflich, und machten uns alle Bequemlichkeit in
unsrer Nachtherberge. Als wir des Morgens aufge-
standen, versprachen sie uns, beim Bau des
Forts, und sonst bei allen unsern Geschäften behülflich zu seyn. Wir liessen ihnen hierauf einen
silbernen Degen zum Pfande, daß wir wieder kommen wollten, zurük, und ruderten aus dem Hafen.
Gleich an der Ausfarth begegnete uns der Faktor
aus Boutru mit vielen Kanoten. Er hatte seine
Konkubinen und einen Handlungsdiener, sammt ihrer ganzen Wirthschaft bei sich. Auf unsre Frage,
wo er hin wolle, gab er zur Antwort: der General
zu Mina habe ihm befohlen, sich zu Accoda nie-
derzulassen. Hierauf fuhr er ans Land, und ließ
seine Flagge auf ein Haus stekken. Da wir uns
nun so hintergangen sahen, fuhren wir ihnen nach,
und verwiesen den Negern ihre Untreue. Diese fanden sich zwar noch immer bereit, uns die Halbinsel abzutreten, wenn wir mit den Holländern in
Gesellschaft leben wollten; weil uns aber dies
nicht anstand, so fuhren wir wieder an unser Schiff.
Mit angehender Nacht aber nahmen wir unsern
Weg zu den Kapiscirs in Dreispizzen. Unsre Fregatte Morian lavirte indessen, und legte sich vor
den Wasserplaz. In derselben brachten wir einen
Theil der Nacht zu. Mit völlig angebrochenem
Tage sezten wir uns wieder in die Schaluppe, um
unsre Kapiscirs aufzusuchen. Wir ruderten aber
zuerst an den Wasserplaz, um zu sehen, ob wir Was-

fer genug für unfre beide Schiffe haben könnten.
Von da stiegen wir durch Klippen und Gebüsche
über hohe Berge, und kamen endlich auf eine angenehme Ebene, wo wir viele fruchtbare Bäume,
aber lauter eingefallene und verlassene Negerhüt-
ten fanden. Wir wären hier beinahe Durst gestorben, wenn nicht von ungefähr mein Kapitain ein
wenig Wasser hätte aus einem Felsen rinnen sehen.
Endlich bemerkten wir eine halbe Meile von uns
einen andern hohen Berg. Weil aber meine übrigen Gefährten schon zu sehr abgemattet waren,
trat ich mit Kapitain Philipp allein den Weg dahin an, in der Hoffnung einige Negern daselbst anzutreffen, bei denen wir uns nach den Kapiscirs
erkundigen könnten. Allein wir fanden wieder nichts,
als eine zerstörte große Negerei. Dieser Berg selbst
schien uns zur Anlegung eines Forts sehr bequem zu
seyn. Während wir nun alles umher in Augenschein
nahmen, stiegen viele mit Flinten bewaffnete Negern samt ihren Weibern den Berg herauf, von
denen wir erfuhren, daß alle Einwohner dieser Gegend durch die von Adom vertrieben und erschlagen worden seien, welches Unglük auch gewiß un-
fere Kapiscirs werde betroffen haben.

Als wir wieder zu den Unfrigen kamen, berichteten wir ihnen unsere gemachte Entdekkung,
und schikten einen Neger mit dem Befehl nach unserer Schaluppe ab, uns abzuholen. Unterdessen
stiegen wir alle, um vor der unerträglichen Hizze

Schuz zu suchen, bis an den Hals ins Waffer,
und fiengen viele Fische mit bloffen Händen, welche uns aber, so bald wir sie ans Land trugen,
vor unsern Augen von Raubvögeln weggenommen
wurden. Wir sahen uns also genöthigt, eine Schild-
wache mit bloffem Degen zu den Fischen hinzustel-
len. Endlich holte uns die Schaluppe ab, und
wir fuhren nach unserm Schiffe zurük.

Folgenden Tages fuhr ich wieder mit meinen
Ingenieurs und Kapitain Voß ans Land, um den
Berg noch einmal zu besehen, und ihn abzumessen.
Bei dieser Gelegenheit entdekten wir ungefähr tausend Schritte vom Berge einen groffen Strom von
fünf bis sechs Fuß Tiefe, wo man die schmakhafte-
sten Austern in Menge findet. Indessen kamen neun
bewaffnete Negern auf uns zu, von denen wir ver-
nahmen, daß die drei Kapiscirs ums Leben gekommen seien. Wir kehrten nun wieder nach unserer
Fregatte Kurprinz zurük, welche inzwischen beim
Wasserplaz angekommen war, und geankert hatte.

· Des Morgens früh beschloß ich mit meinen Ingenieurs und Kapitains, ohne fernere Umschweife
auf dem Berge Posto zu faffen. Unsre Soldaten
lieffen sich auch unter gewisse Bedingungen bereit
finden, eine Zeitlang hier in Garnison zu bleiben.

Wir zogen also nach fünf Kononenschüssen mit
Pauken und Schallmeien ans Land, und erfuhren,
daß zwei Kapiscirs sich auf dem Berge eingefun-
den hätten. Wir giengen ihnen mit fliegender Fah-
ne,

he, Pauken und Schalmeien entgegen, und wurs
den von ihnen in eine alte Hütte geführt, wo ich
ihnen mein Vorhaben zu erkennen gab, und ihre
Einwilligung ohne Schwierigkeit erhielt. Den näm=
lichen Tag brachte ich noch, mit Hülfe der Einge=
bohrnen, sechs dreipfündige Kanonen auf die Spizze
des Berges, auch ließ ich mir zugleich ein Zelt auf=
schlagen, um am Lande übernachten zu können.

Folgenden Tags, am 1ſten Januar 1683
brachte Kapitain Voß die groſſe kurfürſtlich=bran=
denburgiſche Flagge vom Schiff, die ich mit Pau=
ken und Schallmeien einholte, und mit allen im
Gewehr ſtehenden Soldaten empfieng. Dabei wur=
den achtzehn Kanonenſchüſſe abgefeuert, und weil
Kurfürſt Friedrich Wilhelms Name in aller Welt
groß iſt, ſo nannte ich den Ort unſerer Niederlaſ=
ſung den groſſen Friedrichsberg. Selbigen Tag
baueten ſich unſre Soldaten ihre Baraken, und die
Negern mußten für mich und meine Offizier auch
eine lange Barake aufrichten. Darauf wurde auch
mein Kontrakt mit den Kapiſcirs noch einmal feier=
lich beſtätigt, und zwei ſechspfündige Stükke auf
den Berg gebracht.

Am 3ten Januar mußten die Ingenieurs das
Fort abſtechen, die Schwarzen Palliſaden herbei
ſchaffen, und unſre Soldaten ſie einſezen.

Der Groſſe Friedrichsberg liegt auf einer
Halbinſel, die ungefähr eine Meile längs der Küſte
hin ſich erſtrekt, und durch einen ſchmalen Kanal

Geſch. der Reiſen, 8ter Band.   G

vom festen Lande abgeschnitten wird. Des Winters
wird es eine ganze Insel, indem sodann der Kanal
sich ganz um den hintern Theil der Insel herzieht.
Der Berg, selbst ragt um die ganze Inselbreite in
die See hinaus, hat leimigten Grund, und vor
ihm her liegen viele Klippen. Zur Rechten hat er
auf der nämlichen Insel in der Entfernung von einer halben Meile noch einen Berg, zur Linken wieder einen, der nur 2000 Schritte von ihm entfernt
ist. Alle diese drei Berge springen um ihre ganze
Breite über das Ufer vor.

Als wir eben in unsrer Arbeit muthig fortfuh-
ren, meldete sich ein Kapiscir aus Axim, der eine
holländische Flagge mitbrachte, und den Auftrag
hatte, sie auf der Höhe wehen zu lassen, wofern
wir noch nicht Posto gefaßt hätten; er mußte aber
unverrichteter Dinge wieder abziehen. In der Folge kamen täglich mehrere Kapiscirs mit ihren Unterthanen, welche uns ihren Besuch machten, und
uns mit Reiß und Hünern beschenkten, wofür ich
ihnen ungleich größere Gegengeschenke machen, und
sie mit Branntwein traktiren mußte. Einige blieben sogar bei uns, und baueten sich Häuser auf
dem Berge. Den Kapitain Blank machte ich zum
Befehlshaber in dem Fort, der dann das Kommando seiner Fregatte dem Kapitain Voß übergab.
Lezterer verfügte sich nun nach dem Kap St. Apollonia, um dort zu handeln. Ein englisches Schiff
that uns selbigen Tag auch eine unverhoffte Ehre

an, indem es uns mit Kanonenschüssen begrüßte, und in unsrer Nähe ankerte. Des andern Tags kam auch ein dänisches Contrebandschiff, und legte sich bei unserm Kastell vor Anker; wir wurden von demselben gleichfalls mit fünf Kanonenschüssen begrüßt. Des Nachts begab ich mich wieder auf mein Schiff. Ich war schon zu Bette, als man mir die Ankunft einer heimlichen Gesandtschaft berichtete. Anfangs hatte ich nicht Lust, sie in der Nacht noch vor mich kommen zu lassen; zulezt aber mußte ich doch einwilligen. Es waren Einwohner von Accoda, die mich, den Berg zu verlassen, und bei ihnen ein Fort zu bauen, überreden wollten. Als ich sie aber wegen ihrer ersten an uns begangenen Untreue zu Rede sezzen wollte, so erbot sich der Kapiscir, mir seinen Bruder, samt dessen Frau und Kind zu Geiseln zu geben, wenn ich ein Mißtrauen in sein Anerbieten sezze. Ich hieß ihn aber den Tag darauf wieder kommen, wo ich ihm dann den Bescheid gab; sie möchten sich zufrieden geben, bis wir etwa übers Jahr wieder mit unsern Schiffen kämen, wo sichs dann schon zeigen würde, was in der Sache zu thun wäre. Ich entließ sie hierauf, ohne sie eben sonderlich befriedigt zu haben.

Es hatten sich izt vierzehn Kapiscirs auf unserm Berge niedergelassen, und mich schon einigemal gebeten, den Vertrag schriftlich abzufassen. Ich willigte gern in ihr Verlangen, und berief sie zu dem Ende in mein Gezelt, sezte mich mit dem

Kommendanten und den Kapiscirs an eine Tafel,
wo ich ihnen die im Kontrakt stehenden Punkte
noch einmal in portugiesischer Sprache erklärte, und
verlangte, sie möchten sie nun beschwören. Vor
allem wurde jezt der Preis bestimmt, für welchen
mir die Kapiscirs den Berg samt der umliegenden
Gegend eigenthümlich abtreten wollten. Darauf
ließ ich eine Schale Branntwein, Wermuthextrakt
und Violensaft zurichten, nahm einen Löffel in die
Hand, und fragte den ältesten, ob er trinken wolle? Dieser antwortete, Ja! ich trinke und schwöre
hiemit, alle Punkte, die mir vorgelesen worden,
zu halten, und unter dieser über uns wehenden
Flagge zu leben und zu sterben. Breche ich meinen
Eid, so tödte mich der grosse Monarch augenbliklich! Als dieser Eid von allen geleistet war, nahm
der älteste Kapiscir die Schale in die Hand, und
begehrte, ich und der Kommendant sollten ihnen
auf gleiche Weise schwören, sie wider alle ihre
Feinde zu schüzzen, in keiner Noth sie zu verlassen,
ihnen ihre Weiber und Kinder nicht wegzunehmen,
oder zu verkaufen, und sie endlich wider die holländische Kompagnie zu vertheidigen. Ich versprach,
dies alles zu halten, ausgenommen, wenn sie der
holländischen Kompagnie selbst Anlaß zu Uneinig-
keiten gäben, oder etwas entwendeten. Der Kapiscir gab mir hierauf einen Löffel voll von dem
Tranke, desgleichen auch dem Kommendanten,
welcher scherzend den Einwurf machte; wenn ich
euch eure Weiber und Töchter nicht nehmen soll,

fo gebt mir von felbſt ein Weib. Sobald ihr euch
nach unſerm Gebrauch trauen laſſet, erwiederte
hierauf ein Kapiſeir, ſo ſtehen euch unſre Töchter
zu Dienſte. Wir nahmen dies im Scherz an, ga=
ben ihnen allerlei Geſchenke, und darunter auch
einen Anker Branntwein, und entlieſſen ſie.

Am andern Tag ließ ſich der holländiſche Fak=
tor von Axim bei mir melden, der mit zwei klei=
nen Fahnen angezogen kam. Ich ſchikte ihm aber
einen Ingenieur entgegen, mit der Bitte, ſein
Volk, und die beiden Fähnchen unten am Berge zu
laſſen. Er ließ ſich dies auch wirklich gefallen.
Sein Aufzug war ungemein gravitätiſch. Hinter
ihm giengen ſeine beiden Handlungsbediente; dar=
auf folgten acht Negern, die auf kleinen ausgehöl=
ten Elefantenzähnen eine ſeltſame Muſik machten,
wozu ein andrer Kerl auf einer kleinen Trommel
den Takt ſchlug. Nachdem der Herr Geſandte ſich
hatte umkleiden laſſen, trat er mit einer Proteſta=
tion hervor, die nicht einmal von ſeinem General
eigenhändig unterſchrieben war. Ich gab ihm aber
kurzen Beſcheid, und erklärte ihm rund heraus,
daß wir dieſen Berg ſammt der angränzenden Gegend
von den Eigenthümern erkauft hätten. Wollten ſie
ernſtlich dagegen proteſtiren, ſo möchten ſie es in
Berlin thun. Wären ſie aber ihre Freundſchaft ge=
gen uns beizubehalten geneigt, ſo würden wir alle
unſre Kräfte anſtrengen, ſie zu erwiedern. Uebri=
gens ſtünde ihnen aber frei, zu thun, was ſie

wollten. Hierauf tranken wir noch einmal mit einander, ehe der stattliche Gesandte seinen Abschied nahm. Ich brachte hernach noch zwei sechspfündige Kanonen auf den Berg; mein Volk aber fieng schon stark an, krank zu werden. Ich selbst half so lange an unserm neuen Werk arbeiten, bis mich die schrökliche Landseuche auch ergriff, und aufs Krankenlager hinstrekte.

Als mein Fieber eines Tags ziemlich nachgelassen, kamen unsre Kapiscirs mit ihren Weibern, und brachten mir und dem Kommendanten unsre Bräute. Es waren junge Mädchen von neun Jahren, die auf dem Leibe mit allerlei Farben bemahlt, und in ein feines Tuch gekleidet waren. Die Weiber liessen mir keine Ruhe, bis ich mich auch mit dem Kommendanten zu Tische sezte. Die hübschen Bräute kamen an unsre Seite zu sizzen, und das Hochzeitmahl begann. Die Männer sassen nach Landesgebrauch von Ferne, und soffen wakker auf den Branntwein los. Drauf wurden uns die Bräute von ihren Aeltern übergeben, und beßtens empfohlen. Die Weiber fiengen dann den Hochzeittanz mit solchem Geschrei an, daß ich die ehrsame Gesellschaft verlassen, und mein Bette suchen mußte. Meiner Braut, die kein Portugiesisch verstand, ließ ich sagen, sie möchte sich nur vor der Hand nach Hause begeben, ich würde sie seiner Zeit schon holen lassen. Inzwischen machte mir meine Krankheit so viel Anfechtnng, daß ich auch der oft wie-

derholten Besuche meiner schwarzen Geliebten nicht
im geringsten achtete; sie kam aber immer wieder,
um wenigstens einen Schmauß oder Geschenke da=
von zu tragen.

Dieses fürchterliche Fieber nahm nun so über=
hand, daß von vierzig Mann nur noch fünf Wa=
che halten konnten. Ich war meistens von Sin=
nen. Der Kommendant, die beiden Ingenieurs
und der Feldscherer, sammt allen Soldaten konnten
sich nicht rühren. Täglich hatten wir Todte zu be=
graben. Ich selbst ward schon zweimal für todt
gehalten. Als ich einmal ganz ohnmächtig da ge=
legen, kam ein Kapiscir, mich zu kuriren. Er
zählte eine Menge Riemen über meinem Haupte,
und sprach allerlei unverständliche Worte. Ein an=
derer versuchte an mir sein Heil mit einem Ei; ein
dritter brachte einen Hund, auf welchen er meine
Krankheit bannte, und ihn hernach ersäufte. In=
dessen raffte mir die Seuche meine beiden Inge=
nieurs, den Sekretair, Sergeanten, zwei Ma=
trosen, und vier gemeine Soldaten weg.

Die angefangene Arbeit konnte selbst nicht mehr
fortgesezt werden, weil nun auch unsre zwei Zim=
merleute darniederlagen, bis endlich die Fregatte
Morián vom Kap St. Apollonia zurükkam.
Von dieser nahmen wir 15 Matrosen ans Land,
die nebst einigen gesundgebliebenen Soldaten das
Wohnhaus samt den Baraken verfertigten, und die
Pallisaden mit Erde fülleten.

Kaum hatten wir unſer Werk zu Stande gebracht, als der Kapiſcir Kaspar von Axim ſeinen Sohn mit der Nachricht zu uns ſchikte, daß
die Einwohner von Adom innerhalb zwei bis drei
Tagen uns mit einem Heere von 3 oder 4000 Mann
überfallen wollten. Mir war dabei nicht wohl zu
Muthe, denn alle meine Soldaten beliefen ſich,
ſammt denen auf den Schiffen, gegenwärtig nicht
über fünfzig Mann, wobei ich etwa noch auf den
Beiſtand von zweihundert wohlbewaffneten Negern
zählen konnte.

Am Tag darauf kamen unſre Kapiſcirs in aller
Frühe, und baten, wir möchten doch ihre Weiber
und Kinder, ſammt Haab und Gut ins Fort nehmen, denn der Feind wäre ſchon im Anmarſch.
Wir hörten auch wirklich eine ſtarke Anzahl Feinde
im Gebüſche feiern. Ich ließ hierauf unſre Kanonen meiſt mit Kartätſchen laden; zur Probe aber
mußte anfangs eine ſechspfündige Kugel unter ſie
abgefeuert werden, welche gerade ins dichteſte Ge-
dräng einſchlug, und dem Krieg auf einmal ein
Ende machte; denn nun hörte aller Widerſtand von
Seiten der Feinde auf, und ſie nahmen ſammt und
ſonders die Flucht. Meine Negern allein ſezten ihnen noch eine gute Strekke weit nach.

Als dieſer Krieg zu Ende war, ſtellte ich den
Kommendanten dem Volk, und die Unteroffiziere
den gemeinen Soldaten vor. Darauf nahm ich
Abſchied, und begab mich anfangs auf die Fregat-

te **Kurprinz**, ließ mich aber sodann in den kränk=
lichsten Umständen auf die andere Fregatte bringen.
Jedermann zweifelte an meinem Aufkommen, und
was noch die Sache am gefährlichsten zu machen
schien, war, daß mein Schiff nichts als verschim=
meltes Zwiebak, verdorbene Stokfische, stinkendes
Fleisch, faule Erbsen, ein wenig guten Spek und
Gerstengrüzze enthielt. Welche trostlose Aussichten
für mich und alle die Meinigen, die noch an dem
Fieber darnieder lagen! Ich mußte nämlich zwei
Sekretairs, einen Korporal, drei Pfeifer, einen
Kammerdiener und den Jungen krank aufs Schiff
bringen lassen. Die Fregatte **Kurprinz** gieng izt
auf den Sklavenhandel aus, und wir nahmen von
ihr und unserm Fort Abschied. Als wir der Linie
entgegen zu schiffen glaubten, trieb uns ein widri=
ger Wind rükwärts auf die Insel St. **Thomä**, wo
wir zu unserm größten Glük alle nöthige Erfrischun=
gen fanden, und bald hernach wieder genasen.

Von hier aus traten wir unsern Rükweg über
die **Azoren** an, und nahmen uns vor, **Irland** zu=
zusegeln. Wir wurden aber bald gewahr, daß un=
ser Proviant für eine so lange Reise nicht hinläng=
lich wäre, und wählten daher den kürzern Weg
durch den Kanal. Allein widrige Winde verzöger=
ten unsern Lauf so, daß wir wegen des Proviants
in die schröklichste Noth geriethen. Jedoch, auch
dieses Elend hatte seine Gränzen, denn wir begeg=
neten von ungefähr einem englischen **Terreneuf=**

fahrer, der uns 200 Pfund gutes Brod, und ei=
nige Töpfe mit Butter überließ. Neu gestärkt sez=
ten wir nun unsre Fahrt wieder fort, wurden noch
einmal von widrigen Winden umhergejagt, und
kamen endlich nach vielen Müheseligkeiten in einen
Hafen an der Insel Wight, wo wir uns wieder
mit allem Nöthigen versahen. Wir segelten hierauf
mit gutem Winde durch den Kanal; als wir uns
aber wieder zwischen den Sankbänken unter Helgo=
land befanden, ergrief uns abermal ein Sturm,
ter uns nahe an Rand des Verderbens brachte.
Endlich erreichten wir doch Hamburg, wo ich
mich auf die Post sezte, um so schnell als möglich
in Berlin zu seyn, und dem Hofe von meiner glük=
lich ausgeführten Expedition Nachricht zu geben.
Die ganze Reise hatte ich in achtzehn Monaten
vollbracht.

Zugabe.

Kurze Geschichte des brandenburgischen Handels und der brandenburgischen Niederlassungen in Guinea.

————

Jeder meiner Leser wird nun fragen: Aber wie er-gieng es ferner diesen neuen deutschen Niederlassun-gen in Afrika? Welchen Erfolg hatte die branden-burgische Handelsgesellschaft, und welches waren die so gewaltsamen Ursachen, welche diese schönen Anstalten vertilgten, daß kaum noch eine Spur davon zu finden ist?

Diese Fragen will ich aus der oben angeführ-ten wichtigen Abhandlung des Grafen von Herz-berg beantworten *):

Nachdem nun Major von der Gröben die erste brandenburgische Niederlassung in Guinea das

———————————

*) Auch Pauli's brandenburgische Staatsgeschichte VII. Bd. kann darüber nachgelesen werden.

Fort Friedrichsburg gegründet, und mit Mann=
schaft und Kanonen versehen hatte, kehrte er selbst,
wie wir erst gesehen haben, nach Europa zurük.

Im folgenden Jahr 1584 verlangten auch die
Negers von Akada und Takarari (kleine Orte,
welche nur einige Meilen von Groß Friedrichsburg
entfernt waren) sich dem brandenburgischen Schu=
ze zu unterwerfen; man erbauete also auch auf ih=
rem Gebiete kleine Forts dieses Namens. Die Ka=
boschiren von Mamfort, Acada und von Tacarari
schikten auch noch dasselbe Jahr einen der Vor=
nehmsten aus ihrem Mittel nach Berlin, der dem
Kurfürsten im Namen dieser drei Völkerschaften,
eine Unterwerfungsakte überreichte, durch welche
sie die vorhergehenden Konvenzionen anerkannten,
und sich verbindlich machten, nur seine Herrschaft
anzuerkennen, und nur allein mit der brandenbur=
gischen Kompagnie zu handeln. Der Kurfürst ver=
sprach in einer ihnen überlieferten Akte, diese Na=
zionen wie seine übrigen Unterthanen zu beschüzzen,
worauf der Negergesandte, entzükt vom Glanz des
Kurfürstlichen Hofes, und überhäuft mit Geschen=
ken, wieder in sein Vaterland zurük geschikt wurde.

Im Jahre 1685 machte der Kurfürst noch ei=
ne neue Akquisizion an der Insel Arguin, welche
zwischen dem grünen und weissen Vorgebirge,
ohnweit der Mündung des Flusses Senegal liegt,
und welche noch jezt der Siz des vortheilhaften

Handels mit arabischem Gummi und Ambra ist.
Die Franzosen hatten das Fort Arguin im Jahre
1678 den Holländern abgenommen, und es nach=
her demolirt und verlassen. Als Reers, der Kapi=
tän eines brandenburgischen Schiffs, daselbst lan=
dete; so erbot sich der König oder Fürst von Ar=
guin, dem Kurfürsten den Plaz, wo ehemals das
Fort gestanden, nebst dem ausschliessenden Handel
auf seiner Küste, zu überlassen. Der Kurfürst ließ
also das Fort im Jahre 1687 wieder aufbauen,
und Seyed Wilde Heddy, der sich in der Origi=
nal=Urkunde, welche sich hier noch im königlichen
Archiv befindet, einen König von Arguin nen=
net, unterwarf sich durch dieselbe seinem Schuz,
und trat ihm sowohl den Plaz des Forts Arguin,
als den ausschliessenden Handel seines Königreichs
ab. So gelangte Friedrich Willhelm zum Besiz
von vier Forts an zwei verschiedenen Küsten von
Afrika, die eben so beträchtlich an sich selbst, als
vortheilhaft gelegen waren. Die Republik Holland,
und vorzüglich die holländische westindische Kom=
pagnie, hatten von Anfang an, den Fortgang der
brandenburgischen Marine mit Eifersucht bemerkt,
und wandten jezt alle Kräfte an, sie noch in der
Geburt zu erstikken. Man fieng damit an, daß
man alle holländische Matrosen aus dem Dienst des
Kurfürsten zurükrief, und allen Unterthanen der
Republik untersagte, an diesem Handel irgend
einigen Antheil zu nehmen. Endlich machte man
dem Kurfürsten das Recht streitig, nach den afri=

kanischen Küsten zu handeln, oder Besizzungen auf
denselben anzulegen, weil man behauptete, dieses
sei ein ausschliessendes Recht der holländischen Kompagnie. Es wurde den Ministern des Kurfürsten
nicht schwer, diese Anmassung zu wiederlegen; aber
die westindische Kompagnie ließ von Zeit zu Zeit
an der afrikanischen Küste brandenburgische Schiffe
wegnehmen. Hieraus entstanden sehr lebhafte Irrungen zwischen dem Kurfürsten und der Republik.
Als durch den Weg der Negoziazionen nichts auszurichten war, ließ der Kurfürst im Jahre 1685
drei Schiffe ausrüsten, um gegen die holländische
Kompagnie Repressalien zu gebrauchen, welches
endlich diese bewog, der brandenburgischen zur Ent-
schädigung 40000 Thaler zu bezahlen. Die Republik machte sich auch durch den Allianztraktat,
den sie dieses Jahr mit dem Kurfürsten schloß, an-
heischig, daß von beiden Seiten Kommissäre ernannt werden sollten, um eine Einrichtung zu treffen, nach welcher beide Kompagnien erhalten, und
alle weitere Kollisionen unter ihnen verhindert würden. So erkannte also jezt die Republik das un-
streitige Recht der Besizzungen des Kurfürsten in
Afrika, die er durch Kauf und durch die freiwillige
Unterwerfung der freien Einwohner dieses Landes
erworben hatte. Aber die holländische Kompagnie
verschob diese Entscheidung, zu der sie sich verbindlich gemacht hatte, von einem Termin zum andern,
ja sie fuhr in ihren Gewaltthätigkeiten wider die
brandenburgische Kompagnie fort, ließ ihre Schif-

se wegnehmen, und im J. 1686 überfiel sogar der
Gouverneur von Mina die beiden Forts Akada
und Takarari. Der Kurfürst wurde hierdurch so
aufgebracht, daß ein völliger Bruch die Folge da=
von gewesen seyn würde, wenn ihn die übrigen
Zeitumstände nicht genöthiget hätten, das gute
Vernehmen mit der Republik zu erhalten, und
wenn nicht bald darauf sein Tod erfolgt wäre.

So groß auch die Bemühungen desselben für
die afrikanische Kompagnie waren, und so schön
sie ihre Unternehmungen anfieng; so hatte sie doch
in der Folge so wenig Glük, daß nach den beiden
ersten Retouren ihrer Schiffe noch gar keine Divi=
dende möglich waren, dagegen der Kurfürst und die
übrigen Interessenten sich genöthigt sahen, den
Fond mit 20 Prozent zu vermehren. Es würde
unnüz seyn, hier die Ursachen dieses schlechten Fort=
gangs genauer zu entwikkeln. Zum Theil lagen sie
in der Natur dieses an sich so unsichern Handels,
zum Theil in der Untreue der Kompagniebedienten,
und vielleicht des Generaldirektors Raule selbst,
der niemals genaue Rechnungen ablegen konnte.
Die wichtigste aller Ursachen aber war der gewalt=
thätige Widerstand der holländischen Kompagnie.
Der Kurfürst verkannte den übeln Erfolg dieser Un=
ternehmungen, wovon ihn auch seine Minister
überzeugten, nicht. Er hatte zum Andenken der
Stiftung dieser Kompagnie, aus dem Goldsande,
den man aus Guinea mitgebracht, Dukaten schla=

gen laſſen, von denen er ſagte, daß jeder derſelben ihn zwei koſte. Indeſſen ließ er ſich durch
alle dieſe widrige Zufälle niemals ganz abſchrekken,
er unterſtüzte vielmehr bis an ſein Ende die afrikaniſche Kompagnie, ſo wie den Seehandel ſeiner
Unterthanen, und erhielt auch ſeine kleine Seemacht. Anfangs hatte die Kompagnie gar keinen
veſten Aufenthalt, und ihre Schiffe wurden bald
zu Pillau, bald zu Hamburg erbaut. Im Jahre
1684 aber verlegte ſie der Kurfürſt auf beſtändig
nach Emden. Die Veranlaſſung dazu war ein kai-
ſerlicher Auftrag, nach welchem der Kurfürſt als
Direktor des weſtphäliſchen Kreiſes, die Irrungen
zwiſchen der Regentin und den Ständen von Oſt-
friesland beilegen, und die Ruhe dieſes Landes erhalten ſollte. Er ſchikte deshalb zwei Kompagnien
dahin, welche zuerſt die Stadt Gretzyl beſezten,
nachher aber nach Emden, auf Verlangen dieſer
Stadt, verlegt wurden.. Dieſelbe trat nun auch
der afrikaniſchen Kompagnie bei, vermehrte den
Fond derſelben, und man gab der brandenburgi-
ſchen Garniſon den Namen des Seebataillons.
Emden, als einer der bequemſten Häfen in Europa, wurde nun der Siz der Admiralität und der
ganzen afrikaniſchen Kompagnie. Der Kurfürſt ließ
auch ſeine ganze Marine ſich dahin begeben; ſie
beſtand jezt aus zehen Schiffen, von zwanzig bis
vierzig Kanonen, die er im Jahre 1686 dem Raule für die Summe von 100,000 Thalern abkaufte,
und zu deren Unterhaltung er jährlich 60,000 Thaler

ler anwieß. Diese Verbindungen mit Ostfriesland
gaben nachher die Veranlassung, daß das Kurhaus
Brandenburg im Jahre 1694 wegen seiner Forde=
rungen, die es noch vom lezten schwedischen Krie=
ge her, an das Reich hatte, vom Kaiser die An=
wartschaft auf dieses wichtige und so schön gelegene
Fürstenthum erhielt.

Da indessen die afrikanische Kompagnie ihre Ge=
schäfte so schlecht machte, und sich gar nicht mehr
erhalten konnte; so übernahm sie der Kurfürst im
Jahre 1686 nach dem Rath des Raule, ganz auf
seine Rechnung. Er bezahlte den auswärtigen In=
teressenten ihre Antheile, und um hiezu einen Fond
zu haben, wurde eine Marinenkasse angelegt, wel=
che jezt die Chargenkasse heißt, und in welche je=
der, der eine Bedienung erhält, das erste Quartal
seiner Besoldung entrichten muß. Der Kurfürst
wollte den afrikanischen Handel noch ferner mit Ei=
fer betreiben, und versprach sich besonders viel vom
Negerhandel. Er verband sich deshalb mit der dä=
nischen Kompagnie, welche ihm die Hälfte der In=
sel St. Thomas in Westindien abtrat. Aber der
Tod dieses grossen Kurfürsten im J. 1688 unter=
brach die Ausführung aller dieser Entwürfe. Sein
Sohn, Kurfürst Friedrich III. nachheriger erster
König von Preussen, war zwar sehr geneigt, die
afrikanische Kompagnie ferner zu unterstüzzen; Er
wandte deshalb während seiner ganzen Regierung
grosse Kosten an, aber mit eben so wenig Glük,

als Friedrich Wilhelm. Sein Nachfolger, der Kö=
nig dieses Namens, wurde daher der ganzen Sache
so überdrüssig, daß er alle seine Besitzungen in
Afrika der holländischen Kompagnie im Jahr 1720
für eine sehr geringe Summe verkaufte.

V.

Thomas Phillips's

brittischen Schiffshauptmanns

Reise nach Guinea,

In den Jahren 1693 und 1694.

$\mathfrak{H}$ 2

In mehr als einer Rükficht ist die Reise, welche der brittische Schiffshauptmann Thomas Phillips in Handelsgeschäften in den Jahren 1693 und 1694 unternahm, gar nicht unwichtig.

Sein Tagebuch, wahrscheinlich von ihm selbst aufgesezt, ist, meines Wissens, nicht besonders gedrukt erschienen, sondern steht im sechsten Bande der englischen Churchillschen Sammlung, Seite 171 u. ff., wo sie den Titel hat:

Ein Tagebuch von einer Reise, die im Jahre 1693 und 1694 von England nach dem Vorgebirg Monserado in Afrika, und von da längs der Küste von Guinea nach Whydaw, der Insel St. Thomas u. s. w. nach Barbados, in dem Hannibal von London gethan worden, nebst einer beiläufigen Erzählung von dem Lande, dem Volke, u. s. w. durch Thomas Phillips, Befehlshaber auf besagtem Schiffe.

und 168 Foliofeiten anfüllt *).

---

*) M. f. auch im VII. B. d. W. S. 22.

Die Reise-Erzählung dieses Britten ist nicht
ohne Interesse, aber so sehr mit nautischem Detail,
mit kleinlichen Bemerkungen überladen, die für
uns ganz unwichtig sind, daß sie einer sorgfältigen
Kastigirung bedarf, um vor dem leselustigen Publikum zu erscheinen.

Einen brauchbaren, schon ziemlich geläuterten
Auszug aus dieser Phillips'schen Reisebeschreibung
enthält der dritte Band *) der allgemeinen Historie
der Reisen, Seite 379 u. ff. Nach diesem ist der
gegenwärtige gemacht worden, den ich hier in die
ihm nach der Zeitfolge gebührende Ordnung einrükke.

---

*) Durch einen Schreib- oder Drukfehler ist S. 22.
des VII. B. b. W. der VI. B. angegeben — welches
hierdurch verbessert wird.

Thomas Phillips's
brittischen Schiffshauptmanns
Reise nach Guinea,
und besonders
nach Whidah oder Fidah.

Im Jahre 1693.

Hauptmann **Thomas Phillips** stand als Befehlshaber eines Schiffs von zweihundert Tonnen und zwanzig Kanonen im Dienste des brittischen Königs **Willhelm**. Als er aber von den Franzosen aufgebracht, und weggenommen wurde, so kam er ausser Dienste, und mußte eine Zeitlang in Frankreich verweilen.

Nach seiner Rükkehr in sein Vaterland übergab ihm Herr **Jeffry Jeffrys** aus Freundschaft das Kommando über ein Schiff von vierhundert fünfzig Tonnen, und sechs und dreissig Kanonen, welches unter seiner Aufsicht gebaut wurde. Mit diesem Schiffe sollte er für Rechnung des Rheders *) und seines Bruders, der ihn auch der afrikanischen Han-

---

*) Rheder heißt in der Schiffersprache derjenige, welcher ein Schiff auf seine Kosten ausrüsten läßt.

delsgesellschaft empfohlen hatte, eine Handelsreise
nach Guinea unternehmen, um von da Elfenbein,
Gold und Sklaven zu holen.

Hauptmann Phillipps verließ London am
5ten Oktober im Jahre 1693, und erreichte den
13ten die Dünen. Am 5ten November gieng er
mit dem ostindischen Kaufmann, einem Schiffe
von dreissig Kanonen unter dem Hauptmanne Tho=
mas Schurley, dem Mittelländer von vier und
zwanzig Kanonen, der unter der Anführung des
Hauptmanns Daniel nach Angola gehen wollte,
dem Jeffery von zwölf Kanonen, welcher unter
dem Hauptmann Somes nach Bite bestimmt war,
der Fortune von eben so viel Kanonen, die unter
dem Hauptmann Hereford nach Angola wollte,
und dem Adler, einem Paketboote, unter dem
Hauptmann Perry nach Gambia, und den Kü=
sten von Afrika, in die See. Weil Hauptmann
Schurley den Guineahandel lange getrieben hatte,
so wurden sie einig, ihn zu ihrem Kommodor
oder Oberbefehlshaber zu machen, daß er nämlich
Befehl zum Absegeln geben, die Fahrt einrichten
und das Licht führen sollte. Da sie schlechtes Wet=
ter voraussahen, so liefen sie in die Dünen ein, und
bei einem entstandenen dikken Nebel lief Haupt=
mann Schurley zwei Meilen südostwärts von dem
Südvorgebirge auf den Grund. Am 27ten giengen
sie an der Insel Wight vorbei, welches das lezte
Land war, das sie von England zu Gesichte beka=

men. Da ein starker Wind gieng, und der Kommodor Schurley keine Segel einziehen ließ, so
verloren sie den Hauptmann Somes aus dem Gesichte. Sie begegneten vielen Schiffen, liessen sich
aber bloß mit einem portugiesischen von zwei hundert Tonnen in ein Gespräch ein, welches von
Porto nach London mit Weine gieng. Sie wollten ihm etwas abhandeln, der Wind verhinderte
sie aber daran. Der Hauptmann ließ das Schiff
reinigen, und wieß seinen Leuten den Stand an,
im Fall sie einen Feind anträfen. Er hatte siebenzig Mann, die zum Schiff gehörten, und drei und
dreissig Mann von der afrikanischen Kompagnie,
die zum Dienst ihrer Kastelle in Guinea bestimmt
waren, so daß sie also alle zusammen hundert und
drei ausmachten.

Am 1sten Dezember entdekte er vier grosse Segel, die er für französische Kriegsschiffe, jedes von
sechzig oder siebenzig Kanonen hielt. Er begab sich
hierauf zum Kommodor, dem Hauptmann Schurley, um sich mit ihm wegen ihrer gemeinschaftlichen
Vertheidigung zu besprechen. Ihr Schluß aber
war den fremden Schiffen aus dem Gesichte zu gehen, wobei ihnen auch wirklich ein entstandener Nebel und starker Wind sehr willkommen war. Allein,
aus dem Winde ward gar bald ein Sturm, worüber ihm sein Haupt- und Besaansegel zerriß, und
einer seiner Leute, Johann Southern, von dem
Arme der Raa ins Meer fiel, und ertrank. Phil-

lipps war über diesen Verlust sehr betrübt; es
stand aber in keiner menschlichen Gewalt, den Un=
glüklichen zu retten; denn die See gieng wegen
des heftigen Windes zu hoch, und überdies hatte
man keine Segel, das Schiff zu regieren. Am
2ten Mittags fanden sie, daß ihr Fokmast drei
Fuß über den Stüzzen in dem Vorderkastelle ge=
sprungen war. Der Riß war sehr breit, und bei
der Untersuchung fand sichs, daß er daselbst bis
auf den Kern verfault war. Seine Offiziere, mit
denen er sich hierüber berathschlagte, waren der
Meinung, man sollte nach Plymouth gehen, um
da einen andern zu holen; welches aber der Haupt=
mann nicht billigte, sondern muthig erklärte, er
wollte seine Reise mit einem geflikten Maste fort=
sezzen; er gab also Befehl, ihn sogleich aufs beste
zu bevestigen. In diesem Sturme verlor er auch
den Hauptmann Schurley.

Am 18ten fand man, daß einer von den Sol=
daten, die für die Kastelle in Guinea mitgeführt
wurden, eine Weibsperson war, die unter den
Namen Johann Brown in ihre Dienste getret=
ten, und drei Monate lang am Bord gewesen war,
und eben so muuter als jeder andre Soldat gearbei=
tet hatte; bei einer Krankheit aber, die sie jezt
befallen hatte, entdekte sie ihr Geschlecht. Der
Hauptmann wieß ihr hierauf einen von den übrigen
abgesonderten Plaz an, und gab dem Schneider
Zeuche, um ihr Frauenkleider zu machen. Zur Ver=

geltung wuſch ſie ihm ſeine Leinen, und diente
ihm ſonſt mit andern weiblichen Arbeiten, bis er
ſie auf dem Vorgebirge **Coaſt Caſtle** mit den an=
dern übergab. Sie war ungefähr zwanzig Jahr
alt, und ein recht hübſches ſchwarzbraunes Mäd=
chen. Am 21ten ſahen ſie den Pik von **Teneriffa**
fünf und zwanzig Seemeilen ſüdweſt gen Weſt.
Als ſie den 22ten Dezember Morgens um vier
Uhr nahe bei der Rheede von **Oratava** waren, und
der Pik von **Teneriffa** gegen Oſten lag, wurden
ſie zwiſchen ſich und dem Ufer zwei Segel gewahr;
eins war ein wirkliches Schiff, das andere ſchien
ein **Barkolongo** zu ſeyn. Eine kleine Weile dar=
auf ſahen ſie, daß das Schiff in vollem Lauf auf
ſie zukam. Sie wandten ſich daher eiligſt nordwärts,
um Zeit zu gewinnen, ſich in Vertheidigungsſtand
ſezzen zu können, im Fall es ein Feind wäre. Als
ſie nun einige Stunden darauf das Schiff aufge=
räumt, und ihre verſchloſſenen Stände eingenom=
men, und ſich zum Fechten bereit gemacht hatten,
zogen ſie ihre Fokſegel auf, um ſich dem Schiffe
zu nähern, welches ſo ernſtlich mit ihnen ſprechen
zu wollen ſchien. Wegen Windſtille kamen ſie aber
erſt gegen Abend, ungefähr einen Schuß weit zu=
ſammen. Es ſchien eine ſchöne lange bedekte Fre=
gatte zu ſeyn, worauf ſie denn nicht länger zwei=
felten, einen Feind an ihr zu finden. Hauptmann
Phillips ließ alſo ſeine Flaggen wehen, und that
einen Schuß queer über ihr Vordertheil, worauf
ſie eine engliſche Flagge aufſtekte. Er merkte aber

sogleich, daß es Betrug war, und hielt sich daher
auf jeden Augenblik bereit, sie zu bewillkommen,
indem er unter seinen Gefechtsegeln bis um vier
Uhr leicht wegfuhr. Da man sich ihr aber jezt bis
auf einen Karabinerschuß genähert hatte, rükte sie
mit ihrer untersten Reihe Kanonen heraus, deren
neun auf jeder Seite waren, welches Phillipps
nicht vermuthet hatte, und ihm auch wirklich nicht
angenehm war. Zugleich nahm sie die englische
Flagge ein, und hissete die franzbsische weisse
Flagge. Phillipps ließ es nun an nichts fehlen,
um seine Leute aufzumuntern. Nachdem er zuvor
mit ihnen getrunken hatte, hieß er sie zu den Ka=
nonen gehen, und des Feindes Lage abwarten, wel=
che auch sogleich, als sie nur noch einen Pistolen=
schuß weit auseinander waren, nebst einer Salve
aus dem kleinen Geschüz erfolgte, welches Phil=
lipps nachdrüklich erwiederte. Das Privatschiff
fuhr ihnen hierauf vor, kam wieder herbei, fiel
ihre Bakbordsseite an, und gab ihnen die zweite
Lage, die auch sogleich erwiedert wurde. Das ge=
genseitige Feuern dauerte bis Nachts zehn Uhr,
da des Feindes Vorbramstange herabgeschossen wur=
de. Hierauf blieb er hinter ihnen, und fuhr, so
gut er konnte, wider den Wind, und nahm also
von ihnen Abschied. Sie begleiteten ihn mit ihren
Trompeten und Kanonen, die sie geladen hatten,
und waren sehr froh, dieser unruhigen Gäste los=
geworden zu seyn. Phillippsens Schiff war aber
auch übel zugerichtet, und an Masten und Tauen

sehr beschädigt. Es hatte eilf Schüsse in dem Hauptmaste, wovon drei durch und durch giengen, und acht Schüsse in dem Fokmaste. Die Flaggen waren fast alle weggeschossen, und das Tauwerk hatte von den eisernen Stangen, die der Feind schoß, sehr viel gelitten. Im Körper des Schiffes fanden sie bei dreißig Schüsse, wovon vier unter dem Wasser waren. Sie hatten fünf Todte, und zwei und dreißig Verwundete, unter welchem des Hauptmanns Bruder, der Konstabler, Zimmermann und Bootsmann waren. Das Gefecht dauerte in allem sechs Stunden, von vier bis zehen Uhr; sie waren immer nur einen Pistolenschuß weit auseinander, hatten wenig Wind und stilles Wasser, und feierten auf beiden Seiten so geschwind, als sie nur laden konnten. Während des Treffens riefen die Engländer ihr Huzza, welches die Franzosen mit Vive le Roi beantworteten. Da die Franzosen aber hinter ihnen weggerudert waren, vernahm man ein erschrekliches Heulen von ihrem Schiffe. Phillipps hielt es für ein Kriegsschiff von acht und vierzig Kanonen. Am folgenden Morgen bei Anbruch des Tages sah er das Privatschiff ungefähr drei Seemeilen von sich nordwärts.

Der ganze 24te Dezember wurde dazu angewandt, den in dem Treffen erhaltenen Schaden auszubessern, und das Schiff auszupumpen, weil vier Löcher, die es unter dem Wasser bekommen, das Untertheil ziemlich mit Seewasser angefüllt

hatten. Da ihr Ofen und Heerd niedergeschoffen
war, so mußten sie sich selbigen Tag mit Käse, Brod
und Punsch begnügen; am meisten aber beklagten
sie ein Oxhoft Wein, das ihnen durchgeschoffen
worden war. Am 25ten Sonnabends früh beka=
men sie die Insel Ferro zu Gesichte, welche zehn
Seemeilen von ihnen nordostwärts lag. Von da
giengen sie nach St. Jago, um daselbst ihr Lek
zu verstopfen, ihre Masten und Raen zu ergän=
zen, und frische Lebensmittel für die Verwundeten
einzunehmen.

Am 27ten sahen sie ein Segel, und rüsteten
sich zu einem neuen Treffen. Das ganze Schiff war
auch in weniger als einer Stunde zum Gefechte
fertig, weil die Leute noch von dem lezten in Ue=
bung waren. Das Fahrzeug verschwand ihnen aber
schnell aus den Augen. Am 30ten sahen sie die In=
sel Sal, St. Jago, und Bona Vista. Am fol=
genden Tag entdekten sie Santa Mayo, und den
2ten Dezember kamen sie zu St. Jago in der Bai
von Porto Praya vor Anker. Sie sahen über
der Westseite des Havens die Insel Fuego den gan=
zen Tag rauchen, und die ganze Nacht Feuerfun=
ken sprühen.

Als sie landeten, wurden sie von einem Duzzend
halb verhungerter Soldaten empfangen, wovon je=
der mit einer Lanze und einem Schwert bewaffnet
war. Sie führten sie durch einen steinichten, stei=
len, ungebahnten Weg zu ihrem befehlhabenden

Offizier, einem hübschen alten Mann, von welchem
sie sehr höflich empfangen wurden. Als sie mit
ihm spazieren giengen, sahen sie unterwegs eine
Kuh schlachten, die aber sehr ekkelhaft behandelt
wurde, und so hager war, als die Wache. Dieser
alte Offizier hatte ein altes Haus inne, wo er sie
ein paar zerbrechliche Treppen hinauf in einen
freien grossen Saal führte. Er entschuldigte sich
jezt, daß er mehreremal bei ihrer Einfahrt auf sie
hatte schiessen lassen, weil er sie für Seeräuber gehalten hatte. Sie fanden an ihm einen sehr vernünftigen, wohlgesitteten Mann, der in Ostende
geboren, und von dem Statthalter zu Lissabon
durch Versprechungen hieher gelokt worden, die man
ihm niemals gehalten hatte. Bald darauf sahen sie
den Gouverneurlieutenant auf einem Maulesel an-
kommen, der eben so schnell zwischen den rauhen
Gebirgen lief als ein englisches Pferd nur immer
auf ebenem Boden fortkömmt. Es war ein unerfahr-
ner, zwanzigjähriger, stolzer und eitler Mensch,
über den sich Phillipps nicht wenig ärgerte,
als er sah, mit welch übermüthigem Benehmen er
die knechtische und ungemein demüthige Ehrerbietung des alten erfahrnen Flanderkins annahm.

Am britten ging Phillipps in seiner Pinnasse
nach St. Jago. Nachdem sie ungefähr sieben
Meilen gerudert waren, kamen sie um eine Spizze
herum in die Bai, nah bei der Stadt. Er lief
gerade gegen das Thor der Stadt ein, und seine

Trompeter, die ein Stükchen bliesen, brachten einen Offizier herbei, der ihn zu dem Pallaste des Statthalters an dem obern Ende der Stadt führte. Sie sahen auf dem Wege Niemand, als einige unverschämte Negerinnen, welche ihnen auf englisch viele schmuzzige Worte sagten, und mit ihren kurzen Schürzen, die ihnen nur bis an die Mitte ihrer dikken Beine giengen, ein sehr vernehmliches Gebärdenspiel machten. Der Statthalter war gerade in der Kirche, erschien aber sogleich, weil er durch den Schall der Trompeten war aufmerksam geworden, und kam an der Spizze seiner Untergebenen. Zwei junge Hauptleute und der Priester begleiteten ihn, und hinterher wurde ein Pferd mit ziemlich gutem Zeuge geführt. Nach den Bewillkommungszeremonien führte er sie durch den Hof in eine grosse Hütte, wo ein eiserner Balkon war, der nach der See zugieng, und eine herrliche Aussicht gewährte. Als sie eine kurze Zeit da waren, schikte der Hauptmann seine Offiziere weg, weil für ihn und seinen Bruder eine Mahlzeit gebracht wurde, welche in einem guten weissen Brode, einer Büchse Marmelade, die auf einer Serviette überreicht wurde, und einer Bouteille Maderawein bestand, der aber so dik und heiß war, daß es Mühe kostete, davon zu trinken.

Da Phillipps bei dem Gouverneur um Vieh anhielt, so weigerte er sich ihm einiges, ausser für Geld zu überlassen, und bestätigte also das,
was

was ihm der alte Offizier zu Praya gesagt hatte,
daß es bloß in seiner Macht stehe, welches zu ver=
kaufen. Aus besonderer Gnade erlaubte er ihm doch
Ziegen, Schaafe u. s. w. von dem Volke einzutau=
schen. Der Statthalter kaufte hierauf einige engli=
sche Spazierstökke, wobei es im Grunde nur auf
den schön lakirten und mit Silber beschlagenen Stok
angesehen war, den Phillipps zu seinem eigenen
Gebrauche bei sich hatte. Pillipps wollte dies An=
fangs nicht verstehen; da aber der Statthalter zu
ihm sagte, dies wären die gewöhnlichen Geschenke,
die ihm die englisch = ostindischen Hauptleute mach=
ten, so sah er sich genöthigt, dem Beispiel seiner
Vorgänger zu folgen, und ihm den Stok abzutre=
ten. Der Kapitain bat ihn auch, an Bord seines
Schiffs zu kommen; allein er schlug es ab, weil
kurz zuvor eine Verordnung deshalb ergangen war,
damit der Statthalter nicht einst in Gefahr komme,
auf ein Seeräuberschiff zu gerathen *).

Als Phillipps mit seiner Erzellenz noch auf
dem Balkon war, und so eben fragte, ob man

---

*) Die Seeräuber pflegten gar gerne die Befehlshaber
und Gouverneurs auf ihre Schiffe zu lokken, um sie
dann zu zwingen, ihnen Lebensmittel und andre Bedürfnisse auszuliefern; so machte es einst der Seeräuber Averry dem portugiesischen Statthalter auf der
St. Thomasinsel, welchem derselbe für die mit Gewalt erpreßten Lebensmittel einen Wechsel auf die
Pumpe von Aldgate (in London) ausstellte.

guten Maderawein daselbst bekommen könnte, gieng gerade in selbigem Augenblik ein junger Portugiese in einer schönen Kleidung unter ihnen vorbei. Der Statthalter rief ihn an, und fragte, ob er einigen Wein für Waaren umzusezzen hätte? Dieser Mensch nahm denn, sobald er den Statthalter erblikte, seinen Hut ab, machte eine tiefe Verbeugung, kniete auf die Straße nieder und antwortete, er habe zwar ein Faß abzugeben, aber nicht anders, als für Geld. Da ihm nun hierauf der Statthalter erwiederte, daß solchergestalt nichts aus dem Handel würde, stand er auf, machte noch einmal eine tiefe Verbeugung, und gieng so lange mit seinem Hut in der Hand fort, bis er ihnen aus dem Gesichte war. Hierauf schied der Verfasser als guter Freund von dem Statthalter, und versprach ihm des andern Tages einen Cheßhirekäse zu schikken. Der Statthalter war sehr klein von Person, ungefähr fünfzig Jahr alt, und aus einem alten adelichen Geschlechte in Portugal. Er war schwarzbraun und von schlechtem Ansehen, und dabei sehr gering gekleidet. Seine lange schwarze Perükke, die keine Lokken mehr hatte, hieng ihm bis mitten auf den Leib. Er schien übrigens ein vernünftiger, erfahrner und schlauer Mann zu seyn.

Als sie am 7ten Dezember von den Inseln des grünen Vorgebirgs abreisten, reinigten sie alles zwischen den Verdekken, stopften die Löcher mit gepichter Schiffsleinwand zu, und verbrannten hierauf im Innern des Schiffs drei Theertonnen, um die Luft gesund zu erhalten. Am 10ten hatten sie einen Tornado, die auf der Küste von Afrika sehr gemein sind. Da es aber der erste war, den Philipps erlebte, so sezte er ihn doch ein wenig in Schrekken. In einer halben Stunde liefen die Winde schon rund um den Kompaß, und das Donnern und Blizzen dabei war fürchterlich. Er besorgte sogar, das Schiff möchte in Brand gerathen seyn, weil er einen schweflichten Geruch darin wahrnahm. Diese Tornados fielen aber hernach so oft ein, daß er sie gar nicht mehr achtete, denn er konnte zulezt ihre Ankunft vorher bestimmen. Er ließ daher allemal die Segel beschlagen, und den Sturm geradezu austoben, weil er nie länger als eine Stunde dauert. Es entsteht auch selten an der Küste von Guinea ein Unglük durch sie, ohnerachtet sie da immer von den Ufern blasen; denn diese Tornado's und das Donnern und Blizzen sind die gewöhnlichen Zeichen von der Nähe dieser Küste. Hierauf segelte er vier hundert Seemeilen an der Südseite der Linie zwischen zwei und drei Graden Süderbreite von St. Thomas nach Barbados, und traf daselbst weder Tornados, noch einigen Donner und Bliz an; sondern hatte immer schöne beständige und frische Winde zwischen Südsüdost und Ostsüdost.

Am 22ten bekamen sie das Vorgebirge Monte, sieben Seemeilen weit von ihnen, gegen Ost

gen Nord ins Gesicht, und um Mittag fanden sie
die Breite sechs Grade sechs und dreissig Minuten
nördlich. Das Vorgebirge war damals Nordost
gen Ost vier Meilen weit von ihnen, so daß, da
sie zehen Minuten südlich, und sechs westlich davon waren, das Vorgebirge Monte, seiner Beob-
achtung nach, in der Breite von sechs Graden sechs
und vierzig Minuten nördlich liegt, welches weit
nördlicher ist, als es gewöhnlich in den Karten
steht. Am 23sten sahen sie das Vorgebirge Monserado. Hauptmann Schurley, der sie von dieser
Rhede entdekte, ließ sie durch seine Pinnasse ersu-
chen, sie möchten doch zu seinem Beistand daselbst
einlaufen; denn nahe bei dem Vorgebirge war ihm
sein Fokemast und seine Fokemastraa durch einen
Wetterstral zersplittert, und sein Vorbramsegel
durch den vorhergegangenen Bliz angezündet worden. Phillipps war Willens, zu Junko, zwölf
Seemeilen ostwärts, wo ein guter Fluß und eine
Menge Holz anzutreffen ist, Holz und Wasser,
welches beides daselbst sehr gut ist, einzunehmen.
Auf diese Einladung ankerte er aber hier, anderthalb
Meilen südöstlich von der Mündung des Flusses,
wo er einen Gubbins, oder Zwischenläufer von
Barbados antraf, der vorzüglich Rum geladen hatte, um Gold und Sklaven dafür einzuhandeln.
Phillipps kaufte zwei hundert Gallonen davon
sehr wohlfeil ein, und verkaufte sie mit gutem Vortheile wieder. Es fand sich hier auch die Schaluppe Stanter mit Herrn Kolker, dem Agenten von

Scherbro am Borde, um längs der Küste Elfen=
bein einzuhandeln.

Das Vorgebirge Mesurado ist sechszehn See=
meilen vom Vorgebirge Monte entfernt. Es ist
rund und nicht so hoch, als Monte. Nordnordost=
wärts ist ein guter Ankerplaz in zwölf, zehn oder
acht Faden Wasser.

Einst gieng der Hauptmann Morgens früh in
Begleitung einiger Bedienten in einer Pinnasse un=
gefähr acht Meilen den Fluß hinauf, um den Kö=
nig Andreo in seiner Stadt zu besuchen. Unter=
wegs sahen sie einige Meerkazzen, die von einem
Baume zum andern sprangen. Sie schossen nach
ihnen, trafen aber keine. Die Stadt liegt an der
linken Seite des Flusses hinaufwärts, und unge=
fähr eine Viertelmeile vom Ufer. Die Anfuhrt ist
zwischen zwei hohen Bäumen, wo ihnen der König
Andreo mit seinem Adel entgegen kam, der sie
durch einen Wald in eine offene Ebene führte, wor=
in die Stadt lag. Dies war der einzige holzleere
Flek in der ganzen Gegend, so daß sie nicht begrei=
fen konnten, wo die grosse Menge Reiß wachse,
den man daselbst findet. Sie wurden sogleich in
den Versammlungssaal geführt, der vier Fuß von
der Erde mit Thon erhöht war. Als sie daran hin=
aufgeklettert waren, brachte man ihnen Klözze von
verschiedner Gestalt zum sizzen; auf ähnlichen saß
auch der König und zwei oder drei von seinen Gros=

sen; die übrigen saßen mit kreuzweise übereinander-
geschlagenen Beinen hinter ihm auf der Erde.

Als sie sich alle gesezt hatten, machten sie
Punsch, und thaten ihre Schnappsäkke auf, um
ein wenig Rindszunge und einige andere kalte Speisen, die sie mitgebracht hatten, zu essen, wozu sie
auch seine Majestät und die übrigen zu Gaste baten. Sie verwunderten sich aber nicht wenig, als
sie einen jeden von ihnen zu einem Loche gehen sahen, wo sie mit grosser Andacht und Sorgfalt etwas von ihren Speisen und Getränken, die ihnen
der Hauptmann gegeben hatte, hineinfallen liessen.
Erst nachdem sie von dieser Handlung zurükgekommen waren, assen sie sehr gierig drauf los, ja seine Majestät fanden selbst mit ihrem ganzen Hofe
ein grosses Vergnügen an den von den Zungen ab-
geschälten Häuten und anderm Abfall, den die
Engländer nicht essen konnten. Phillipps erfuhr
nachher, daß das Loch gerade auf den Leichnam
ihres vorigen Königs gienge, und daß sie ihm von
allen Lekkerbissen etwas gäben, ehe sie dieselben
anrührten.

Nach der Mahlzeit befahl der Hauptmann seinen Bootsleuten, in Gegenwart des Königs ihre
Gewehre abzubrennen, welches ihn sehr ergözte,
besonders weil sie so regelmässig abfeuerten. Aus
Gefälligkeit ließ nun der König von seinen Leuten
ebenfalls ein kriegerisches Schauspiel mit Lanzen
und Bogen aufführen, worin sie aber durchaus kei-

ne Regelmässigkeit beobachteten. Es waren näm=
lich von dem Flusse Junko einige Soldaten gekom=
men, die dem Könige in seinen Kriegen beistan=
den. Zwei von ihnen hatten alte Flinten, mit de=
nen sie hinter zwei andern hergiengen, welche
Tartschen oder breterne Schilde trugen, zwischen
welchen die Spizzen von ihren Gewehren hervor=
gukten. In dieser Stellung krochen sie ganz stille
heran, um den Feind aufzusuchen, und wenn sie
ihn endlich gefunden zu haben glaubten, so gaben
die beiden Schüzzen Feuer; die übrigen warfen so=
dann die Lanzen, und schossen ihre Pfeile mit ei=
nem entsezlichen Geschrei ab, worauf sie allemal
wieder unordentlich auf ihre Posten zurükliefen.
Wenn sie aber wieder geladen hatten, so wurde
der Angriff auf die nämliche Art erneuert.

Unsre Reisende machten sich hier einen guten
Zeitvertreib, indem sie viele kleine Vögel schossen,
die von der Grösse einer Schnepfe, und in einer
ausserordentlichen Menge vorhanden waren, so daß
sie mehrere mit Einem Schuß erlegten; sie waren
schmakhaft, aber sehr mager. An der Mündung
des Flusses fiengen sie oft gute Fische, auch an
Wildprät hatten sie keinen Mangel, denn wenn
Herr Kolker, der Agent von Cherborough, seine
Negern in die Wälder auf die Jagd schikte, so konn=
ten sie immer Abends auf einige Schmalthiere
Rechnung machen. Einer seiner Negern war ihr
Dollmetscher, denn sie sprachen hier weder englisch
noch portugiesisch.

Während ihrer Abwesenheit vom Schiffe be-
schuldigte einer von den Negern die Schiffsleute,
sie hätten ihm einen Sak Reiß gestohlen; er klagte
auch wirklich beim König, der dann mit vielem
Ernst und Mißvergnügen deswegen Genugthuung
verlangte. Phillipps ließ daher alle seine Leute
am Ufer zusammenkommen, um den Thäter zu ent-
dekken. Da sie aber sich einstimmig für unschuldig
erklärten; so meldete er es dem Könige. Dieser
antwortete aber zornig, seine Leute dürften nicht
bestolen werden. Da sie nun merkten, daß ihre
Nachgiebigkeit seine Majestät nur übermüthiger
machte, so stellten sie sich so trozzig, als es sich
in ihrer Lage thun ließ. Die Leute mußten ihr Gewehr zur Hand nehmen, und der Agent Rolker
schüttelte nach Landesgewohnheit seinen Stok gegen
den König, und ersuchte ihn, roth Wasser zu bringen, indem die ganze Schiffsgesellschaft bereit wäre, es zum Beweis ihrer Unschuld zu trinken, sodann aber auch von seiner Majestät für den erlittenen Schimpf Genugthuung verlange. Nach dieser
Erklärung veränderte der König den Ton, und
wurde sehr demüthig, zumal da er sie alle entschlossen sah, von dem Wasser zu trinken. Er erklärte
jezt den Ankläger für einen Bösewicht, und war
bereit, ihn deswegen zu bestrafen. So viel Wirkung that diese Vorstellung über den König Andreo,
obschon keiner von ihnen; wenn es zur Probe gekommen wäre, seinen rothen Saft zu kosten Lust
gehabt hätte.

Während sich die Engländer hier aufhielten, kam auch einer von den weiter landeinwärts wohnenden Königen vor den Versammlungssaal. Es war ein grosser, schön gebildeter Mann, und vielleicht, ausser dem König von Siboa, der schönste Neger, den Phillipps je gesehen hatte. Haare und Bart waren schon ganz grau. Auf dem Kopfe trug er mehr als hundert zollange Hörnerchen, die an den Haaren beveftigt, und aus einer rothen Masse gemacht waren. Dieser sonderbare Haarpuz war sein Fetisch, der ihn vor Unglük schüzzen sollte. Phillipps faßte ihn sogleich ins Auge, und ergözte sich nicht wenig an seinem ehrwürdigen Ansehen; er hielt ihn aber für keinen Mann von so hohem Stande, weil Andreo und seine Grossen sich nicht um ihn bekümmerten. Bald darauf erfuhr er aber, daß es ein grosser inländischer König wäre, und nahm es mit Recht dem Andreo übel, daß er seinem königlichen Mitbruder, so übel begegnete, und ersuchte ihn, den fremden König hereinzubitten. Da aber der Hauptmann sah, daß er selbst sich zurükzog, und die Einladung hartnäkkig ausschlug, trug er ihm einen Becher mit Punsch nach, den er auch ohne Zwang leerte. Phillipps wollte noch einen für ihn machen lassen, er konnte ihn aber nicht bereden zu warten, weil er noch einen weiten Weg nach Hause hatte. Er machte dem Hauptmann ein Geschenk mit einer Leopardshaut, von drei oder vier englischen Pfunden am Werthe, wofür ihm dieser ein Gegengeschenk von drei oder

vier Flaschen Rum, und eben so viel Händen voll
Kauris machte, und so schieden sie freundschaft=
lich von einander. König Andreo aber machte nicht
die geringste Zeremonie mit ihm, weil sie, wie er
hernach erfuhr, nicht die beßte Freunde zusammen
waren.

Unter den Eingebornen trafen sie auch einen
Schotten, der sich aber nicht recht getraute, sein
Schiksal, das ihn hieher gebracht hatte, zu erzäh=
len. Indessen erfuhr Phillipps nachher, daß er
Seeräuber in einer kleinen Brigantine gewesen sei,
mit welcher ihr Anführer, Namens Herbert, aus
einer westindischen Pflanzung durchgegangen war.
Die Mannschaft der Brigantine hatte in der Nähe
dieser Küste mit einander Streit bekommen, wobei
so viele von ihnen erschlagen und tödtlich verwundet
wurden, daß keiner mehr übrig war, das Schiff
zu regieren, als dieser einzige Schottländer, der
dann mit demselben dem Ufer zusteuerte, und so
sein Leben rettete, während die übrigen alle an ih=
ren Wunden starben. Er war gut gekleidet, und
trug eine lange flächserne Perüke, nebst einem weiß=
sen Biberhut. Er bot sich als Segler an, allein
weder Phillipps noch Schurley wollten wegen
seines schelmischen Aussehens etwas mit ihm zu
thun haben; endlich aber erbarmte sich der Agent
Kolker über ihn, und nahm ihn in der Schaluppe
Stanier mit nach Scherbro.

Dieser Agent Kolker gieng am 5ten Januar

nach Scherbro unter Segel, und Gubbins in
dem barbadoischen Zwischenläufer am nämlichen
Morgen nach der Goldküste. Phillipps gab ihm
Briefe mit an die drei Oberkaufleute der afrikanischen Kompagnie im Kap Korse-Kastelle, worin er ihnen berichtete, daß die Kompagnie ihm
verwilliget hätte, Sklaven an der Goldküste zu kaufen, und sie ersuchte, ihm bei seiner Ankunft dazu
behülflich zu seyn, und ihn auf alle mögliche Art
zu unterstüzzen. Er mußte sich hier mit Ausbesserung eines seiner Schiffe zehn Tage lang verweilen;
am 9ten Jan. 1694 aber segelten sie miteinander
nach der Küste.

Am 11ten fuhren sie am Vorgebirge Monserado vorbei, und am 13ten warfen sie unweit Pi-
cini oder klein Sestos in dreizehn Faden Anker.
Hier wurden sie von einigen Kähnen, die zu ihnen an Bord kamen, nach Sestos eingeladen, wo
sie ihnen einen guten Handel mit Elfenbein versprachen; sie lichteten daher die Anker, und fuhren mit
einem schwachen Winde längs dem Ufer hin. Hier
kamen wieder einige Kähne mit zwei Negern an
Bord, die aber bloß einige Vögel, Orangen, Ba-
nanas, und kleine Elefantenzähne hatten, und
mehr dafür forderten, als sie werth waren. Am
13ten ankerten sie bei dem Flusse Groß Sestos,
drei Meilen von dem Vorgebirge Baxos, oder der
östlichen Spizze von Sestos, die sehr niedrig und
felsicht ist. Sie giengen hier mit ihrer Pinnasse ans

Land, um zu handeln, und Hauptmann Schurley
schikte in eben der Absicht seinen Buchhalter in seiner Pinnasse dahin, weil er selbst seit einigen Tagen krank war.

An der Spizze, welche in den Fluß hinein
reicht, ist eine Negerstadt von dreißig oder vierzig
Häusern. Das Haupt derselben hieß Dik Lumley,
nach einem Befehlshaber gleiches Namens, der vormals den guineischen Handel getrieben hatte. Acht
Meilen weiter hinauf liegt die Residenz ihres Königs, der sich Peter nennt. Phillipps hatte gehört, daß die Einwohner sehr falsch und blutgierig
wären; er wagte es also nicht, sie zu besuchen.
Eherne Kessel, zinnerne Bekken, Buzis oder Kauris, Flinten und Messer wurden hier am häufig-
sten gesucht, sie konnten aber von den Einwohnern
nichts als einige kleine Elefantenzähne eintauschen.
Sie kauften einige Hüner, Limonien und Orangen, und im Fluß fiengen sie öfters viele Fische.

Sowol hier als zu Monserado giebt es eine
sonderbare Art, einander zu grüssen. Sie ergreifen
nämlich den Daumen und Vorderfinger des andern,
legen ihn zwischen den ihrigen, und knaken damit,
wobei sie ausrufen: Affy O! Affy O! Das
Volk war hier sehr sauertöpfisch, und kam dem
Hauptmann Phillipps wie lauter Spizbuben vor;
er ward daher ihrer Gesellschaft bald überdrüssig,
und gieng gegen Abend an Bord. Seine Leute blieben unter den Waffen, bis sie aus dem Flusse, und

eine Strekke vom Ufer entfernt waren; denn die Negern kamen in so grosser Menge mit Pfeilen und Bogen an das Ufer, daß man wirklich einen bos= haften Streich von ihnen zu befürchten hatte. Dies war auch die Ursache ihrer schnellen Abfahrt, ohnge= achtet das Volk, das ihnen nicht das geringste zu Leide gethan hatte, sie dringend bat, da zu bleiben.

Von dem Vorgebirge Baxos erstrekt sich eine Reihe Klippen, zwei oder drei Meilen in die See hinaus.

Am 14ten trieb sie ein starker Strom, der nach Südost gieng, drei Meilen vom Vorgebirge gegen Osten. Ungefähr drei Seemeilen weit von der Se= stoßspizze sahen sie einen grossen weissen Felsen, der wie ein Segel aussah, und zwei Seemeilen weiter einen andern, der noch fünf Seemeilen von Sanguin entlegen ist. Sanguin erschien in der See zuerst in einem Gebüsche hoher Bäume. Die Küste zwischen Sestos und Sanguin ist überall felsicht, unter zwanzig Faden Wasser, und man kann daselbst in nicht weniger, als fünf und zwan= zig Faden ankern.

Am 25ten warfen sie nicht weit von Batto= wa, wo das Land schon höher wird, Anker. Hier untersuchten sie den Strom, und fanden, daß er in einer Stunde drei Meilen südostwärts trieb. Es kamen verschiedene Kähne aus dem Flusse San= guin, wo die Körner= oder Malaghettas= Küste anfängt, an Bord; sie hatten aber nichts bei

ſich. Gegen Mittag waren ſie zwölf Seemeilen
von Sanguin bei dem Fluſſe Sino, welcher an
einem Baume kenntlich iſt, der wie ein Schiff mit
ſchlaffem Bramſegel ausſieht. Verſchiedene Kähne
brachten ihnen hier Pfeffer oder Malaghetta,
der in Weidenkörbe gepakt war, an Bord. Phil‐
lipps kaufte davon tauſend Pfund für eine eiſerne
Stange, die in England drei Schillinge oder ſechs
Pence galt; dem Mäkler aber machte er ein Ge‐
ſchenk von ein paar Meſſern. Mit dieſem Pfeffer
ließ er nachher auch ſeine Negerſpeiſen würzen, da‐
mit die Leute keinen Durchfall bekämen.

Von Kroe aus nahmen ſie ihren Weg nach
dem Palmenvorgebirge, und ſteuerten Südoſt gen
Oſt. Am folgenden Tage waren ſie Wappo ge‐
genüber, von woher mehrere Kähne mit Malag‐
hetta kamen, denen man dreihundert Pfund für
drei zweipfündige zinnerne Bekken abkaufte. Am
17ten fuhren ſie um die Spizze des Palmenvorge‐
birgs herum. An demſelben Tage ſtarb des Haupt‐
manns Bruder, welcher acht Tage lang am hizzi‐
gen Fieber krank gelegen war, von welchem auch
viele unter den Schiffsleuten befallen wurden. Als
ſie am andern Morgen früh um ſechs Uhr drei See‐
meilen weit Südoſt von Growa waren, wurde
der Verſtorbene in eine Kiſte genagelt, worauf der
Hauptmann, der Arzt und der Buchhalter mit der
Pinnaſſe ausfuhren, um den Leichnam zu begraben.

Von beiden Schiffen hiengen die Flaggen halb

herab, und die gewöhnliche Trauermusik wurde mit Trommeln und Trompeten gemacht. Sie ruderten mit der Pinnasse ungefähr eine Viertelmeile wider den Wind, und versenkten die Kiste, nach verlesenem Trauergebete in die Tiefe. Der Hannibal feuerte hierauf sechzehn kleine Kanonen ab, weil der Verstorbene so viel Jahre alt war, und der ostindische Kaufmann beehrte sein Begräbniß mit zehn Schüssen.

Als sie am 19ten vor Anker waren, hatten sie einen schweren Tornado, der über eine Stunde dauerte. Es zeigten sich auch einige Kähne mit Elephantenzähnen; sie wollten aber nicht an Bord kommen, ohngeachtet man ihnen Branntwein und allerhand Waaren anbot. Am folgenden Tag hatten sie wieder einen Tornado, und ankerten darauf bei Druin, dreißig Seemeilen von dem Vorgebirge. Dieser Ort ist an den grossen buschichten Bäumen und an einem hohen Striche Landes hinter demselben leicht zu erkennen; das Land nahe an der Küste ist lauter weisser Sand. Mittags waren sie an der ersten von den rothen Klippen, deren es eilf gibt, die nicht sehr hoch und fast eines Kabeltau weit von einander gelegen sind. Nachdem sie das Vorgebirge vorbeigesegelt waren, kamen keine Kähne mehr an ihr Bord, ob sie gleich Nachts vor Anker lagen, und am Tage längs den Ufern hinfuhren, um von den Einwohnern gesehen zu werden.

Am 21sten Morgens um 8 Uhr waren sie neben Rostre, einer sehr niedrigen Bucht, und dre

oder vier Meilen weiter kamen sie nach dem Vorgebirge Laho. Hier kamen viele Kähne mit grossen
und schönen Zähnen. Sie wagten sich aber nicht an
das Schiff, sondern verlangten, der Hauptmann
solle an die äussere Seite des Schiffs kommen und
drei Tröpfen Seewasser zum Zeichen der Freundschaft in seine Augen fallen lassen. Er that es; da
sie aber die Menge Leute auf dem Verdekke sahen,
wurden sie mißtrauisch, und giengen wieder in ihre
Kähne zurük. Mit vieler Mühe konnte man endlich ihr Zutrauen gewinnen; der Hauptmann gab
jedem ein Glas Branntwein, und zeigte ihnen seine
Waaren; worauf sie denn einige Zähne an Bord
brachten. Während des Handels aber kam ein grosser Schäferhund, der auf dem Schiffe war, und
das Geräusch auf dem Verdekke hörte, mit jämmer-
lichem Gebell aus seiner Hütte heraus. Sogleich
stürzten sich die Negern in die See, und schwammen eine gute Strekke fort, worauf ihnen die Kähne sogleich nachfolgten, und die Zähne im Stich
liessen. Phillipps bat sie zurükzukommen, und
zeigte ihnen die zurükgelassenen Zähne, allein sie
wollten nicht wieder kommen. Hierauf träufelte er
sich wieder etwas Wasser in die Augen, allein es war
alles umsonst. Als er aber den Hund hervorführen
ließ, und sich stellte, als ob er ihn prügelte, kamen sie wieder an Bord; der Argwohn war ihnen
aber in den Augen zu lesen, denn bei dem geringsten Geräusche machten sie Miene in das Wasser
zu springen. In ihrem Handel aber waren sie ziemlich

lich eigennützig; denn sie hielten ihre Zähne so hoch,
daß man ihnen keine abkaufen konnte.

Die meisten hatten ihre Leiber an verschiedenen
Orten mit dunkelrother Farbe beschmiert. In ihre
Haare flechten sie ein wenig Flachs, und lassen die
Zöpfe über ihre Schultern herabhängen. Einige
binden sie auf englische Art hinten zusammen, an=
dere aber auf dem Kopfe. Philipps erstaunte, als
er bei seiner ersten Ankunft nichts hörte, als:
Qua, Qua, Qua, ein Geschrei, wovon dies
Land die Quaquaküste genannt wurde. Sie er=
strekt sich vom Vorgebirge Palmas bis Bassam
Picolo, wo Philipps das erste Gold fand.

Die Negern in dieser Gegend sind als Men=
schenfresser verschrieen. Philipps Steuermann,
Robson, der diesen Handel schon lange getrieben
hatte, versicherte, sie verzehrten ihre Feinde, wenn
sie dieselben gefangen bekämen, und selbst ihre Freun=
de, wenn sie todt wären. Sie sahen auch sehr wild
und gefräßig aus. Ihre Zähne waren sehr spizzig
wie Nadeln, und wahrscheinlich hatten sie dieselben
gefeilt, denn die ihrer Kameraden waren nicht so.
Dem Ansehen nach waren sie stark von Gliedmas=
sen, übrigens aber recht häßlich.

Ein jeder Kahn bringt seinen Mäkler mit, der,
sobald er ins Schiff tritt, ein Daschi, oder Ge=
schenk von Messern oder ähnlichen Dingen unter
dem Vorwande fordert, er führe einem den Handel
zu, und bei jedem Kaufe erwartet er wieder einen

Daſchi. Die Negern hatte Philipps nirgends ſo
ſchüchtern gefunden als hier. Wahrſcheinlich ſind ſie
auch ſchon oft betrogen worden. Die Waaren, nach
welchen am meiſten gefragt wurde, waren zinner=
ne Bekken, je breiter je beſſer, Eiſenſtangen, Meſ=
ſer, und groſſe zinnerne Flaſchen mit Schrauben.

Als ſie am 23ſten wieder unter Segel waren,
kamen drei Kähne von Pikinini Laho, ungefähr
ſechs Meilen von Kap Laho. Einer kam zum
Heuptmann Scharley, und die beiden andern zu
Philippſen, mit verſchiedenen guten Zähnen an
Bord. Man kaufte ihnen einige, aber in einem ho=
hen Preiſe ab. Sie verlangten die nämlichen Waaren
wie die Negern zu Kap Laho. Dieß war der lezte
Ort, wo Philipps einige Zähne ſah; auch be=
merkte er, daß ſie ihre groſſen Zähne nur zur Schau
brachten; denn ſie wollten bloß kleine und mittel=
mäßige verkaufen.

Am 25ſten kamen zwei Kähne von Baſſam
Picolo mit Gold, von denen ſie dreißig Achis
für eiſerne Stangen einhandelten; der Preis war
nämlich drei Achis für zwei Stangen; ein Achi
iſt ungefähr fünf Schillinge an Werth. Das Gold
beſtand hier in Fetiſchen, welches kleine Stükchen
ſind, woraus allerhand Figuren gemacht werden,
welche die Negern als Zierrath an alle Theile ihres
Körpers binden, und durchaus von ſehr gutem
Golde ſind. Staub oder Klumpen ſah man weder
hier noch zu Baſſam.

Am 26ſten kamen einige Kähne, und verſpra=
chen Sklaven zu bringen; ſie hielten aber nicht
Wort. Am folgenden Morgen kam ein Kahn von
Baſſam mit vier Mann, die den ganzen Tag und
die ganze Nacht bei ihnen blieben. Sie nahmen
ſechs und dreiſſig Achis Gold von ihnen ein, und
noch von zwei andern Kähnen ſechzehn Unzen in
Fetiſchen, für eiſerne Stangen; die Preiſſe waren
folgende: eine Stange anderthalb Achi; ein Duz=
zend Meſſer, ein Achi; ein vierpfündiges zinner=
nes Bekken, ein Achi, nebſt einigen Geſchenken
für diejenigen, welche hurtig handelten. Hier konn=
ten ſie das Bankgewicht gebrauchen; allein an der
Seite unter dem Winde kennen ſie das Apotheker=
gewicht ſo gut, als die Engländer; ſie haben auch
ihr eigenes Gewicht, nach welchem ſie alles andere
abwägen. Die Waaren ſind auch hier in beſſerm
Preiſſe, weil die Negern nicht ſoviel Vorrath an
Gold haben.

Philipps Leute waren alle wieder geneſen,
und er hatte bloß ſeinen Bruder verloren. Haupt=
mann Schurley aber hatte acht von den Seinigen
begraben, und er ſelbſt war mit den meiſten noch
ſehr krank. Es fiel jezt wieder eine Windſtille ein,
und bis zum 4ten Hornung hatten ſie einen ſtarken
Nebel. Das Wetter war ungemein heiß, wobei man
kaum ein kleines Lüftchen ſpürte. Den 2ten war,
ehe ſie ſichs verſahen, ein fremdes Schiff dicht ne=
ben ihnen. Sie grüßten es mit einem Schuſſe quer

über ihren Vorderfuß, um es zum Ankern zu brin=
gen. Weil es sich aber dazu nicht verstehen wollte,
so feuerten sie noch zweimal auf dasselbe, bis es sich
zulezt zeigte, daß es ein holländisches Privatschiff
war. Sie hielten es anfänglich wegen der weissen
Farbe und seiner Bauart für ein französisches. Der
Hauptmann desselben, Willhelm Flemming, hat=
te von dem König Willhelm eine Privatkommission.
Schon neun Monate handelte er auf der Küste, ohne
seine Ladung ganz absezzen zu können, und jezt
kam er von Angola. Das Schiff hieß Jakob
Hendrik, und hatte sechzehn Kanonen, nebst zwei
und vierzig Mann, welche Phillippsen erzählten,
daß der Hauptmann Gubbins und sein Arzt in dem
barbadoischen Interloper tobt wären; daß das gan=
ze Land Krieg führte, und es sehr unsicher an den
Rheden wäre. Ferner behaupteten sie, daß man
wenig Gold auf der Küste bekommen könnte, und
daß die Negern das dänische Fort zu Akra wegge=
nommen, einige von den Faktoren getödtet, und
die andern sehr verwundet hätten. Am 6ten hör=
ten sie verschiedene Kanonen abfeuern, und wurden
gleich darauf ein Schiff gewahr. Phillipps ließ
sogleich eine Kanone quer über ihren Vorderfuß ab=
feuern, und im Augenblik stand es dicht hinter ih=
nen. Man erfuhr nun von diesem Schiffe, daß es
der holländisch westindischen Kompagnie zu Amster=
dam zugehörte, und im Begriffe war, nach Mina
zu gehen. Es war fünf Monate zu Plymouth ge=
legen, neun Wochen lang unterwegs gewesen, und

fünfzig Seemeilen von Scilly hatte es mit einem
französischen Privatschiffe gefochten. Es führte vier
und zwanzig Kanonen, und mit den Soldaten wa=
ren in allem achzig Mann an Bord. Abends anker=
ten unsre Engländer bei Asthany, (Albiani?) zwölf
Seemeilen von Bassam. Um diese Zeit handelten
viele holländische Zwischenläufer an der Küste, un=
geachtet ihre Kompagnie ein Privilegium hatte, das
alle andere Schiffe von dem Handel an dieser Küste
ausschloß, und sie berechtigte, allen Privatkauffah=
rern Schiffe und Waaren zum Vortheil der Kom=
pagnie einzuziehen. Die holländischen Kastelle ha=
ben sich oft auch auf verschiedene Weise einiger Zwi=
schenläufer bemächtigt, und sie mit der äussersten
Strenge behandelt. Dieses schrökt sie aber doch
nicht ab; denn sie versehen sich mit behenden Schif=
fen, die der Gesellschaft ihre übersegeln; überdies
sind sie wohlbewaffnet und stark bemannt, und
fechten gewöhnlich sehr hartnäkkig, ehe sie sich er=
geben. Phillipps sagt, er habe vier oder fünf
auf einmal eine ganze Woche lang vor dem Kastell
Mina liegen und handeln gesehen.

Da Phillipps zu Asthany keinen Handel
fand, so gieng er nach dem Vorgebirge Apollonia
hinab, wo ihm aber seine Hoffnung noch einmal
fehlschlug; denn es ließ sich kein Kahn bei ihnen
sehen, worüber sie sich um so mehr wunderten, weil
diese zwei Orte ehmals wegen ihres vielen und
sehr guten Goldes berühmt waren. Am 13ten an=

terten sie an dem Vorgebirge Afim, ungefähr
zwei Meilen von dem holländischen Fort; am fol=
genden Tage kam der holländische Faktor Rawlif=
son an Bord, um etwas neues aus Europa zu er=
fahren. Sie baten ihn zum Mittagessen, welches
er auch annahm, und sich den Wein so schmekken
ließ, daß er endlich zu tanzen und zu singen an=
fieng. Seine Lustigkeit wurde aber bei Erblikkung
eines grossen mit zwölf Mann besezten Kahns,
das von Osten kam, plözlich erstikt; über welche
schnelle Veränderung sich Philipps nicht wenig
verwunderte. Um ihm nun seine Angst zu benehmen,
erbot er sich, auf den Kahn zu feuern, wenn er
etwas Böses davon befürchtete. Er verbat sich
aber, und sprang sogleich in einen kleinen Kahn,
der an der Schiffsseite Fische verkaufte, legte sich
auf den Bauch, und ließ die Leute, so schnell als
sie konnten, gegen Westen zurudern, und kam auf
einem grossen Umwege ungefähr eine Viertelstunde
von dem Kastell ans Land.

Phillipps erfuhr hernach, daß diese Eilfertig=
keit von der Besorgniß entstanden sei, der Kahn
möchte von dem Kastell Mina gekommen seyn,
und den Fiskal gebracht haben, welches ein Be=
bienter in den holländischen Faktoreien ist, der alle
holländische Kastelle, die auf der Küste sind, besu=
chen, und nachsehen muß, wie die Regierung ver=
waltet wird, und ob die Faktore, ihren Pflichten
zuwider keinen heimlichen Handel treiben. Zu die=

fer Abſicht bedient er ſich eben ſo vieler Liſt und
Strenge, als der älteſte und ſtrengſte Güterbe‑
ſchauer in dem Haven von London; denn ſobald er
nur das geringſte entdekt, nimmt er nicht nur alle
Kontrebandgüter weg, ſondern bemächtigt ſich auch
alles Goldes, welches der Faktor zum Beſten der
Kompagnie in ſeiner Verwahrung hat, und führt
ihn ſelbſt nach Mina, wo er ins Gefängniß geſezt,
und noch am gelindeſten geſtraft wird, wenn er,
nach einer groſſen Geldbuſſe, als gemeiner Soldat
die Muskete tragen, und Wache ſtehen muß. Sein
Plaz wird dann ſogleich durch einen andern erſezt.
Auf ähnliche Art wird er auch beſtraft, wenn er
etwas in ſeinem Amte als Statthalter vernachläſ‑
ſigt, z. B. wenn er auswärts ſchläft, oder ſchwar‑
ze Weibsperſonen bei Nacht einläßt. Ohngeachtet
dieſes in den engliſchen Kaſtellen ſehr gebräuchlich
iſt, thun es doch die Holländer ſelten oder niemals,
ob ſie gleich insgeſammt eben ſo wohl als die Eng‑
länder ſchwarze oder Mulattenweiber haben, die
ſie nach Belieben wechſeln. Aus dieſer Urſache iſt
ihnen der Fiskal ſo fürchterlich.

Der groſſe Kahn kam bald darauf an das
Schiff, und brachte den Kellermeiſter Frank von
dem Kap Koaſtkaſtelle, der von den Agenten
der Kompagnie daſelbſt geſchikt wurde, ihre Briefe
und Pakete abzuholen.

Rawliſſon ſchikte bald nach ſeiner Ankunft
am Ufer einen Kahn auf Kundſchaft aus, und als

er dadurch seinen Irrthum erfuhr, verbannte er seine Furcht, und machte sich noch einmal mit den
Engländern lustig. Sie hatten ihn also wieder am
Borde, wo er bis spät in die Nacht blieb, und
mit Wein und Punsch wohl angefüllt ans Ufer zurük geführt wurde. Ehe er aber Abschied nahm,
mußten ihm Bukerige, Schurley und Phillipps
versprechen, am folgenden Tage in seinem Fort
mit ihm zu speisen. Sie giengen also dahin, und
wurden beim Aufsteigen von Rawlisson's Gehülfen, einem jungen französischen Arzte empfangen,
der sie bis an das Kastellthor führte, wo sie von
dem Faktor selbst, unter dem Donner von neun
Kanonen, empfangen wurden. Vor dem Essen
machten sie einen Spaziergang um das Kastell herum. Unter andern wurden sie bei Tische mit Enten, Schöpsenfleisch, Fischen u. s. w. bewirthet.
Phillippsen schmekte aber ein Pudding, der mit
Orangensaft und Zukker von dem französischen Arzte
zugerichtet war, am besten; allen Getränken aber
zog er den Kokoro vor, welches eine Art von
Palmwein ist, und wie dikke Molken aussieht.
Nach seiner Meinung schmekte er wie Meth, oder
weisser Florentinerwein. Nach der Mahlzeit wurden sie zu einem Spaziergange nach einem Orte
eingeladen, wo die Negern zu tanzen pflegen. Es
ist dies ein Plaz ungefähr eine Viertelstunde von
dem Fort unter zwei sehr grossen Baumwollenbäu-
men, woraus die Negern ihre Kähne machen.

Nachdem man Sizze und Getränke dahin gebracht hatte, fanden sich auch die Musikanten ein, welches drei Eingebohrne waren, die eben so viel hohle Elefantenzähne hatten, mit denen sie ein schrökliches Gebrüll machten; ein anderer begleitete diese Musik mit einem Stük Erz, worauf er mit einem Stekken schlug. Hierauf kam Rawlisson's Frau, eine artige junge Mulattin; sie hatte einen reichen seidenen Zeuch um den Leib, und eine seidene Müzze auf dem Kopf, unter welcher ihr Haar wohlgekämmt herunter hieng. Sie wurde von einigen andern Frauen begleitet, welches junge Negerinnen von ungefähr dreizehn Jahren waren. Als die Engländer sie gegrüßt hatten, fiengen sie wechselsweise an zu tanzen, wobei sie mit ihren Armen, Schultern und Köpfen seltsame und lächerliche Gebärden machten; die Füsse thaten aber das wenigste. Der Anfang ihres Tanzes war sanft, nach und nach aber verstärkten sie ihre Bewegungen immer mehr, bis sie am Ende ganz wüthend und ausser sich zu seyn schienen. Es kamen noch verschiedene andere Weiber zum tanzen, worunter sich zwei befanden, deren jede einen Kinnbakken von einem Manne an dem hölzernen Handgriffe ihres Schwerdts, das in ihrem Gürtel stak, geknüpft hatte. Diese Beine, worauf sie sich viel einbildeten, waren, nach ihrer Erzählung, von zwei grossen Kriegern, die sie im Gefechte getödtet hatten. Nachdem sie dieses Schauspiels müde waren, nahmen sie Abschied, und giengen an Bord.

Die Negerstadt besteht aus ungefähr hundert

Häusern oder Hütten, und liegt dicht an dem Ufer des
Flusses, der sich nahe bei dem Kastell in die See
ergießt; an der Mündung desselben ist der Landungsplaz. Phillipps sah an dem Ufer dieses
Flusses über hundert Männer und Weiber mit Waß-
sereimern, welche Sand und Koth wuschen, um
Goldkörner darin zu suchen. Weil aber hier nichts
mit dem Handel zu thun war, so giengen sie am 16ten
nach dem Dreispizzen-Kap unter Segel. Mittags waren sie bei einer andern brandenburgischen
Faktorei, und gegen Abend kamen sie in Diksko-
ve ungefähr drei Seemeilen ostwärts von dem Vorgebirge der drei Spizzen, vor Anker. Hier ist der
beste und leichteste Landungsplaz aller englischen
Faktoreien auf der ganzen Küste.

An diesem Orte baute Bukerige ein kleines Fort
auf einen grossen flachen Felsen, ungefähr eine halbe
Meile ostwärts von der Stadt. Es war damals noch
nicht halb fertig, und wenige kleine Kanonen, die
auf dem Felsen unter dem offenen Forte gepflanzt
standen, waren seine einzige Vertheidigung. Die
Stadt ist ziemlich groß. Da sich aber keine Handlung zeigte, so verliessen sie den Ort, und waren am
folgenden Tage zu Tagaratha, (Takora?) am
lezten Orte, der ihnen von der Kompagnie auf der
Goldküste angewiesen war, um ihre Ladung abzu-
sezzen. Hätten sie übrigens dieser Verordnung pünkt-
lich nachleben wollen, so würden sie das meiste
wieder mit sich nach Hause haben nehmen müssen,

weil jeder bei drei tauſend Pfund Windwärtsladung
mit ſich führte, wovon ſie bei ihrer Ankunft in dieſer Gegend noch nicht zwei hundert Pfund verkauft
hatten, ſie waren alſo genöthigt, ihre Verhaltungsbefehle zu überſchreiten. Nachmittags ankerten ſie
auf der Rhede von Sukkonda ungefähr zwei Meilen
vom Ufer. Auf der Spizze daſelbſt ſteht ein kleines
holländiſches Fort, das den Landungsplaz beſtreicht,
und etwas höher, als das engliſche Kaſtell iſt,
das einen Kanonenſchuß weit davon liegt.

Am 20ſten gieng Phillipps mit dem Hauptmann Schurley, nahe bei dem engliſchen Kaſtelle
ans Ufer, wo ſie den Herrn Johnſon wahnſinnig
fanden, weil er ſich eine Beleidigung, die ihm von
dem Kaufmann Vanhukeline in dem Kaſtell Mina angethan worden war, übermäſſig zu Gemüthe
gezogen hatte. Die Geſchichte iſt folgende. Eine
bekannte Negerinn, Namens Taguba, in der
Stadt vom Kap Koaſt, wurde von einem Soldaten
in dem Kaſtelle geſchwängert, und kam mit einem
Mulattenmädchen nieder. Als dieſes Mädchen eilf
Jahre alt war, ſo wollte ſie dieſer Johnſon, der
damals Faktor zu Kap Koaſt war, zur Frau nehmen. Weil er nun um dieſe Zeit als Oberfaktor
nach Sukkonda kam, ſo nahm er dieſes Mädchen
mit ſich, damit ſie ſo lange bei ihm leben möchte,
bis ſie das gehörige Alter erreicht hätte. Er begegnete ihr ſehr zärtlich, und hatte zwei oder drei
Jahre viel Vergnügen in ihrem Umgange. Als ſie

aber herangewachſen, und ein ſehr artiges Mäd=
chen geworden war, beſtach Vanhukeline ihre
Mutter Taguba, und beredete ſie, unter dem
Vorwande, ihre Tochter zu beſuchen, nach Suk=
konda zu gehen, ſie ans Ufer zu bringen, und in
einem bereit ſtehenden ſchnellen Kahne zu entführen.
Die Mutter gieng hin, und da ſie vom Johnſon,
der nichts böſes vermuthet hatte, gütig aufgenom=
men wurde, ſo machte ſie mit ihrer Tochter einen
Spaziergang. Als ſie nun dem beſtimmten Plazze
nahe gekommen waren, zogen die Schiffsleute das
Mädchen mit Gewalt in den Kahn, und ihre Mut=
ter folgte nach. Sie wurden nun beide zum Van=
hukeline geführt, der ſich ſeine Beute wohl zu
Nuzzen zu machen wußte. Als Phillipps bei dem
holländiſchen General zu Mina ſpeißte, ſahe er
ſie daſelbſt tanzen. Sie war ſehr ſchön, und führ=
te den Titel: Madam Vanhukeline. Dieſes und
einige andre Zwiſte mit den Holländern hatten ihm
jene Krankheit zugezogen. Nach der Zeit erfuhr
Phillipps, daß die angränzenden Negern auf des
holländiſchen Generals und Vanhukelinens An=
ſtiften das Fort in der Nacht überfallen, und ſich
deſſen bemächtigt, den Faktor Johnſon in Stükke
gehauen, und alle Güter daraus weggeſchleppt hätten.

Am 21ſten ankerten ſie zwiſchen der Spizze
Abady und Schuma, wo einige Kanote an Bord
kamen, mit denen ſie einen guten Goldhandel hat=
ten. Die Negerkaufleute befürchteten aber, die

Holländer möchten ihnen ihre Güter wegnehmen,
welches, wie **Phillipps** erfuhr, schon oft geschehen
war, und zwar nicht nur, wenn sie aus englischen
Kompagnieschiffen, sondern auch aus dem Kastell
zu **Sukfonda** erkauft waren, wovon man erst
kürzlich ein Beispiel hatte.

Die Holländer waren auf dieser Küste überhaupt sehr übermüthig, und bemüheten sich auf alle
mögliche Art, den Handel der Engländer zu zer-
nichten. Wenn sie gewahr wurden, daß die Negern mit den Engländern handelten, so begegneten sie
ihnen sehr strenge. Sie hatten den Engländern
Kommendo entrissen, einen Ort, der zum Goldhandel am bequemsten liegt. Sie behaupten ihn
auch noch immer, obgleich die Agenten der Kompagnie alle Dokumente haben, welche ausser dem
langen Besiz ein unstreitiges Recht darauf zeigen. Auf diese Ansprüche hin, haben es die Engländer schon vor einigen Jahren versucht, den
Ort wieder in Besiz zu nehmen. Als der Ober-
gent in dieser Absicht mit den dazu erforderlichen
Materialien bei dem Kastelle **Mina** vorbeifuhr,
so waren die Holländer so dreiste, verschiedene
Kanonenschüsse auf seinen Kahn zu thun, ob gleich
vorne auf demselben des Königs Flagge aufgesteckt
war. Er sezte aber dessenohngeachtet seine Absicht fort, und fieng an, den Ort zu verschanzen
und zu bevestigen. Ehe sie aber noch hinlänglich
starke Vertheidigungswerke aufführen konnten, wur-

den sie von den angränzenden Negern immer beun=
ruhiget, die von den Holländern gemiethet waren,
und sie mit Waffen und Kriegsvorrath versorgt hat=
ten, so daß sie sich endlich genöthiget sahen, mit
Verlust einiger Mann zurükzuziehen.

Am 22sten lagen sie zwischen den hohen dikken
Klippen von Schuma und Kommendo, von
welchen beiden Oertern sie einen guten Handel hat=
ten. Die Negern waren aber immer in grosser
Furcht vor den Holländern. Am Nachmittag an=
kerten sie an der Spizze Ampeni zwischen Kom=
mendo und Mina, zwei Meilen von der lezte=
ren Stadt. Hier nahmen sie über dreißig Mark
Gold ein, jedes Mark zu acht Unzen Apothekerge=
wicht gerechnet.

Am 25sten giengen sie vor dem Kastell Mina
vorbei, und begrüßten es mit sieben Schüssen. Sie
ankerten zwischen demselben und dem Vorgebirge
Roast, ungefähr eine Seemeile weit von jedem,
wo sie den allerbeßten Handel machten. Am 27sten
ankerten sie auf der Rhede des Vorgebirgs Roast,
und begrüßten das Kastell mit fünfzehn Schüssen,
welches mit eben so vielen dankte. Sie hielten sich
hier 29 Tage auf, indessen der Hauptmann Phil=
lipps das Kastell und die Faktorei, eine der vor=
nehmsten englischen Besizzungen in ganz Guinea,
mit größter Aufmerksamkeit in Augenschein nahm.
Vor ihrer Abreise bewirthete er und Hauptmann
Schurley die Agenten, Faktore und übrigen Offi=

ziere zu Mittage in dem Kastellgarten. Ein jeder
hatte sechs von den Viertelverdekskanonen an das
Land gebracht, wo bei jeder Gesundheit eilf abge=
feuert wurden.

Als sie hier lagen, war der König von Saba
und Nimfa, der General der Akraer, mit zwan=
zig tausend Negern auf ihrem Rükzug von dem Krie=
ge wider den König von Fetu, den sie aus dem
Lande getrieben, und genöthiget hatten, in dem
Kastell Mina Schuz zu suchen. Sie hatten statt
dessen, seinen Bruder zum Könige gemacht, der
ihnen bald nach dem Kap Koasts=Kastelle nach=
folgte, wo er den Fetisch nahm, und erklärte,
daß er ein beständiger Feind seines Bruders seie,
den Engländern stets treu bleiben, und die Akraer
in ihrem Handel nicht stören wolle, welches die
Ursache zum Kriege mit seinem Bruder gewesen
war.

Eines Tages wurde hier eine Heirath geschlos=
sen, deren Geschichte bekannt zu werden verdient.
Der Konstabler des Kastells war seiner Frau über=
drüssig worden; er schaffte sie also geradezu ab,
und nahm sich eine andere, welche die Tochter des
Hauptmanns Amo, eines von den Kaboschir=
ren des Kastells war. Die ganze Zeremonie bestand
blos darin, daß er den Offizieren des Kastells,
und einigen seiner schwarzen Verwandten eine
Mahlzeit, ihr selbst aber ein Kleid gab; worauf
denn die Ehe geschlossen war. Das Mädchen hatte

nicht über zwölf Jahre, sie bezeugte aber wenig Neigung gegen ihren Ehemann, und wollte durchaus nicht bei ihm schlafen. Darüber war nun der Konstabler so böse, daß er mit ihr zu zanken anfieng; dies rauhe Mittel wollte aber nichts helfen; er kaufte hierauf von dem Schiffe vier Ellen geblumten Seidenzeug, den er ihr zu einem Kleide zu geben versprach, wenn sie sich ihm gefällig bezeigen würde. Die Schönheit des Zeugs stach dem Mädchen in die Augen, und alle Schwierigkeiten waren auf einmal gehoben; denn am folgenden Morgen erschien die Frau in ihrem seidenen Zeuge, und beide waren gute Freunde.

Nachdem die Engländer ihre Ladung ans Land gebracht hatten, so verließ Phillipps am 24sten April das Vorgebirge Roast. Auf dem Wege nach dem Schiffe überfiel ihn ein stärker Tornado. Am 26sten segelten sie bei Mauri, oder dem Forte Nassau vorbei, welches die Holländer ungefähr eine Seemeile weit von dem Vorgebirge Roast besißen. Es stand hoch, und sah wie ein neues Vestungswerk von sechzehn oder zwanzig Kanonen aus. Um neun Uhr giengen sie bei Anischen vorbei, wo die Kompagnie eine kleine Faktorei hat, welche ein Haus mit einem Strohdache ist. Eine Stunde darauf kamen sie zu Anamabo an, welches eine halbe Meile von Anischen entfernt ist.

Nachdem Phillipps das Kastell mit sieben Kanonen begrüßt hätte, gieng er ans Ufer, um von

dem

dem Faktor, Herrn Searl, das Korn zu verlan=
gen, welches ihm von den Kaufleuten zu Kap=
Roast angewiesen war. An Herrn Cooper zu
Aga, eine halbe Seemeile ostwärts von Anama=
bo hatte Phillipps die nämliche Anweisung. Bei=
de speißten sammt ihren Frauen, welches Mulat=
tinnen waren, bei ihm am Borde. Die Art, wie
die hiesigen Europäer solche Mulattinnen heirathen,
gefiel dem Hauptmann Phillipps nicht übel,
denn, sagt er, sie können ihre Weiber fortschikken,
und nach Belieben wieder andere nehmen. Dies
macht denn, daß sie alles anwenden, ihre Männer
bei gutem Willen zu erhalten. Sie waschen ihnen
ihr Leinen, reinigen die Zimmer u. s. w. und ihr
Unterhalt kostet wenig oder gar nichts.

Bei ihrem dasigen Aufenthalte besuchte sie Herr
Faslemann, der holländische Statthalter in dem
Kastelle Kormantin, sehr oft, und gab ihnen
auch einmal eine prächtige Mahlzeit in seinem Ka=
stelle. Es ist dies ein artiges Fort von ungefähr
zwanzig Kanonen, das etwas höher, als das eng=
lische, und eine Seemeile davon nach Osten ent=
fernt liegt. Phillipps bekam hier von den Fakto=
ren zwei schwarze Knaben geschenkt; zu Kap
Roast hatte man ihm ein ähnliches Präsent ge=
macht. Nachdem die Hauptleute Schurley und
Phillipps jeder hundert und achtzig Kisten Korn
bei einander hatten, segelten sie weiter. Längs
der Küste trafen sie zwar verschiedene Kähne an,

allein, weil sie sie kein Gold hatten, mochten und konnten sie auch nicht mit ihnen handeln.

Am 4ten ankerten sie zu Winiba, bei dem Faktor Nikolas Bukerige, der ihnen zu ihren Geschäften in Whida einige Kähne versprochen hatte. Sie erhielten deren auch wirklich zwei, jeden mit fünf Mann besezt. Hierauf versahen sie sich mit Wasser, und fällten mit Genehmigung der Königin einen guten Vorrath von Brennholz. Die Königin war ungefähr fünfzig Jahre alt, sehr dik, und glänzend schwarz. Als die Engländer von Bukerige begleitet, zu ihr kamen, trafen sie sie unter einem grossen Baume. Sie war sehr freundlich, und ließ ihre Bedienten vor ihnen tanzen. Gegen Herrn Bukerige, den sie sehr hoch zu halten schien, bezeigte sie sich sehr freigebig mit ihren Küssen. Man beschenkte sie mit Branntwein und Tabak, welches sie mit vielem Dank und Vergnügen annahm. Sie war so zuvorkommend höflich, daß sie einem jeden von ihnen, so lange sie sich aufhalten würden, eine Beischläferin von ihren schwarzen Hofdamen anbot; sie lehnten aber ihrer Majestät Anerbieten bescheiden ab, und schliefen diese Nacht bei Bukerigen am Ufer. Am folgenden Tage mußten sie wegen eines besondern Zufalls, einen Fasttag halten; denn als der Koch das Essen anrichtete, ergriff das Feuer die trokenen Palmzweige, womit die Küche bedekt war, und legte sie in weniger als einer Viertelstunde sammt dem Mit-

tagsmahl in die Asche. Bukerige lebte hier in einem kleinen mit Stroh bedekten Hauße, das keine
andere Vertheidigung als leimernen Wände hatte,
und daher sehr oft in Gefahr stand, von den
Quamboern, (Aquamboern) zerstört und aus-
geplündert zu werden. Dieses innländische Volk
streift oft gegen die Seeseite hin, um Beute zu machen, und hatte den Faktor schon einigemal mit
einem Ueberfalle bedroht. Die Königin versicherte
ihn zwar, sie wollte eher ihr eigenes Leben verlieren,
als zugeben, daß irgend eine Gewaltthätigkeit an
ihm verübt werde. Er verließ sich aber nicht darauf,
sondern war sehr froh, daß die englischen Schiffe
da waren, um sich bei Gelegenheit zurükziehen zu
können. An einem Abende pakte er schon alle Güter zusammen, und kam plözlich an Bord; es war
aber nur ein falscher Lärm. Er baute hierauf zu
seiner Sicherheit ein vierektes Fort, ungefähr
einen Flintenschuß weit von der See auf einer Anhöhe. Die Mauern wurden acht Fuß hoch aufgeführt, und oben mit Palmzweigen wider den Regen bedekt. Weil er aber wenig Arbeitsleute und
keine Baumaterialien von Kap Koast hatte, so
gieng das Bauen sehr langsam von statten. Die
Mauersteine waren aus schlechtem Zeug gemacht;
der Kalk aber, den er aus Austerschalen verfertigen
ließ, war ein starker Kitt.

Es gab hier eine Menge Geflügel, besonders
viele guineische Hühner. Wilde Rehe sahen sie in

L 2

groſſen Heerden bei fünf hunderten auf einmal, die
aber ſo wild waren, daß ſie keines ſchieſſen konnten. Bukerige erzählte, die Negern pflegten ihnen bei dem Brunnen, wo ſie ſaufen, aufzulauern,
und ſie todt zu ſchieſſen. Man ſchikte ſelbſt die beiden Konſtabler, die in England alte Wilddiebe geweſen waren, auf die Rehjagd; ſie kamen aber
am folgenden Tage wieder unverrichteter Sache zurük. Paviane, die ſo groß als Schäferhunde ſind,
trifft man in Heerden zu fünfzig und hunderten an.
Sie ſind beſonders den Frauenzimmern gefährlich;
denn der Verfaſſer verſichert, daß ſie ſich deren bemächtigen, und ſie zu Tode ſchänden. Bukerige
hatte hier einen guten Goldhandel. Man ſucht
hier auch die nämlichen Waaren, wie an der Goldküſte windwärts. Am 9ten giengen ſie mit Bukerigen nach Akra unter Segel, wo ſie am 12ten
anlangten. Hier gab ihnen der Faktor John
Bloome das übrige Korn. Sie nahmen es an
Bord, füllten etwas Waſſer, und machten einen
guten Handel, welches ſie aufmunterte bis am
17ten da zu bleiben. In dieſer Zeit nahmen ſie
vierzehn Mark Gold ein, und vom Kap Roaſt
bis dahin hatten ſie auch dreizehn Mark eingenommen. Was ſie von ihrer Windwärtsladung unterbringen konnten, trug auf Rechnung der Kompagnie, und der Eigenthümer des Schiffs in allem
hundert und dreizehn Mark Gold ein. Phillipps
kaufte von dem Neger-General, der ſich des däniſchen Forts bemächtiget, und den General gezwun-

gen hatte, zu den Holländern zu fliehen, einen
Kahn für fünf Mann. Er hatte seinen Gehülfen
und verschiedene von den Soldaten getödtet, und
handelte hierauf mit den Zwischenläufern, die er
mit Wasser, und andern Nothwendigkeiten versah,
welche sie sonst nirgends, als zu St. Thomas
oder auf der Prinzeninsel bekommen konnten. Bei
der Eroberung des Kastells waren viele Güter,
und über fünfzig Mark Goldes darin, wie Phillipps von dem dänischen General erfuhr, der die
Holländer bald verließ, und zu dem Kap Koast
Kastelle kam. Weil derselbe nun dort keine dänische Schiffe fand, nahm er Phillippsens Anerbieten an, ihn umsonst mit nach Europa zu nehmen.
Er war aber sehr in Sorgen, man würde ihn in
Dännemark wegen des verlornen Kastells zur Verantwortung ziehen. Das Fort wurde nämlich durch
eine Partei Negern, die sich insgeheim gewaffnet,
und unter dem Vorwand zu handeln, hineingekom-
men waren, weggenommen. Denn da ihnen der
Faktor die Waaren zeigte, brachten sie ihn um,
und vertheilten sich schnell, um sich der Uebrigen
zu bemächtigen. Eine andere Partei lag ausserhalb
versteckt, um ihnen auf das gegebene Zeichen beizustehen. Als der General den Lärmen hörte, kam er
mit dem Degen in der Hand aus seinem Zimmer,
wo er sogleich von zwei Negern angefallen wurde.
Er vertheidigte sich zwar eine Zeitlang sehr tapfer,
und rief um Hülfe; da aber Niemand kam, und
immer mehrere Negern hineindrangen, so sprang

er zu einem Fenster hinaus, und floh zu den Hol=
ländern. Er hatte schon verschiedene Wunden be=
kommen, wodurch ihm ein Arm gelähmt wurde.

Dieser Neger-General, der nunmehro Statt=
halter geworden war, ließ die Herren Bloome,
Bukerige, und den Hauptmann zum Essen einla=
den. Sie nahmens an, und wurden alsbald in
Hängematten abgeholt. Die Wache an dem Thore
forderte ihnen ihre Degen ab; da sich aber Phil=
lipps nicht dazu verstehen wollte, so wurde es au=
genbliklich dem General berichtet. Dieser erschien
jezt selbst, und gab ihm zu verstehen, daß es nun
einmal so eingeführt sei. Phillipps versezte, die=
ses könnte seyn, es wäre aber ganz gegen die Ge=
wohnheit der englischen Befehlshaber, um irgend
einer Ursache willen ihre Degen abzulegen. Als der
General seinen Ernst sah, schien er darüber ver=
gnügt zu seyn, und legte ihnen weiter keine Hin=
dernisse in den Weg. Er führte sie nun in seinen
Speisesaal, zu welchem man eine Leiter hinaufklet=
tern, und durch ein Loch hineinkriechen mußte. Als
sie darin waren, trank er ihnen zu, und ließ alle
Kanonen des Forts abfeuern. Ungefähr eine Vier=
telstunde nach ihrer Ankunft nahm Phillipps aus
freiem Willen seinen Degen, und gab ihn seinem
Bedienten zu halten, welches der König sehr gnä=
dig aufzunehmen schien. Sie wurden mit Punsch
und Speisen sehr reichlich bewirthet; leztere waren
recht gut zubereitet, denn der Statthalter hatte

einst in einer englischen Faktorei als Koch gedient;
er gieng sehr oft in die Küche, und ordnete alles
selbst an, ob er gleich bei der Tafel im größten
Staate war, und an jeder Seite einen Neger-Kna-
ben mit einer Pistole zur Wache hatte. Er trank
sehr oft des Königs von England, der afrikanischen Kompagnie und seiner Gäste Gesundheit unter Abfeurung der Kanonen, deren über zwei hundert bei ihrem Dasein gelößt wurden. Die Flagge,
die er fliegen hatte, war weiß, mit einem in die
Mitte gemalten schwarzen Manne, der einen Säbel schwang. Das Kastell war alt, und sehr bau-
fällig, es hatte sechzehn Kanonen, die aber nicht
in dem besten Zustande waren. Es liegt vier Meilen ostwärts von dem englischen Kastell. Auf ihrem Heimwege schlugen sie vier Hasen, deren es
hier eine grosse Menge giebt, mit Käulen todt.
Herr Bloome hatte einen kleinen Wachtelhund,
der drei bis vier in einer Stunde brachte. Sie waren aber nicht recht schmakhaft. Am folgenden Tag
kamen zwei dänische Schiffe an, jedes von sechs
und zwanzig Kanonen, die in der Absicht geschikt
waren, mit dem Neger-General wegen der Uebergabe des Forts zu handeln. Zu diesem Ende hatten
sie schon einen Statthalter, Soldaten, Lebensmittel, Kriegsvorrath, Kaufmannswaaren, u. s. w.
bei sich. Er machte aber in Phillippsens Anwesenheit zu grosse Forderungen. Nachher erfuhr man,
daß ihnen das Fort übergeben, und ein Instru-
ment unterschrieben worden sei, daß man alle For-

derungen wegen Schadenersazzes von Seiten des
Neger = Generals und seiner Mitgenossen fahren
lassen, und bei Uebergabe desselben noch fünfzig
Mark Gold an ihn bezahlen wolle. Nachdem sie
damit in Richtigkeit waren, und wieder von dem
Kastell Besiz genommen hatten, giengen sie nach
Whidah, Sklaven zu kaufen. Als sie aber von
da aus ihre Reise nach Westindien antraten, und
bei der Prinzeninsel einliefen, um Wasser zu schö=
pfen, wurden beide Schiffe von dem Seeräuber
Avery angefallen, überwunden, geplündert und
verbrannt. Dies war das Ende ihrer unglüklichen
Reise. Der arme dänische General war auch, wie=
wohl nicht ohne Widerstreben, von Phillippsen
weg, und an Bord seiner Landsleute gegangen,
denn er war in stäter Furcht, man möchte ihn in
Dänemark hart behandeln; diesem aber war Avery
zuvorgekommen.

Hier starb endlich Hauptmann Schurley,
nachdem er lange an einem Durchlauf krank gewe=
sen war. Er wurde in dem Kastell Akra auf mili=
tärische Art begraben. Während sein Körper an
das Ufer gebracht wurde, feuerte sein Schiff die
ganze Zeit über mit allen Kanonen. Bloome,
Phillipps, Bukerige und das Haupt der hol=
ländischen Faktorei hielten das Leichentuch. Als
er eingesenkt war, feuerte sein Schiff dreissig, der
Hannibal sechs und zwanzig, das Fort Akra
zwanzig, und das holländische und Neger = Fort

jedes fechzehn Kanonen ab. Er hinterließ kein Te=
ftament, und wollte es fehr übel nehmen, als
Phillipps ihn daran erinnerte. Die Führung des
Schiffs überließ er feinem Oberfteuermann Clay.
Die Beforgung feines eigenen Nachlaffes hatte er
feinem Buchhalter Price anvertraut.

In diefem Theile von Guinea giebt es die mei=
ften Löwen, Tiger, Zibetkazzen und andre wilde
Thiere. Bloome hatte dem Herrn Ronan in Kap
Roaft einen jungen zahmen Tiger (?) gefchikt,
und diefer machte hernach Phillippfen ein Ge=
fchenk damit, der ihn in einem hölzernen Kaften
am Borde behielt, und ihn mit Gedärmen von Vö=
geln und andern Abgängen füttern ließ, weil er
nichts als Fleifch fraß. Das Wunderbarfte war,
daß er gegen alle Weiße fehr freundlich war, denn
fie konnten durchs Gitter mit ihm fpielen; fobald
er aber einen Neger zu Gefichte bekam, wurde er
böfe. Phillipps verfichert, er habe ihm oft die
ganze Hand in feinen Rachen geftekt, und ihn bei
der Zunge und den Tazzen gefaßt, ohne daß er
ihm das geringfte zu Leide gethan hätte. Er
fpielte fehr muthwillig, und hatte es fehr gerne,
wenn man ihn ftrich. Er war fehr niedlich wie
ein Leoparde gefprenkelt, und von der Größe ei=
nes Windfpiels, auch eben fo fchlank an Beinen
und Körper. Phillipps hatte auch zwei Zibet=
kazzen gekauft, die vollkommen den Füchfen gli=
chen, nur daß fie von einer hellgrauen Farbe wa=

ren. Diese wurden ebenfalls in hölzernen Käſten
aufbewahrt, und mit Mehl und gekochtem Waſſer
ernährt, ihr Geruch war aber ſo ſtark, daß man
kaum einen Augenblik bei ihnen ausdauern konnte.
Sie kauften auch einem holländiſchen Interloper,
der von Angola kam, wo die beſten Papagaien
ſeyn ſollen, einige Meerkazzen, Paviane und Papagaien ab. Am 16ten wurde ihnen durch einen
heftigen Tornado ihr beßtes Ankerſeil und ihr
Stromtau zerriſſen. Als ſie am folgenden Tag ihren beßten Anker lichten wollten, riß ihr groſſes
ſechzehn Zoll dikkes Tau, das ganz neu und vorher noch nie ins Waſſer gekommen war. Der Thon-
artige Grund nöthigte ſie, Morgens und Abends
den Stromanker zu lichten, damit er ſich nicht ſo
veſt ſezte, weil ſie befürchteten, ſie möchten ihn
nicht wieder herausbringen. Die meiſten Schiffe
mußten hier, wie Phillipps, ihre Anker dahin-
ten laſſen. Da er nun wieder unter Segel gieng,
trieb ihn der Strom, alles Gegenſtrebens ungeachtet vier Meilen oſtwärts von Akra. Am 18ten
befanden ſie ſich neben dem Fluſſe Volta. Als ſie
am 19ten bei der Küſte Alampo waren, brachte
man ihnen in einem Boote drei Weiber und vier
Kinder zu kaufen, die ſo ausgehungert waren, daß
ſie nicht einmal ſtehen konnten. Der Schiffer in
dem Kahne verſprach den Engländern zwei bis dreihundert Sklaven zu bringen, wenn ſie ſich einige
Tage an dem Ufer aufhalten wollten. Sie lehnten
aber ſein Anerbieten ab, weil ſie von der gebrach-

ten Probe auf die Uebrigen schlossen, und überdieß
einem Volke nicht trauten, wo sie nicht zu handeln
pflegten, und auch keine Faktorei hatten.

Phillipps macht die Bemerkung, daß die hie=
sigen Einwohner für die untauglichsten und den
Auswurf von allen, die man nach Westindien
bringt, gehalten und am schlechtesten bezahlt
werden. Er weiß aber keine Ursache davon anzu=
geben; denn sie scheinen eben so frisch und stark zu
seyn, als die übrigen Negern. Der einzige Unter=
schied, den er wahrnahm, ist der, daß sie nicht
so schwarz und durchgängig beschnitten waren, wel=
ches er sonst auf der ganzen Küste bei keinen Ne=
gern bemerket hatte. Die von der Goldküste oder
Kormantiner werden zu Barbados sehr gesucht,
wo einer drei bis vier Pfund mehr gilt, als die
Whidah= oder Papanegern. Geringer als die=
se sind die Negern von Angola, und noch geringer
die vom Alampo, welche man für die schlechte=
sten hält.

Am 20sten kamen sie zu Whidah *) oder
Quedaw an, welches ungefähr sechzig Seemeilen
von Afra gegen Osten liegt. Am folgenden Tage
giengen die beiden Hauptleute von ihren Aerzten
und Buchhaltern, und zwölf bewaffneten Seeleuten
begleitet ans Ufer, um sich daselbst so lange auf=

*) Der wahre Name ist Siba oder Sidaw, aus dem
die Franzosen Juda machen.

zuhalten, bis sie dreizehnhundert Sklaven, näm=
lich sieben hundert für den Hannibal, und sechs
hundert und fünfzig für den ostindischen Kaufmann,
worüber sie mit der Kompagnie einig wurden, zu=
sammengekauft hätten. Sie brachten aber bei neun
Wochen damit zu.

Weil die Faktorei ungefähr drei Meilen von der
Seeseite lag, so schikte ihnen der Faktor Joseph
Pierson Hängebetten, deren sie sich bei der Lan=
dung bedienen konnten, und einige bewaffnete Ne=
gern zu ihrer Wache. Diese Hangebetten sind an
eine Stange gebunden, deren Enden von zwei Ne=
gern, die sehr schnell damit laufen, auf den Kö=
pfen getragen werden. Diese Art zu reisen ist
hier sehr gewöhnlich. Die Faktorei ist auf einem
ungesunden, morastigen Boden erbaut; sie war
aber dem Hauptmann zu Beherbergung seiner Gü=
ter sehr nüzlich, weil sie spät an das Ufer kamen,
und nicht in die Residenz des Königs, wo er ein
Waarenhaus hatte, gebracht werden konnten. Denn
ausserdem würden sie in Gefahr gewesen seyn, von
den Negern, die sie trugen, geplündert zu werden;
denn sie stahlen die Kauris sogar bei Tage, so
sehr die Weissen auch darauf Achtung gaben. Sie
hatten Keile, womit sie die Faßstäbe von einander
trieben, und die Schalen herausfallen liessen; wenn
aber einer von den Weissen dazu kam, zogen sie
den Keil heraus, und alles schien wie vorhin ver=
wahrt zu seyn. Diese Träger hatten stets die Wei=

ber und Kinder bei sich, die ihre Beute wegbrin-
gen mußten. Die Weissen beklagten sich zwar oft
bei ihrem Könige darüber; sie konnten aber ihre
alte Gewohnheit nicht lassen, ob sie gleich mehr-
mals darüber geprügelt, und viele von ihnen ver-
jagt wurden. Die Faktorei that ihnen auch wegen
ihrer bequemen Lage gute Dienste, indem sie hier
die Sklaven aufbewahren konnten, wenn die Kähne
wegen des schlimmen Wetters, oder bei allzuhoher
See nicht im Stande waren, an das Ufer zu kommen, und sie abzuholen; so daß sie zuweilen hundert von beiderlei Geschlecht darin beisammen hatten. Es ist aber hier wegen der nahen Sümpfe,
die einen häßlichen Geruch ausdünsten und eine
unendliche Menge Muskitos hervorbringen, sehr
ungesund zu leben; ja man sieht sich vor Schla-
fengehen genöthigt, Laudanum oder ein anderes
Opiat einzunehmen, damit man nur die Qual dieser Insekten etwas weniger fühlen, und einschla-
fen möge. Phillipps war auch wirklich in der ersten Nacht, die er hier zubrachte, noch keine halbe
Stunde in des Faktors Bette gelegen, als er von
diesen Thierchen so gemartert wurde, daß er genöthigt war, aufzustehen, sich anzukleiden, Hand-
schuhe anzuziehen, und ein Schnupftuch über das
Gesicht zu dekken; wobei er aber vor ihren Stichen
noch nicht ganz sicher war.

Pierson, ein munterer Mann, galt viel bei
dem Könige, und stand auch beim Volke sehr in

Anſehen; denn da er ihre verzagte Gemüthsart
kannte, ſo wußte er ſie bald ſtrenge bald freundlich
zu behandeln, je nachdem es die Umſtände erfor=
derten. Viele von ſeinen zur Faktorei gehörigen
Sklaven waren Negern von der Goldküſte, die ſehr
tapfer und kühn ſind. Sie waren ihm auch ſehr
ergeben, und zehn von ihnen würden vierzig der
beſten Whidahſchen zurükgeſchlagen haben.

Von der Faktorei bis zur Königsſtadt ſind es
vier Meilen durch ſehr angenehme Felder, voller in=
diſchen und guineiſchen Korns, Patatoes, und
Yams, wovon ſie jährlich zwei groſſe Aerndten ha=
ben. Auf dem Wege trift man verſchiedene kleine
Dörfer an, die von den Negern Krums genannt
werden, und deren jedes einen Hauptmann hat.
Wenige von dieſen Häuſern ſind über fünf Ellen
hoch, und keines hat eine Oeffnung, um das Ta=
geslicht einzulaſſen, als das Haus des Haupt=
manns, das ſich durch ein zu dieſem Zweck beſtimm=
tes Loch auszeichnet. Dieſe Wohnungen enthalten
gewöhnlich nur einen Saal, wo ſie auf der bloſſen
Erde mit einander eſſen und ſchlafen. Die Kabo=
ſchiren oder Edelleute haben eine Matte unter ſich,
und einen Stein oder hartes Bündel zu einem
Küſſen.

Gleich bei ihrer Landung ließ ſie der König
durch zwei von ſeinen Edelleuten bewillkommen;
ſie hingegen ſchikten ebenfalls einen von ihren Leu=
ten ab, um ſich auf den folgenden Tag bei dem

König anzusagen. Er war aber nicht damit zufrieden, sondern schikte noch zwei andere seiner Grossen
ab, sie auf denselben Abend einzuladen. Diese Abgeordnete fügten hinzu, daß noch jedesmal alle
Kapitaine dem König am ersten Abend aufgewar-
tet hätten. Da sie es nun mit Sr. Majestät nicht
gerne verderben wollten, so wurden alle, die gelandet hatten, nebst Pierson nach des Königs
Residenz gebracht.

An dem Thore des Pallasts standen einige Kaboschiren, welche sie mit den gewöhnlichen Zere-
monien empfingen, indem sie erst in ihre eigenen
Hände klopften, dann die der Fremden ergriffen und
herzlich schüttelten. Da sie in den Hof des Pallasts traten, so fielen alle Vornehme bei der Thüre
des Zimmers, wo der König war, auf die Knie,
klatschten in die Hände, stiessen mit der Stirne auf
die Erde, und küßten dieselbe, welches sie dreimal
wiederholten. Dieses war die gewöhnliche Zeremonie, wenn sie den König sahen.

Seine Majestät standen hinter einem Vorhan-
ge, und winkten den Engländern, worauf sie sich
dem Throne näherten, der aus Thon bestand, und
ungefähr zwei Fuß von der Erde erhoben, und sechs
Fuß ins Gevierte mit alten schmuzzigen stets zuge-
zogenen Vorhängen umgeben war, weil der König
den Kaboschiren nicht erlauben wollte, sein Ant-
liz zu sehen. Er hatte einige kleine Negerkinder bei
sich, und rauchte aus einer langen hölzernen Ta-
bakspfeife, deren Kopf mehr als eine Unze zu hal-

ten schien. Er saß auf dem Thron, und hatte eine Flasche Branntwein neben sich stehen. Sein Kopf war mit einer Rolle groben Kaliko umwunden, und sein Kleid war ein flüchtiger rother damastener Rok. Er zeigte auch Rökke und Mäntel von reichem Silber und Gold, welche ihm, wie er sagte, weiße Kapitaine, die hier handelten, geschenkt hätten. Schuhe und Strümpfe trug er aber nie.

Als sie ihn gegrüßt hatten, nahm er sie bei der Hand, und sagte: „Er liebe die Engländer herzlich, und es freue ihn, sie wohl zu sehen, er betrachte sie als seine Brüder, und wolle ihnen, wo er nur könne, nüzlich seyn." Sie dankten ihm durch seinen Dollmetscher, und versicherten ihn von der Zuneigung der englischen Kompagnie, welche, ohnerachtet es noch an vielen Orten Negern gäbe, die um ihre Kundschaft buhlten, alle Anerbietungen ausgeschlagen, und sie hieher geschikt hätte mit ihm zu handeln, und sein Land mit allen Nothwendigkeiten zu versehen. Sie hofften daher, er würde ihnen so schnell als möglich ihre Ladung Sklaven verschaffen, weswegen sie hauptsächlich diese Reise unternommen hätten, und seine Raboschiren anhalten, daß sie den Preis nicht übersezten; sie würden ihren Herren alles getreulich wieder erzählen, wenn sie nach England zurükkämen. Er antwortete, die afrikanische Kompagnie wäre ein braver Mann; er liebte ihn, und wolle aufrichtig

tig mit ihm handeln. Auf sein Versprechen durfte
man sich aber nicht sehr verlaffen; denn ungeach=
tet ihm seine Kaboschiren soviel Ehrerbietung er=
wiesen, durfte er doch nichts thun, als was ihnen
gefiel.

Sie mußten sich jezt auf eine Bank neben ihn
sezzen. Hierauf trank er Branntwein und Pitto
auf die Gesundheit seines Bruders des Königs von
England, auf den Flor der afrikanischen Kom=
pagnie, und auf die Ankunft des Kapitains. Pit=
to ist ein angenehmes Getränk aus indischem Korne,
das in Wasser eingeweicht wird; es hält sich drei
Monate, und ein Nössel (Schoppen) kann einen Men=
schen betrunken machen. Es hat viel Aehnlichkeit mit
dem englischen Biere. Nach Verlauf einer Viertel=
stunde wurde eine Mahlzeit auf einem kleinen vier=
ekten Tischchen aufgetragen, das mit einem al=
ten Stük Zeuche statt des Tischtuchs, und mit al=
ten geschlagenen zinnernen Tellern und Löffeln ge=
dekt war; auf einem grossen zinnernen Bekken wur=
den Vögel in einer Brühe, und auf einem hölzer=
nen gesottene Potatoes statt des Brodes aufge=
tragen. Servietten, Messer und Gabeln hatten
sie nicht; denn sie zerrissen ihre Speisen mit den
Fingern. Ausserdem waren die Vögel so weich ge=
kocht, daß man sie unmöglich hätte schneiden kön=
nen. Unsre Reisenden hatten wenig Lust zu ihren
Lekkerbissen, doch assen sie aus Gefälligkeit ein Paar
Löffel voll Brühe, die mit Malaghetta und rothem
Pfeffer gewürzt war.

Sie tranken seiner Majestät oft aus einem Ge-
schirre zu, das aus Kokosnußschalen gemacht war.
Das ganze Silbergeschirr, das ihnen zu Gesichte
kam, war ein kleiner silberner Trinkbecher. Er
beugte sich dann allemal gegen sie, küßte seine Hand,
und brach oft in ein erstaunliches Gelächter aus.
Als sie gegessen hatten, gab er mit höchst eigenen
Händen denen neben ihm stehenden Kindern ein
Paar Vögel, und die übrigen seinen Edeln, welche auf ihren Bäuchen herbeikrochen, und die Brühe mit ihren Händen austütschten.

Der König erkundigte sich auch nach dem Hauptmann Schurley, und als man ihm sagte, daß er
zu Afra gestorben wäre, brach er plötzlich in ein
lautes Geschrei aus, rang die Hände, wischte sich
die Augen aus, in denen doch nicht einmal eine
Thräne stand, und sagte: Schurley sei sein beß-
ter Freund gewesen, und man werde ihm gewiß
auf der Goldküste mit Gift vergeben haben. Er
fügte noch weiter hinzu: Kapitain Schurley hätte
ihm Gewehr, Gemälde, seidene Zeuche und noch
andere Dinge mitzubringen versprochen. Da ihm
aber Kapitain Clay bezeugte, sie hätten nichts
dergleichen am Borde, so schien er verdrüßlich zu werden, und erwiederte, er wüßte gewiß, daß Schurley Wort gehalten hätte, da dieser aber gestorben
sei, so werde er es wohl für sich behalten wollen.
Um ihn nun zu beruhigen, versprach ihm Clay
ein Präsent von etlichen Flinten, seidenen Zeu-

gen 2c. zu machen, wozu er sich schon bei der afri=
kanischen Kompagnie versehen hatte. Nachdem sich
der König zulezt noch erkundigt hatte, was sie für
Waaren bei sich hätten, und wieviel Sklaven sie
brauchten, so nahmen die Engländer Abschied.

Am folgenden Morgen brachten sie dem König
allerlei Proben von ihren Waaren, und machten ihr
Palaver oder Vergleich wegen des Preises, wie=
viel sie nämlich von einer jeden Art Güter für ei=
nen Sklaven geben sollten. Dies geschah nicht oh=
ne Schwierigkeit; denn er und seine Raboschiren
forderten sehr viel. Endlich bestimmte man hundert
Kauris für einen Sklaven, wovon der König
vier Prozent bekam. Hierauf wurden ihnen Waa=
renhäuser und Wohnungen sammt einer Küche an=
gewiesen. Keines aber von den Zimmern hatte
Thüren, bis sie selbst welche machten. Am fol=
genden Tage bezahlten sie den Raboschiren den Zoll.
Hierauf ließ man die Glokke herumgehen, um al=
len Völkern Nachricht zu geben, daß sie ihre Skla=
ven nach dem Trunk*) zum Verkauf bringen soll=
ten. Diese Glokke ist von Eisen, in Form eines
hohlen Zukkerhuts, wovon die Höhlung auf fünf=
zig Pfund Kauris halten würde. Sie wurde mit
einem Stekken geschlagen, und gab einen dumpfen
Klang von sich.

So lang ihr hiesiger Aufenthalt dauerte, muß=

---

*) Eine Art von Börse.

ten die Britten täglich beim König frühſtükken; ſie fanden aber immer die nämlichen Gerichte von geſottenen
Vögeln und Potatoes. Er ſchikte ihnen auch täglich ein Schwein, eine Ziege, ein Schaf, oder einen Topf Pitto in ihre Küche, und ſie erwiederten ſeine Höflichkeit mit einigen Flaſchen Branntwein, der ihm am liebſten war. Sie hatten ihren
Koch bei ſich am Ufer, und ſpeißten recht köſtlich,
weil die Lebensmittel überflüſſig und wolfeil waren.
Es ſchlich ſich aber bald ein ſtarkes Fieber unter
ihnen ein, und Phillipps bekam bei dem unleid-
lichen Geſtank der eingeſperrten Sklaven ein ſo hef-
tiges Kopfweh, daß er ſich allemal auf den Skla-
venmarkt tragen laſſen mußte.

Bei dem **Trunk** wurden des Königs Sklaven
zuerſt zum Verkauf angeboten, und die Kaboſchiren nöthigten ſie gewiſſermaſſen, ſelbige zu kaufen,
ehe ſie ihnen einige andere zeigen wollten; denn ſie
ſagten, das wären **Reys Coſa**, und die dürften
nicht ausgeſchlagen werden. Sie waren aber nicht
allein die ſchlechteſten, ſondern auch die theuerſten.
Weil es aber einmal zu des Königs Vorrechten gehörte, ſo ließ ſichs nicht ändern. Darauf brachten die Kaboſchiren ihre Sklaven, jeder nach ſeinem Rang und Stande. Der Wundarzt unterſuchte ſodann ihren Athem und ihre Gliedmaſſen genau; er ließ ſie ſpringen, ihre Aerme hurtig aus-
ſtrekken, und ſahe ihnen in den Mund, um von
ihrem Alter urtheilen zu können; denn ſie werden

alle, ehe sie zu Markte kommen, glatt geschoren
und geputzt, auch wohl mit Palmöle geschmiert,
so daß es schwer ist, einen alten Sklaven von einem aus seinen mittlern Jahren anders, als aus
seinen verdorbenen Zähnen zu unterscheiden. Am
meisten aber wird darauf gesehen, daß man keinen
kauft, der die venerische Krankheit hat, damit die
andern am Borde nicht angesteckt werden. Denn
obgleich die Mannspersonen von den Weibspersonen
durch Breter und Verschläge abgesondert werden,
so finden sie doch immer Gelegenheit, zusammen
zu kommen. Diese Krankheit nennen sie die Yaws,
(Jaus) sie ist sehr gemein unter ihnen. Deswegen
sind die Wundärzte genöthigt, Sklaven und Sklavinnen auf das sorgfältigste zu untersuchen. Wenn man
diejenigen, die einem anstehen, ausgesucht hat,
so kommt man mit einander überein, in welchen
Waaren man selbige bezahlen soll. Da nun der
Preis vestgesezt ist, so macht dies weiter keine Umstände mehr, denn man gibt dem Eigenthümer blos
eine Anweisung auf die Waaren, die er bei Ueber-
lieferung der Sklaven bekömmt. Dem Sklaven
wird auf die Brust oder Schulter der Anfangsbuch-
stabe des Schiffs eingebrannt, nachdem man vorher den Ort mit Palmöl bestrichen hat. Dies
macht ihnen wenig Schmerzen, und in vier oder
fünf Tagen ist es geheilt, und erscheint dann ganz
weiß und deutlich.

Wenn man fünfzig bis sechzig Sklaven gekauft

hat, so schikt man selbige an Bord. Es giebt einen Kaboschir oder Sklavenhauptmann, dessen Amt es ist, sie sicher an die Küste zu bringen, und nachzusehen, ob sie alle da sind. Geht unter Weges einer verloren, so muß er ihn ersezzen, wie auch der Hauptmann des Trunks, wenn ihm einer, so lange sie unter seiner Aufsicht sind, weg-läuft. Er bewacht sie also so lange, bis sie von dem Sklavenhauptmann weggeführt werden. Diese beiden Offiziers werden von dem Könige zu diesen Stellen ernannt, und jedes Schiff bezahlt ihnen für ihre Mühe den Werth von einem Sklaven. Sie verrichten ihr Amt sehr getreu, denn von dreizehn hundert Sklaven ist diesmal nicht ein einziger verloren gegangen.

Es ist auch ein Landeshauptmann aufgestellt, dessen Amt es ist, zu verhüten, daß die Negern nichts von den ans Ufer gebrachten Waaren steh-len, weil der Fall sehr oft eintritt, daß die Waaren aus Mangel an Trägern ganze Nächte am Ufer liegen bleiben. Dessenohngeachtet büßt man vieles ein, das einem nicht wieder ersezt werden kann.

Die Schiffskähne führen die Negern, wenn sie an die Küste gebracht worden sind, zu dem Lang-boote, das sie vollends an Bord des Schiffes bringt, wo sie alle Paarweise in Fesseln gelegt werden, um ihrer Empörung zuvorzukommen, oder zu ver-hindern, daß sie nicht an das Ufer zurükschwim-men. Sie haben einen solchen Abscheu vor dem

Wegführen aus ihrem Vaterlande, daß sie schon
öfters aus dem Boot oder Schiffe herausgesprungen
sind, und sich so lange unter dem Wasser gehalten
haben, bis sie ertränken, damit sie nur nicht von
den Booten, die ihnen nachfuhren, gerettet würden. Sie fürchten sich vor Barbados weit mehr
als vor der Hölle, ob sie gleich daselbst besser als
in ihrem Vaterlande leben. (?) Man erzählt, daß die
Seehunde (eigentlich Haifische) den Schiffen wegen
der todten Negern, die man fast täglich über Borde
werfe, nachschwimmen. Phillipps sagt, er habe täglich unterwegs einige gesehen, er könne aber nicht behaupten, ob es immer die nämlichen gewesen seien.
Von diesen dreizehn hundert Negern ersäuften sich
ungefähr zwölf, und einige hungerten sich zu Tode; denn sie glauben, daß sie nach ihrem Tode
zu ihren Freunden in ihr Land zurükkehren. Man
hatte Phillippsen gerathen, er sollte einigen nach
Art der übrigen Schiffskapitaine Arm und Bein ab-
schneiden lassen, um ihnen Furcht und Schrekken
einzujagen; er ließ sich aber um keinen Preis zu
solchen Grausamkeiten gegen menschliche Geschöpfe
bereden. Er macht auch die richtige Bemerkung,
daß alle Menschen von sich selbst am vortheilhafte-
sten zu urtheilen geneigt sind, und daß die Negern,
ihren weissen Tyrannen zur Schande behaupten,
der Teufel sei weiß.

Für jeden Sklaven, welchen die Kaboschiren
ihnen öffentlich verkauften, mußten sie einen Theil

von den empfangenen Waaren dem Könige als Zoll
abgeben. Um dieses zu vermeiden, liessen sie oft
den Kapitain bei Nacht in ihre Häusern holen,
und verkauften an ihn zwei oder drei Sklaven auf
einmal, wofür er ihnen den Preis eben so geheim
zuschikte. Doch geschah dies selten, um den König,
der ihnen ausser dem Trunke zu handeln verboten
hatte, nicht zu beleidigen. Wenn er zuweilen einige von seinen eignen Weibern oder Unterthanen
verkauft hatte, und sie gerne wieder anslösen wollte, so ließ sich Phillipps allemal billig finden, und
erwarb sich dadurch sein Zutrauen im höchsten
Grade.

Phillipps erkundigte sich auch sehr genau nach
ihrer Art zu vergiften, die so sehr gefürchtet
wird, und so viel Aufsehen in der Welt macht.
Er wendete sich deshalb an die Kaboschiren, die er
einzeln zu sich kommen ließ, und ihnen mit hizzi-
gen Getränken, dem besten Schlüssel zu allen Ge-
heimnissen, zusezte. Wenn er sie dann durch dieses Mittel treuherzig gemacht hatte, so suchte er ihnen das Geheimniß, auf welche Art sie die Weissen
vergifteten, und was für ein Gegengift ihnen als
das stärkste dagegen bekannt wäre, unvermerkt ab-
zulokken. Alles aber, was er von ihnen herausbringen konnte, war, daß man tief im Lande ein
Gift verkaufe, das sehr theuer sei, ja das Gift
für eine einzige Person komme auf den Werth von
drei oder vier Sklaven zu stehen. Es würde ge-

wöhnlich in Waſſer oder in ein anderes Getränk
gethan, und der Perſon, die ſie vergiften wollten,
zu trinken gegeben; die dortigen Einwohner verbär-
gen das Giftkügelchen unter dem Nagel ihres kleinen Fingers, und lieſſen es unvermerkt in den Ka-
labaſch oder Schale fallen. Das Gift löſe ſich dann
ſchnell auf, und es könne, wenn man es recht zu-
bereite, nichts ſeiner Kraft widerſtehen; ſie erin-
nerten ſich aber nie, daß es ſeiner Seltenheit wegen in ihren Landen wäre gebraucht worden.

Phillipps hatte den König bei ſeinem erſten
Beſuche gebeten, er möchte doch Sorge tragen,
daß ihnen kein Gift beigebracht würde. Der König
lachte darüber, und verſicherte, daß in allen ſeinen
Herrſchaften keines wäre. Indeſſen hatte der Kapitain doch bemerkt, daß er nie mit den Engländ-
dern oder ſeinen Kaboſchiren trank, ehe ſie zuvor
getrunken hätten. Die Kaboſchiren hingegen tranken aus einer jeden Schale, die er ihnen gab, und
beſuchten die Faktorei täglich drei oder viermal, wo
ſie ihr Glas Branntwein ohne alle Bedenklichkeit
hinuntergoſſen. Wenn die Engländer auf den
Trunk giengen, nahmen ſie allemal etliche Flaſchen
Branntwein zur Beſtätigung des Kaufs mit ſich,
auch bettelten die Herren von Adel oft um ſtarke
Getränke, unter dem Vorwande, ſie hätten eine
Frau genommen, und müßten ſich luſtig machen.
Um ſie bei guter Laune zu erhalten, durfte man es
ihnen freilich nie abſchlagen.

An einem Abend schikte einst der weibersüchtige
alte König von Whidah insgeheim zu Phillipps,
und ließ ihm sagen: er habe ein junges artiges
Mädchen geheurathet, bei welcher er diese Nacht
schlafen wolle; er bäte ihn daher, daß man ihm
doch ein Fäßchen Branntwein zum Geschenk mache,
damit er ihre Anverwandten bewirthen könnte;
auch möchte ihm Phillipps überdies noch von seinem Arzte einen Stärkungstrank verfertigen lassen.
Diese Bitte gewährte man ihm, und der lüsterne
Alte war mit dem Tranke so wohl zufrieden, daß
er am folgenden Tag mit vielem Lob von dem Arzte sprach, und ihn mit zwei Mänteln beschenkte.

Die Weiber des Königs lebten in einer Stadt
für sich, welche Phillipps ohne Erlaubniß des
Königs mit einer Gesellschaft in Augenschein nahm.
Als sie daselbst angekommen waren, gukten sie
über die Mauer hinein, und sahen einige von den
Weibern arbeiten. Der französische Faktor aber,
der etwas vorwizzig war, gieng hin, um das mit
Weiden verschlossene Thor zu öffnen, worauf alle
Weiber schreiend davon liefen. Auf diesen Lärm
kamen einige Kaboschiren hinzu, und hiessen die
Fremden weggehen, welches sich auch alle, ausser
dem Franzosen, gerne gefallen liessen. Am folgenden Morgen aber beim Frühstük erwähnte der König den gestrigen Vorfall, und sagte ganz sanft-
müthig, es wäre wider die Landesgesezze, daß irgend ein Fremder an die Stadt seiner Weiber käme,

und bat, sie möchten es in Zukunft unterlassen.
Hauptsächlich war er über den Franzosen ungehal-
ten, weil er, wie er sagte, die Gesetze des Landes wüßte, und folglich die Gesellschaft nicht hätte
hinführen sollen; ja er drohte ihm sogar, er wolle
es ihn noch einst empfinden lassen. Phillipps
nahm aber alle Verantwortung über sich, und betheuerte, sie wären zufälliger Weise dahin gekommen, und er hätte für seine Person bloß über die
Mauer hineingesehen, um die hübsche Stadt, die
Sr. Majestät für ihre Frauen eingerichtet hätte,
zu bewundern, und bei seiner Rükkunft nach England genaue Nachricht davon geben zu können. Der
König faßte ihn hierauf bei der Hand, und sagte:
es wäre ihm nun leid, etwas davon erwähnt zu
haben, er wolle auch auf den Franzosen nicht un-
gehalten seyn.

Dieser Faktor und sein Gehülfe wohnten in einem kleinem lehmernen Hause, nahe bei des Königs Wohnung. Es war in drei oder vier Jahren
kein französisches Schiff da gewesen; daher sie bloß
von der Gnade des Königs leben mußten. Der
Kapitain zog sie fast täglich an seine Tafel, und
schenkte ihnen bei seiner Abreise noch einige Lebensmittel. Er hatte sich zwar erboten, sie nach Barbados mit zu nehmen, weil sie aber fürchteten,
man möchte ihnen dort als Feinden begegnen, so
wollten sie es nicht wagen.

Nahe bei der Königsstadt ist eine Allee von

grossen Bäumen, welche so dikke Zweige haben,
daß sie die Sonnenstralen abhalten, und eine
schöne kühle Luft verursachen. Unter diesen Bäumen brachte der Verfasser seine meiste Zeit zu. Es
wurde hier immer ein kleiner Markt gehalten; unter andern bemerkte Phillipps dort auch eine Garkü-
che, die er ihrer Seltenheit wegen beschreibt. Der
Wirth derselben hatte statt des Tisches ein flaches
ellenbreites Stük Holz an den Fuß eines Baumes
auf die Erde gelegt. Das Essen war gekochtes Rind-
und Hundefleisch, welches in eine rohe Kühhaut
gewickelt war, und auf der einen Seite des Tisches
lag. Auf der andern stand ein irrdener Topf mit
gekochtem Rankis, *) welches anstatt des Brodes
diente. Wenn nun ein Gast kam, so sezte sich derselbe bei dem Tische auf die Knie nieder, und legte
statt des Geldes acht oder neun Kaurischaalen darauf; der Koch schnitt dann von demjenigen, was
sich sein Gast auswählte, soviel herunter, als er
bezahlt hatte, wozu er ihm noch ein Stük Kanki
und etwas Salz gab. Wenn er noch nicht satt war,
so legte er noch mehr Schalen hin, und ließ sich noch
mehr Essen geben. Philipps hat acht oder neun
Gäste auf einmal um seinen Tisch gesehen, die er
alle sehr geschikt und ohne die geringste Verwirrung
bediente. Wenn sie Durst bekamen, giengen sie an
das Ufer.

Der König hatte zwei kleine Zwerge, die oft

---

*) Ein verfaulter Fisch mit Maismehl vermengt.

zu den Engländern kamen, und Kauris von ihnen
bettelten; man durfte es ihnen auch nicht abschlagen, so wenig sie es um die nächtliche Ruhe
der Engländer verdient hatten; denn ihr unnatür-
liches Geheul, das sie jede Nacht unter den Bäumen neben ihren Wohnungen machten, beunruhig-
te sie äusserst. Man versuchte alle Mittel, sie von
diesem Geschrei abzubringen; allein vergebens,
denn dies war ein Gebet für ihren König an den
Fetisch, von dem sie vorgaben, daß er sehr oft aus
einem grossen hölzernen Bilde bei dem Pallaste mit
ihnen geredet hätte. Dieses war eine ausgeschnitte-
ne menschliche Figur, die im geringsten nichts angenehmes hatte. Weil sie nun dem Kapitain oft
genug erzählten, daß dieses Bild alle Nächte mit
den Kaboschiren und Andächtigen redete; so bezeugte er Lust, es auch einmal mit anzuhören. Er
gieng also einst um Mitternacht mit ihnen; um sich
aber keiner Gefahr auszusezzen, mußten ihn vier
von seinen Leuten, die mit Pistolen und Säbeln
bewaffnet waren, begleiten. Die Negern kamen
dann auch herbei, und machten viele Krümmungen
und tiefe Verbeugungen vor dem Bilde. Nach einer halben Stunde fragte er sie, warum das Bild
nicht redete? Sie versicherten ihn aber, es würde
jezt bald geschehen. Er wartete noch zwei Stunden, es kam aber noch kein Wort aus dem Kloze,
worüber die Negern ganz betroffen zu seyn schienen,
und betheuerten, es hätte noch nie so lange ge-
schwiegen. Endlich wurde er des Wartens überdrüs-

fig, und ſtekte dem Fetiſch die Spizze von ſeinem
Stok ins Maul, und kehrte ſie verſchiedenemal
darin um. Die Negern äuſſerten ihre Furcht hierüber, und baten ihn flehentlichſt, er möchte es
doch unterlaſſen, damit es ihnen nichts Böſes zu-
fügte. Er ſagte ihnen aber, daß er es bloß als ein
Stük Holz betrachte, wobei nichts zu befürchten
wäre; könnte es aber ſprechen, ſo wollte er es auf
dieſe Weiſe dazu bringen. Er zog hierauf eine von
ſeinen kleinen Sakpiſtolen heraus, ſchoß nach dem
Bild, und traf es unter dem linken Auge. Als die
Negern ſahen, daß er ſchieſſen wollte, liefen ſie alle davon. Er und ſeine Leute warteten noch eine
halbe Stunde; da ſie aber keine Klage über die
Wunde von dem ſinnloſen Kloz hörten, giengen ſie
heim und legten ſich zu Bette. Den andern Morgen waren die Negern alle erſtaunt, den Hauptmann noch beim Leben zu finden. Als er hernach
den König beſuchte, erzählte er ihm den Vorfall.
Seine Majeſtät verſicherten ihn aber ganz ernſthaft,
der Fetiſch ſpräche alle Nächte zu den Negern, bloß
gegen Weiſſe wollte er es nicht thun. Philipps
wollte ihn nun einmal von ſeinem Irrthum über-
führen, und ſagte, daß im Fall der Kloz ſprechen
könnte, es gewiß würde geſchehen ſeyn, als er nach
demſelben geſchoſſen hätte; allein da es nichts anders als ein Stük Holz wäre, ſo könnte es unmöglich reden. Der König aber erwiederte: er wüßte
zwar, daß es Holz wäre; indeſſen ſei es doch mehr
als zu gewiß, daß der Fetiſch oder Gott dadurch

zu sprechen pflege, er habe es selbst oft gehört, und
wünsche nur, daß er sich nicht an Phillipps rächen
möge, weil er ihn so mißhandelt habe. Phillipps
hingegen versicherte, daß er sich mehr vor dem Gift
seiner Unterthanen als vor dem Fetisch fürchtete,
worauf ihm der König betheuerte, daß, was den
Gift anbeträfe, er sich im geringsten nicht zu fürchten hätte.

Am 27sten Julius, nachdem sie siebenhundert
Sklaven, nämlich vierhundert und achtzig Mannspersonen und zweihundert und zwanzig Weibspersonen gekauft hatten, nahm der Verfasser von dem
alten Könige Abschied, der ihn mit grosser Höflichkeit beurlaubte. Er gieng in Gesellschaft mit dem
ostindischen Kaufmanne, welcher sechshundert
und funfzig Sklaven gekauft hatte, nach der Insel St. Thomas unter Segel, wo sie eine Zeitlang still lagen, und Lebensmittel einnahmen. Am
2ten August umfuhren sie die Südspizze von dem
Prinzeneilande, das sehr hoch und bergigt und von
Whidah neun und neunzig Seemeilen ostwärts
liegt. Am 4ten kamen sie in 57 Minuten N. B.
ans Land, welches eine niedrige ebene Gegend voller Bäume, nebst einem kleinen Eilande an der
Südseite desselben war, welches Phillipps für das
Vorgebirge St. Johann in der Bucht hielt. In
dieser Nacht verlor er den ostindischen Kaufmann aus dem Gesichte, indem sie wegen verschiedener Grampussen vorne an dem Schiffe aufgehalten wurden, welche die Leute, die heraussahen,

für zwei Felsen hielten. Diese See hat viele Grampuſſe, die ſo groß als kleine Wallfiſche ſind, und die Schiffe ſehr lieben; ſie verfolgen ſie und ſpielen luſtig um ſie herum. Sie hatten auch viel Vergnügen daran, zu ſehen, wie die Grampuſſe und Dreſcherfiſche einander verfolgen; denn ſo oft ſie einander begegnen, geht der Streit an. Nach Phillipps Muthmaßung iſt der Dreſcher vier Ellen lang, und ſehr ſchlank. Wenn er ſich in Streit einläßt, erhebt er ſich mit dem einen Ende ganz aus dem Waſſer, und fällt mit ſolcher Heftigkeit auf den Grampus, daß man eine Meile weit das Geräuſch hören, und den Riß den der Stoß in der See macht, ſehen kann.

Den 6ten fuhren ſie durch die Linie. Als die Negern insgeſammt zu Mittag auf dem Verdek waren, brach der junge Tiger auf dem Viertelsverdeke aus ſeinem Kaſten, und riß einer ſchwarzen Frau die ganze Wade ab. Als dieſes ein Quartiermeiſter bemerkte, ſprang er hinzu und gab ihm mit der Fläche ſeines Hirſchfängers einen kleinen Schlag, worauf er ſich ſogleich wie ein ſpaniſcher Hund hinlegte. Er nahm ihn ſodann auf ſeine Arme, und ſperrte ihn ohne den geringſten Widerſtand in ſeinen Käfig. Man hatte nun einmal die Sanftheit des Tigers gegen die Weiſſen und ſeine Feindſchaft gegen die Negern bemerkt; daher waren ſie jezt genöthigt, ſtets ein Segel vor ſeinen Käfig zu hängen, wenn die Sklaven auf dem Verdekke waren, denn auſſerdem war er nicht zu bändigen.

Den

Den 8ten entdekten sie das Vorgebirge Lobo,
sechs Seemeilen gegen Südwest gen West. Sie
waren einer grossen weissen Sandbank dem Ufer ge=
genüber, das sehr weit in das Land hineingieng.
Man hielt sie für den grossen weissen Fleken an
dem holländischen Fuhrmanne, und den Fluß
Gabon. Das Vorgebirge Lobo Gonsalvo liegt
fünf Seemeilen gegen Süden, und die Breite ist
35 Minuten. Phillipps wollte an diesem Vor=
gebirge Wasser und Holz einnehmen, allein die Un=
gewißheit der Winde, und der Strom, der gegen
den Wind gieng, nebst dem überhandnehmenden
Sterben unter seinen Sklaven, und der Mangel
an einigen Lebensmitteln bewogen ihn, sein Vor=
haben aufzugeben, und lieber nach St. Thomas,
vierzig Seemeilen davon, überzufahren. Sie rich=
teten also den 9ten ihren Lauf dahin; am 11ten
sahen sie die Insel nordwestwärts liegen und
Catras sechs Seemeilen Nordwest davon. Als sie
näher kamen, fuhren sie längs dem Ufer nach der
Stadt zu, und legten sich dem Kastelle gegenüber
vor Anker.

Den nämlichen Tag besuchte Phillipps noch
den Statthalter, der ihn sehr höflich empfieng, und
ihm die Erlaubniß gab, sich mit Holz, Wasser
und Lebensmitteln zu versorgen. Er zeigte dem
Hauptmann auch an, daß die gewöhnlichste und
beste Rhede für die Schiffe unter dem Kastelle wäre;
weil ihm nun Phillipps keinen Verdacht geben
wollte, als ob er nicht gerne unter dem Gebote sei=

ner Kanonen stånde, wenn er sich nicht daselbst vor
Anker legte, so fuhr er dahin, und begrüßte es mit
fünf Schüssen. Damit aber seine Negern sich nicht
ins Meer stürzen und davon schwimmen möchten,
ließ er sie alle in Fesseln legen.

Die bequemste Zeit, hier Wasser einzunehmen
ist des Nachts; weil die Weiber aus der Stadt es
den Tag über durch das Waschen ihrer Kleider oder
auf andere Art trübe machen. Man schikte den Kü-
per und zwei Matrosen zu dieser Arbeit ans Ufer.
Einer davon mußte des Nachts bewaffnet Wache
halten; denn sonst würden die Portugiesen als die
größten Diebe in der Welt, alle ihre eisernen Reife von den Fässern weggestohlen haben.

Die Negern starben ihm aber jezt so schnell,
daß er nach vollbrachter Arbeit genöthiget war, den
ostindischen Kaufmann zurükzulassen und den
25sten nach Barbados zu segeln, von wo er am
2ten April des darauffolgenden Jahres nach England zurükkehrte.

VI.

Johann Atkins's

, brittifchen Schiffswundarztes

Reife nach Guinea.

Im Jahre 1723.

Der Britte Johann Atkins machte im Jahre 1721 auf dem Schiffe die Schwalbe, welches unter dem Kommando des nachherigen Admirals Ogle, besonders gegen die Seeräuber auf den westafrikanischen Küsten kreuzen sollte *), als Schiffswundarzt eine Reise nach Guinea.

Diese Reise beschrieb er nachher selbst in zwei Theilen **), in deren erstem er von Guinea handelt, und im zweiten seine Fahrt nach Brasilien beschreibt.

In der Vorrede gibt er eine launichte Schilderung des Seelebens, und erhebt seine Vorzüge.

Das Werk ist überhaupt gut geschrieben, enthält manche interessante Bemerkungen, und liefert ziemlich brauchbare Nachrichten von den Ländern, welche Atkins bereiset hat. Auch fand es in England grossen Beifall, ob es gleich keine der vorzüglichern Reisebeschreibungen von Guinea ist.

---

*) Von welchen Seeräubern schon im VII. Bd. d. W. S. 161. u. ff. gesprochen wurde.

**) Die beiden Ausgaben des Originals (das ich nicht auftreiben konnte) sind S. 22. im VII. B. d. W. angeführt.

Diese Reisebeschreibung ist, meines Wissens, in keine andere Sprache übersezt worden; aber der dritte Band der allgemeinen Historie der Reisen enthält einen gedrängten brauchbaren Auszug aus derselben, welchen ich auch benuzt habe, um meinen Lesern hier an dem gehörigen Orte eine kurzgefaßte Reisegeschichte des Britten Atkins, so weit sie Guinea betrifft, mitzutheilen.

Johann Atkins's
brittischen Schiffswundarztes
Reise nach der Küste von Guinea.

Im Jahre 1721.

Die Britten, in deren Gesellschaft Atkins diese Reise machte, segelten am 5ten Februar im Jahre 1721 von Spithead ab, und versahen sich mit allem Nöthigen zu einer doppelten Reise an die Küste von Guinea hinunter. Ihre Absicht war, die Seeräuber *) aufzutreiben und auszurotten, welche diese Gegenden so sehr beunruhigten, und den Handel und die Faktoreien zerstörten. Die Statthalter der afrikanischen Gesellschaft, die nach der Gambia und andern Plätzen bestimmt waren, fuhren unter ihrer Bedekkung mit.

Abends zwischen sechs und neun Uhr sahen sie die hüpfenden Ziegen, ein Luftzeichen, welches die Bootsleute die mohrischen Tänzer nennen. Es sind Lichtströme am Himmel, die schnell in einander fahren, und eine oder ein paar Minuten sichtbar sind. Diese fliegenden Fünkchen und ähnliche salpetrische Ausdünstungen haben wahrschein=

---

*) Von welchen schon in diesem und dem vorhergehenden Bande ein Mehreres gesprochen worden.

lich zu allen den Mährchen von Wunderzeichen An=
laß gegeben, mit welchen die Atmosphäre ehmals
so reichlich angefüllt war.

Unsre Britten fuhren nun am westlichen Ende
von England vorbei, welches nach Einiger Mei=
nung, vormals mit den kleinen felsichten Inseln
Scilly, (sonst auch die Sorlingischen Inseln
genannt) durch ein Land Namens Lioneß soll zu=
sammen gehangen haben *). Man will dieses aus
der gleichen Tiefe des Wassers, desgleichen aus
Thüren, Fenstern und Baumwurzeln, die von Fi=
schern da gefunden worden sind, schliessen.

Auf der Höhe von Finisterre trafen sie im=
merwährende Westwinde an, die an der Küste von
Portugal sehr ungewöhnlich sind. Einige Tagrei=
sen von Madera stiessen sie auf den Kommodore
Matthews, im Löwen, der mit einem Ge=
schwader von vier Segeln nach Ostindien gieng,
um gegen die Seeräuber daselbst zu kreuzen. Vier=
zig Seemeilen von der Insel schwamm schon häufi=
ges Seegesträuche um sie her, welches so fort=
dauerte, bis sie an dieselbe kamen **). Atkins

---

*) Es ist wirklich die allgemeinere Meinung. (M. s.
Büschings Erdbeschreibung, neueste Ausg. IV. Thl.
S. 631.)

**) Dies ist der schwimmende Tang (Fucus natans. L.)
von welchem Linne versichert, es schwimme unange=
wurzelt auf dem Meere umher; Gmelin behauptet
aber das Gegentheil.

vermuthet, daß dieses Seegewächs auf dem Grunde der See wachse, und die Nahrung der grossen
Fische sei. Seine Gründe dafür sind diese: Erstens
finden es die Perlen= und Korallentaucher bis auf
acht oder zehn Faden; zweitens zeigt theils die
Grösse verschiedener Fische, theils aber auch die
Art, wie sie zum Kauen versehen sind, daß sie
von Pflanzen, und nicht vom Raube leben. Drit-
tens halten sie sich häufiger in der Nähe des Ufers
als in der weiten See auf, und vielleicht haben
sie, wie in den englischen Seen, ihre gewisse Zeit
der Ankunft, wenn sie hier weiden. Viertens
spielten täglich eine grosse Menge Meerschweine um
sie herum, die sich nicht mit Angeln fangen liessen;
ein Beweis, daß sie ihr Futter im Grunde der See
wußten. Indessen bemerkt er doch, daß sie bisweilen kleine Fische gefressen hätten; vielleicht aber
war dieses ihr Lekkerbissen, und jenes ihre ordent-
liche Speise.

Am 30sten März segelten unsre Engländer von
Madera mit dem Weymouth ab, an dessen Bord
sich der Statthalter und die Faktore von dem Gam-
biaflusse befanden. Nicht weit von dem grünen
Vorgebirge fiengen sie verschiedene Schildkröten,
die gern auf der ebenen Fläche des Wassers bei
Windstillen zu schlafen pflegen.

Sie sahen auch verschiedene fliegende Fische *),

---

*) Von dem Fischgeschlechte, welches Linne Exocœtus
genannt hat.

und ihre beständigen Feinde, die Abekoren und
Delphine. Lezterer ist ein schön gefärbter vier bis
fünf Fuß langer gerader Fisch, mit einem zweispiz=
zigen Schwanze, der senkrecht auf das Wasser steht;
er ist von trokkenem Geschmakke, gibt aber gute
Brühen. Ausserhalb der Breite eines beständigen
Windes sieht man sie selten; den fliegenden Fisch
aber niemals. Diese sind so groß, wie ein kleiner
Häring; ihre Flügel etwa zwei Drittheile von der
Länge; sie sind am Körper schmal, endigen sich
aber sehr breit. Sie fliegen durch Hülfe derselben
eine Hufe lang in einem fort, wenn sie verfolgt
werden; sie wenden sich oft im Fliegen, tauchen in
die See, und fliegen wieder fort, wodurch der
Wind sie besser fortführt.

Von dem grünen Vorgebirge steuerten sie Süd=
südwest, um die Untiefen von Rio Grande zu
vermeiden, und liefen wieder nach dem Lande, bis
sie in die Breite von Sierraleona kamen; weil
einige andere Untiefen an der Nordseite des Flusses
liegen.

Das Vorgebirge Sierraleona ist durch einen
einzelnen Baum sehr kennbar, der viel grösser als
die übrigen ist. — Unsre Britten ankerten am
7ten April in der dritten Bai vom Vorgebirge,
wo man sehr bequem Wasser und Holz einnehmen
kann, und die Ebbe und Flut so regelmässig, als
in einem Theile des Kanals von Eugland ist.

Am 28sten darauf verliessen sie Sierraleona,

und vereinigten sich den ersten Mal mit dem Wey=
mouth, der wieder von der Gambia kam. —
Sie liefen auf eine Sandbank an der Mündung
des Sierraleona, wo sie drei Tage und drei Näch=
te zu arbeiten hatten, und nur mit grosser Mühe
loskamen. Die Matrosen auf der Schwalbe hatten
zu Sierraleona einen Tag lang Wasser in das
Schiff gelassen, dabei aber vergessen, es wieder
zuzustopfen, und ihre Nachlässigkeit nicht eher be=
merkt, als bis sie sechs oder sieben Fuß Wasser
im Schiffsboden hatten.

Am Vorgebirge St. Maria fanden sie die
Kanibalen nicht, die nach den Sagen der Seefah=
rer daselbst wohnen sollen, sondern ein leutseliges
Volk, bei dem sie ihr Schiff mit Holze versahen.

Am 4ten kamen sie zu dem Vorgebirge Mon=
te, und den Tag darauf zu dem von Monsera=
do, beides sind hohe Küsten=Länder. Erstes zeigt
zwei, leztes einen Hügel; das übrige Land ist nie=
drig und holzreich. Drei Seemeilen vom Ufer sind
etwa vierzig Faden Tiefe. Von dem leztern kam
ein Kahn mit einem Raboschir, Hauptmann Jo=
hann Hee, der sich durch einen alten Hut, eine
Matrosenjakke, und eine grosse Menge dikker metal=
lener Ringe an den Fingern und Zähen, von sei=
nen Begleitern unterschied. Er hatte nicht das
Herz an Bord zu kommen, denn seine Landsleute
waren schon oft von den Schiffern hintergangen
worden, und diese hatten sich dann manchmal sehr

grausam dafür gerächt. Dieses hat vermuthlich zu der Sage Gelegenheit gegeben, daß an einigen Orten Menschenfresser wären; welches aber schon deswegen nicht seyn kann, weil sie sonst weder Handel noch Nachbarn gehabt hätten.

Das Mißtrauen auf beiden Seiten war Schuld, daß man sich weiter in keinen Handel einließ. Die Negern baten aber um alte Beinkleider, Hemden, Kappen und was sie sonst sahen. Sie machten sich darauf eilig fort, und riefen einander in einem Tone zu, der demjenigen der Fleischer in England gleicht, wenn sie ihr Vieh treiben.

Am 10ten ankerten sie vor Sestos oder Sestro, einem Fluß der etwa halb so breit ist, als die Themse, aber nur eine schmale Einfahrt für Boote an der rechten Seite zwischen zwei Klippen hat, die bei grossen Wellen und Winden sehr gefährlich zu durchfahren sind, da die übrige Mündung mit Sand angefüllt ist. Man kann hier sehr viel Reiß kaufen. Der Fluß ist voller Fische, auch gibt es ziemlich viel Ziegen und Geflügel. Zwar hindert auch die Barre vor der Mündung dieses Flusses das Einlaufen, er ist aber dessen ohngeachtet sehr bequem zum Wassereinnehmen. Der König dieses Landes hieß Pedro, und residirte ohngefähr fünf Meilen von dem Meere den Fluß hinaufwärts. Weil man hier einen Daschi, (Abgabe, Geschenk) erlegen muß, ehe es erlaubt ist, Holz und Wasser einzunehmen, so wird dieses gewöhnlich durch einen Lieutenant oder Zahlmeister übersandt. Dies geschah auch diesmal. Die Abgesandten, welche dies Geschäfte übernehmen mußten, wurden, als sie in des Königs Stadt kamen, durch einige Hofs leute in den gewöhnlichen Palaverplaz (Versamm=lungsplaz, Rathhaus) geführt, um daselbst zu warten, bis sich der König angekleidet hätte, und aus dem Pallast käme, weil er immer öffentlich Audienz gibt. Nach einer Stunde geruhten seine Majestät in Begleitung von hundert nakten Edel= leuten, die alle Tabak rauchten, heranzukommen, und vor ihm her ward ein Horn geblasen. Seine Kleidung war sehr altfränkisch; er hatte einen be=schmuzten rothen Rok an, der durch das Flikwerk von andern Farben einer Harlekinsjakke ähnlicher gemacht war, als dem Gallakleide eines Fürsten. Ein Neger trug ihm die Schleppe nach, die aber aus nichts anderm, als einem schmalen Stükke Tuch bestand, welches an das Ende des Roks ge= näht war. Auf seinem Kopfe hatte er eine alte, schwarze, zerzauste Perükke mit einem alten Hute, der um die Hälfte zu klein war, und den er so weit zurükgeschoben trug, daß sein mageres Affengesicht wie eine Vogelscheu darunter heraussah; seine Fü= sse waren mit beschmuzten Strümpfen und Schuhen ohne Schnallen geziert, und um seinen Hals hatte er eine Kette von wenigstens zwanzig Pfund hän= gen. Dieser grotesken Menschenfigur fielen die in ihren Feierkleidern aufgepuzten brittischen Abgesand= ten zu Füssen, und würden wol noch liegen, wenn

sie auf König Pedro's Erinnern erst hätten aufste=
hen sollen. Denn er ließ sie unbekümmert auf den
Knieen liegen und dachte an nichts, als an das
Geschenk, um welches er inständigst bat. Sie stan=
den aber von selbst auf, und überreichten ihm eine
Reiseflinte, zwei Stükke Rindfleisch, einen Käse,
eine Flasche Branntwein, ein Duzzend Tabaks=
pfeifen, nebst zwei Duzzend Büklingen. Pedro
aber, ein grösserer Freund von Geschenken als von
Komplimenten, war damit nicht zufrieden, sondern
bat sie noch, ihm auch ihre Hosen zu geben; da sie
sich aber dazu nicht verstehen wollten, so wurde
das Geschenk dennoch angenommen, und die Ab=
gesandten mit einem Glas Palmwein und dem At=
te zurükgeschikt, welches der gewöhnliche Gruß ist,
wobei sie Daumen und Finger zusammenhalten und
abschnappen.

Um dem König einen guten Begriff von ihrer
Freigebigkeit beizubringen, puzten sie seinen Sohn
Tom Freemann, der mit seinem Flageolet unein=
geladen zu ihnen an Bord gekommen war, mit ei=
nem alten Hute, einer Perükke und Degen aus,
und gaben ihm ein Patent auf einem grossen Per=
gamentblatte, worin sie ihn für einen Herzog von
Sestos erklärten; sie hatten sich alle auf dem Pa=
tent unterschrieben, und statt des Siegels einen gros=
sen Butterflek hingemacht. Dies gefiel dem Alten
so sehr, daß er ihnen zur Erkenntlichkeit einige
Ziegen gab, und seinen jüngern Sohn Josee eben=
falls an Bord schikte, dem sie dann den Titel eines

Prinzen von Bayos beilegten. Diese hohen Titel, womit sie seine Söhne beehrt hatten, erwarben ihnen des Königs Gunst in so hohem Grade, daß sie die Erlaubniß erhielten, mit Nezzen in dem Flusse zu fischen, wo sie auch einen ziemlichen Vorrath von Mullets, Schollen, Pumpnasen und Klippfischen *) fiengen. Auch hatten sie die Freiheit, unangefochten durch die Flekken zu gehen.

In einem von diesen Flekken besuchten sie einmal Seine Majestät in einem Pallaste, der ganz nach dem Modelle eines Schweinstalls gebaut zu seyn schien. Der Eingang war ein enges Loch, und führte in den Vorhof, worin einige Hütten standen, welches die Wohnungen der königlichen Weiber waren. Von hier krochen sie durch ein anderes eben so schönes Portal, und fanden endlich den Negermonarchen auf einem offenen Plazze, auf einer Britsche wie eine Schneiderswerkstätte geformt, sizzen, wo er mit einigen häßlichen alten Weibern ganz behaglich Tabak schmauchte, welches hier der Zeitvertreib beider Geschlechter ist. Seine Kleidung und sein komisches Aussehen, wie auch das fremde Wesen der Engländer machte, daß sich beide Partheien anlächelten.

In einer Stadt am Flusse fanden sie einen glän-

---

*) Mullet (engl.) Meeräsche. (Mugil Cephalus L.) Scholle, Platteis. (Pleuronectes platessa L.) Pumpnase — Stumpfnase? (Cancer grapsus. L.?) — Klippfisch, eine Art Chaetodon. L.

zendgelben Mann; sie erfuhren daß in einer Ge=
gend am Flusse landeinwärts sich noch mehrere der=
gleichen Leute befänden. *)

Am 18ten Mai verließen sie wieder den Rio
Sestos, segelten längs einer niedrigen Küste hin,
welche dem flachen Ufer von Holland ähnlich ist,
und erreichten in drei Tagen das Vorgebirge das
Palmas, oder Palmenkap. Von da fuhren sie
nach Jaque a Jaques, **) segelten am 28sten
weiter, kamen am 30sten vor Bassam oder Bas=
sau ***), und am 31sten vor Assini †), nach=
dem sie durch die grundlose Gegend, wo man
mit dem Senkblei keinen Grund findet, geschiffet
waren. Die Einwohner schienen ihnen alle bis zur
Goldküste hin sehr Menschenscheu zu seyn.

Am 2ten Junius ankerten unsre Britten an dem
Vor=

---

*) Atkins sezt hinzu, andre Seefahrer hätten ihm auch
von solchen glänzendgelben Menschen mitten unter
den Negern erzählt; er hält diese Erscheinung für
ein grosses Wunder. Diese gelben Menschen sind aber
wol nichts anders, als Albinos oder durch eine Art
von Aussaz gebleichte Negern. (Wovon noch in der
Folge.)

**) Wahrscheinlich derselbe Ort, der auf unserer Karte
Schak heißt.

***) Auf unserer Karte Abassan.

†) Richtiger Issini, ein Negerkönigreich, von welchem
der folgende Band d. W. eine Beschreibung liefert.

–

Vorgebirge Apollonia. Das Land wird hier hö=
her, und die Einwohner waren zum Handel sehr
geneigt.

Zu Jaque a Jaques trafen sie das Sklaven=
händlerschiff Robert von Bristol wieder an, des=
sen Hauptmann Harding war. Dieser hatte sich
zu Sierraleona von unseren Seefahrern eutfernt,
und daselbst dreissig Sklaven eingekauft, unter wel=
chen auch der Hauptmann oder Kaboschir Tomba
sich befand *). Hauptmann Harding erzählte ih=
nen folgende traurige Geschichte, die sich auf sei=
nem Schiffe auf der Fahrt von Sierraleona hieher
zugetragen hatte:

Der Kaboschir Tomba hatte sich acht Tage
vorher mit einigen seiner Landsleute zu einem Auf=
stande gegen die Weissen verbunden. Vorzüglich
war ihm hiezu eine Sklavinn behülflich, die ihm
einst Abends die Nachricht brachte, daß nur fünf

---

*) Diesen Tomba traf Atkins schon bei seinem Aufent=
halte zu Sierraleona in der Gefangenschaft eines dor=
tigen Oberhaupts an, in welche er durch einen krie=
gerischen Ueberfall gerathen war. Tomba war näm=
lich Oberhaupt einiger Dörfer im Innern des Landes;
er gerieth wegen des Handels mit seinen Nachbarn
am Flusse Nunnez in Streit, schlug sie, und ver=
brannte ihre Hütten. Darauf riefen sie ihre Nach=
barn um Hülfe an, welche den Tomba überfielen,
und ihn nach einer hartnäffigen Gegenwehr als
Sklaven fortschleppten.

Weiſſe auf dem Verdekke wären, und wirklich ſchlie-
ſen. Zugleich brachte ſie ihm auch einen Hammer,
um ſeine mörderiſche Abſicht damit auszuführen.
Dieſe Gelegenheit, ſich in Freiheit zu ſezzen, kam
ihm erwünſcht; Tomba konnte aber auſſer der
Sklavinn nur noch einen ſeiner Kameraden überreden, ihm aufs Verdek zu folgen, wo er von den
drei Bootsleuten, die er zuerſt fand, zwei mit
ſeinem Hammer todtſchlug, und den dritten, der
durch dieſen Lärm erwachte, von ſeinen Mithelfern
aber veſtgehalten wurde, auf die nämliche Weiſe
niederſtrekte. Die beiden übrigen, die vom Ge-
ſchrei ihrer unglüklichen Kameraden aufgewekt
wurden, wehrten ſich ſo lange, bis auch der
Steuermann unten im Schiffe erwachte, und ihnen mit einem Handſpieße zu Hülfe kam. Tomba
wurde nun übermannt, und ſogleich in Eiſen ge-
ſchlagen. Bei ihrer Beſtrafung nahm Harding
auf die Tapferkeit und Verwegenheit der beiden
ſchuldigſten Sklaven Rükſicht, und ließ ſie blos
geiſeln. Drei andre Mitverſchworne aber, ob ſie
gleich das Herz nicht gehabt hatten, Hand mit anzulegen, wurden zum grauſamſten Tode verdammt;
ja zwei davon mußten zuvor das Herz und die Le-
ber des dritten Hingerichteten verzehren. Die Sklavinn ließ der barbariſche Hauptmann an den Daumen in die Höhe ziehen, und in Gegenwart der übrigen Negern mit Meſſern bis auf den Tod peitſchen *).

─────────────────────

*) Beiſpiele ſolcher teufliſchen Grauſamkeit von Euro-

Am 6ten Junius ankerten unsre Britten zu Axim,*) der ersten europäischen Faktorei, die den Holländern gehört, und kamen den Tag darauf nach dem Vorgebirge der drei Spizzen. Die meisten Schiffe legen des Wassers wegen, welches weiter hinauf schwerer zu erhalten ist, hier an, und jedes Schiff bezahlt eine Unze Gold für die Erlaubniß, welches einzunehmen. Johann Conny, der damalige vornehmste Kaboschir, dessen Stadt drei Seemeilen westwärts liegt, schikte einen Bedienten mit einem grossen Stok, in dessen goldnem Knopfe sein Name gestochen war, als dem Zeichen der Vollmacht, jenen Tribut einzufordern.

Unsre Britten weigerten sich, diese gewöhnliche Abgabe zu bezahlen, und begegneten dem schwarzen Abgesandten schimpflich. Darauf kam das Negerhaupt Johann am folgenden Tag selbst, mit einigen seiner Leute, die sich der Wassergefässe, die am Lande waren, bemächtigten, und zehn bis

---

päern an armen Negersklaven verübt, die ihre verlorne Freiheit wieder zu erhalten suchen, sind leider in der Geschichte der Reisen nach Guinea nur zu häufig! Jeder Fühlende muß vor diesen Gräuelszenen zurükschaudern! — Doch wir werden da, wo wir noch einige Blikke auf den schändlichen Negerhandel werfen müssen, weiter davon sprechen.

*) Akim auf unsrer Karte. (Die weitere Beschreibung dieser Küste und der europäischen Niederlassungen darauf, folgt im X. B. d. W.)

O 2

zwölf von dem Schiffsvolke gefangen mit sich nach
der Stadt führten. Der Offizier der darunter war,
und ihnen den Unterschied zwischen einem königli=
chen und einem andern Schiffe vordemonstriren woll=
te, bekam dafür Stöße, und Johann, der et=
was englisch konnte, sagte: „Hier bin ich König
über mein Wasser, das mich viel Mühe gekostet
hat, zu sammeln. Trinket, fuhr er zu den Boots=
leuten fort, indem er auf ein Faß Branntwein
wieß, und esset, was ich habe; ich weiß wohl,
daß ihr den Befehlen eurer Vorgesezten folgen
müßt„. — Die Gefangenen mußten nachher mit
sechs Unzen Gold, und einem Anker Branntwein
ausgelößt werden.

Auf einer Anhöhe dieser Gegend stand das ehe=
malige brandenburgische Fort *), welches eini=
ge Jahre vorher von den Brandenburgern verlassen
worden, und dadurch in Johann Connys Besiz
gefallen war. Es sind zwischen ihm und den Hol=
ländern einige Streitigkeiten darüber entstanden.
Leztere gaben vor, sie hätten es gekauft, und
schikten im Jahre 1720 ein Bombardierfahrzeug
nebst einigen Fregatten dahin, die Uebergabe zu
fordern. Johann aber, als ein kühner und listi=
ger Mann, antwortete ihnen: „Weiset mir eine
Schrift von den Braudenburgern, worin der Ver=
kauf des Forts umständlich dargethan ist; aber
auch dann sehe ich nicht ein, was ihr von mir ver=

---

*) M. f. oben die Reise des Majors von der Gröben.

langen könnt, als das Geschütz und die Steine; denn Grund und Boden gehört mein, ich hatte ihn nur gegen einen jährlichen Zinns vermiethet; künftig aber bin ich nimmer gesonnen, ihn den Weissen zu überlassen.„ — Diese Antwort brachte die Holländer auf, sie warfen sogleich Bomben und Steine hinein, und sezten in voller Wut vierzig Mann ans Land, die unter Anführung eines Lieutenants den Ort angreifen sollten. Sie feuerten einigemal ohne Schaden hinein, worauf Johann herausfiel, sie niederhieb, und den Eingang seines Pallasts bald darauf mit ihren Hirnschädeln zierte *).

Dieser Vortheil machte, daß er durchgehends sehr genau auf sein Recht sah, wiewohl er sonst redlich und offen im Handel war.

Nach jener Gefangennehmung ihrer Landsleute besannen sich unsre Engländer eines bessern. Atkins gieng darauf mit einigen Offizieren ans Land, den Negerfürsten Johann Conny freundschaftlich zu besuchen. Die Südwinde machten die Landung sehr gefährlich; sie konnten ihre eigenen Boote nicht dazu gebrauchen, sondern mußten sich Kähne schikken lassen, für die sie ein Akki **) bezahlten. Die

---

*) Die Geschichte der europäischen Niederlassungen auf der Goldküste folgt im X. B. d. W. etwas umständlicher.

**) Ein Akki oder Achi thut in Gold etwa fünf Schillinge englisch, oder 2 fl. 40 kr. rheinisch. (M. s. oben S. 146.)

Negern verstehen es am beßten, wie man sicher
hin und her kommen kann. — Johann empfieng
unsre Engländer am Ufer mit einer Wache von
zwanzig oder dreissig Mann, welche glänzende
Waffen hatten, und sie in sein Haus begleiteten.

Es war ein artiges grosses Gebäude, aus den
Materialien jenes erwähnten Forts erbaut. Von
aussen hat es eine doppelte steinerne Treppe mit
zwölf Stufen, auf dem Boden sind drei gute Zimmer, eins davon ist seine Rüstkammer, das zweite
sein Schlafzimmer mit einem Bette darin, das
dritte dient Gäste zu bewirthen, denn es ist mit
Tischen, Stülen u. s. w. versehen. Der Weg
in dieses Haus geht durch zwei Vorhöfe; der äussere hatte Häuser für die Offiziere und Bedienten
des Oberhaupts, der innere war ein grosser vier-
ekter Plaz, hatte ein Wachhaus, eine gute Rüstkammer dem Eingange gegen über, nebst Pläzzen
für die Wache, wodurch er einigermassen die Pracht
der ehemaligen preussischen Befehlshaber dieses
Forts nachahmte, bei welchen er einige Jahre gedient hatte. Er wußte sich sehr gut ein Ansehen
zu geben, war etwa fünfzig Jahre alt, hatte ein
mürrisches Gesicht, und alle Negern, die mit be-
dektem Haupte giengen, mußten es vor ihm ent-
blössen. Ein Zeremoniel, das er auch von den
Brandenburgern erlernt hatte.

Er war gegen unsre Engländer sehr höflich,
nachdem sie seinen Gruß mit sechs Schüssen erwie-

dert, und die Wasserstreitigkeiten, so wie es ver=
langte, beigelegt hatten. Aus Erkänntlichkeit gab
er ihnen die Erlaubnis, in einem Flusse hinter der
Stadt zu fischen. Sie waren aber in ihrem Fange
nicht glüklich, und hatten nichts zum Mittags=
essen. Johann schalt sie noch dazu aus; denn er
sagte, das Wasser wäre eines grossen Mannes Fe=
tisch und verdiente Achtung; sie hätten unterlassen
ihm ein Daschi zu geben, und daher käme ihr Un=
glük. Er ließ ihnen auf reinen Schüsseln etwas
Ranki, Brod, Butter, Käse, Salz, Palm=
wein und Bier auftragen, und jeder bekam auch
Messer und Serviette. Eine von seinen Weibern
saß die ganze Zeit, da er mit ihnen sprach, hinter
seinem Stuhle. Sie war schwanger, hatte ein rei=
nes Tuch um sich gewikkelt, und war schön gefe=
tischt; das Gold, welches beide theils in Ketten,
theils in andern Zierrathen an sich trugen, belief
sich gewiß auf acht bis zehn Pfund feines Gewicht.

Da die Britten den Negermonarchen sehr auf=
geräumt fanden, so fragten sie ihn, was aus den
holländischen Hirnschädeln geworden wäre, die sonst
den Eingang seines Hauses geziert hätten? — Ich
habe sie, gab er zur Antwort, vor einem Monate
mit etwas Branntwein, Pfeifen und Tabak in eine
Kiste gelegt, und verscharrt, denn es ist Zeit, daß
einmal alle Feindschaft aufhöre.

Sie verehren ihre Todte dadurch, daß sie ih=
nen einige Lebensmittel, und einige andere Bedürf=

niffe mit ins Grab geben. Auch ist hier der un=
menschliche Gebrauch bei den Leichenbegängnissen
der Reichen einige Sklaven zu opfern. Johann
zeigte ihnen noch die untern Kinnbakken der Hol=
länder. Sie hiengen im Vorhofe an einem Baume.

Johann war im Bestrafen eben so strenge als
in Behauptung seines Rechts und in der Eintrei=
bung seiner Gebühren. Einige Wochen vor der An=
kunft des Schiffs hatte er einen Mörder, der doch
der angegriffene Theil war, und sich vor andern
Gerichten mit der Nothwehr hätte entschuldigen
können, zum Tode verurtheilt. Des Verbrechers
leiblicher Bruder, einer von Johanns getreuesten
Dienern, mußte die Hinrichtung in seiner Gegen=
wart verrichten, welche darin bestand, daß er dem
Unglüklichen einen grossen Stein an den Hals band
und ihn aus einem Kahne in das Meer stürzte.

Dieser Negerdespot hatte durch Macht und Reich=
thum den Handel des Orts an sich gebracht, und
den Gewinn der Kaufleute auf zwanzig Prozent
herabgebracht, an welchem Verlust sie eigentlich
selbst Schuld waren, indem immer einer seine Waa=
ren wolfeiler, als der andere geben wollte. Seine
Leute gaben noch weniger, denn in dem kleinen
Handel, den sie mit den Engländern trieben, be=
zahlten sie alles in Krakragolde *), woran sie drei
Viertheil des wahren Werths verlieren mußten.

---

*) Ein Krakra ist ein kleines vierektes Stükchen Gold,
von einem Gran; diese Goldstükchen kursiren auf dem

Am 14ten Junius verlieſſen unſre Engländer
das Vorgebirge der drei Spizzen, und warfen am
15ten bei Dixkove Anker. Dieſes iſt eine engliſche Faktorei, ſo wie Sukkonda, Anamabo,
und andere Oerter dieſer Gegenden. Ob ſie aber
gleich Faktoreien heiſſen, ſo ſind ſie doch nur ganz
kleine Niederlaſſungen, oder vielmehr Komtoire,
Handelslogen, deren jede nur von zwei, oft auch
nur von Einem Europäer geführt werden. Der
Prinzipal dieſer Faktore reſidirt zu **Kap Kors**.

Am 16ten fuhren ſie von Dixkove wieder weg,
und ankerten am Tage darauf vor dem Kaſtelle von
Kap Kors, welches das Hauptfort der engliſch-
afrikaniſchen Geſellſchaft iſt. Nebſt dem Statthalter, den man Generaldirektor nennt, wohnen daſelbſt zwei Kaufleute, ein Sekretär, Kaplan,
Wundarzt, Faktor, verſchiedene Schreiber, Mi-
nirer, Künſtler, und eine Kompagnie Soldaten.
Alle dieſe Leute haben ſehr gut eingerichtete Wohnungen für ſich und ihre Sklaven.

Uebrigens aber klagt Atkins gar ſehr über die
ganze Einrichtung dieſer Niederlaſſung, und beſonders über den Druk, unter welchem die Unterbeam-

größten Theile dieſer Küſte, wie gemünztes Geld,
und dienen den Negern zum kleinen Handel, vorzüglich unter ſich ſelbſt. Die Portugieſen ſollen die
Erfinder dieſer Geldſorte ſeyn. (Allg. Hiſt. der R.
IV. Bd. S. 154.)

ten und Bedienten des Forts zu seiner Zeit standen.
Er sagt, ausser den obersten Beamten, welche al=
le Gewalt allein in Händen haben, besteht die gan=
ze Faktorei aus lauter Leuten die von dem Statt=
halter, wie seine Sklaven behandelt werden; er
bestraft sie nach Belieben mit Geld, Gefangen=
schaft, oder mit dem Esel. Zu dieser strengen Be=
handlung kömmt noch ein sehr geringer Gehalt, der
kaum gegen das Verhungern schüzt. Die Besol=
dungen scheinen zwar ansehnlich, sie werden aber
alle in Krakra ausgezahlt, einer schlechten Geld=
sorte, die nur unter den Negern dieses Küstenstrichs
kursirt, und wofür sie sich nichts von den Schiffen
einkaufen können. Dies ist aber ein Vortheil für
die Gesellschaft; denn dadurch nöthigen sie die jun=
gen Leute bessere Geldsorten von derselben zu erbor=
gen, bringen sie auf diese Art in Schulden und
zwingen sie desto länger in den Diensten der Ge=
sellschaft zu bleiben, weil sie nicht eher fortgelassen
werden, als bis alles bezahlt ist. Wenn einer zu
klug ist, um Schulden zu machen, so schreibt man
ihm boshafter Weise ein Versehen in der Verwal=
tung der anvertrauten Güter zu, den er sodann
durch verlängerte Dienstjahre wieder ersezzen muß.

Die meisten dieser armen Leute waren bei At=
kins Anwesenheit mager, blaß von Gesicht und
überhaupt ganz muthlos. Die Hauptursache ihrer
Magerkeit ist die Seltenheit der Lebensmittel; denn
sie können auch für Geld nichts als Plantains, klei=
ne Fische, wälsch Korn und Kanki auf dem Markt

le kaufen. Dies leztere wird von den Negern gesotten, die Engländer backen es. Eine magere Ziege kostet manchmal fünf Akkis, (10 fl. rhein.) ein Papagai, eine Ente oder ein paar Hünchen einen Akki!

Die armen Unterbedienten des Forts mußten also damals sehr elend leben, da ihnen die Theurung den Ankauf der nöthigen Lebensmittel erschwerte! *) Atkins erzählt wirklich ein Beispiel von einem jungen Menschen, der zu seiner Zeit daselbst verhungerte.

Der despotische Generaldirektor oder Statthalter fühlte aber nichts von all diesem; er hatte Geflügel und Vieh, und einen Küchengarten, dessen Nuzzung ihm allein gehörte. Auf die Zeit seines Hierseins hatte er eine Mulattinn geheurathet, und

---

*) Bosmann sagt (in seiner Beschreibung von Guinea, S. 49.) Die Soldaten und Unterbedienten auf Kap Kors sähen aus wie Gespenster, weil sie, von den Oberbedienten angereizt, all ihren Sold in Punsch versaufen, und dann hungern müssen. Die Oberbedienten haben ihren Vortheil dabei, weil sie ihnen den Punsch theuer verkaufen. — Römer, der in neueren Zeiten in dieser Gegend war, sagt (in seinen Nachrichten von Guinea S. 36.) die Engländer hielten alle ihre Leute sehr gut. — Ein Mehreres wird in der Folge noch davon gesprochen, wo wir die Geschichte und den gegenwärtigen Zustand der europäischen Niederlassungen auf der Goldküste kurz beschreiben werden.

vier schöne Kinder mit ihr gezeugt, die er selbst nach
seinen Grundsäzzen erzog; die Frau selbst aber blieb
vest bei ihren Sitten und Gewohnheiten, kleidete
sich nicht anders, als nach Negerart und ließ sich
nicht von ihrem Nazional = Aberglauben abbringen,
ob sie gleich bisweilen ihren Gatten in die Kapelle
begleitete. Auch konnte er nie das Versprechen von
ihr erhalten, daß sie mit ihm nach England zurük=
kehren wollte. Er selbst, zwar ein Mann von vie=
lem Verstande, war doch so schwach, sich von ihr
zu allerlei Aberglauben verleiten zu lassen. Er trug
Fetische am Hals, und als er, während Atkins
daselbst weilte, krank ward, so nahm er lieber sei=
ne Zuflucht zu den aberglaubischen Hülfsmitteln
der Negern, als zur vernünftigen Arzneikunst.

Uebrigens war dieser Generaldirektor ein treuer,
thätiger und eifriger Diener der brittisch = afrikani=
schen Gesellschaft; und erhielt sich gegen den hol=
ländischen Statthalter zu el Mina in Ansehen,
mit welchem er oft Streitigkeiten wegen des Han=
dels hatte.

Atkins hielt sich einige Zeit im Kap Kors=
Kastelle auf, ohne daß er Ursache hatte, sich über
das Betragen des wirklich sehr stolzen Generaldi=
rektors zu beklagen. Er fuhr dann mit seiner Schiffs=
gesellschaft die Küste weiter hinab. Ihre Absicht
war, den Handel zu dekken und die Seeräuber zu
verjagen. Am 4ten Julius ankerten sie zu Whi=
dah (Fidah oder Schudah). Die Küste geht hier

in gerader Linie ohne Meerbusen und Baien fort, ist dik mit Bäumen besezt, und hat überall ein Ufer voll Brandungen.

Ehe sie Akra erreichten, kamen sie bei einem hohen Berge vorbei, den Einige wie einen feuer=speienden Berg rauchen gesehen haben wollten. Des=wegen, und weil er ganz voll wilder Thiere ist, nennt man ihn den Teufelsberg. Sehr gefährlich für Reisende ist die ausserordentliche Menge Affen dieser Gegend, wovon einige fünf Fuß lang sind; auch Meerkazen gibt es hier, welche die einzelnen Reisenden anfallen, und sie bis an's Wasser treiben, vor welchem sich diese Thiere aber ausserordentlich fürchten.

Sie verliessen Whidah am 20sten darauf, und kamen am 28sten bei der Prinzeninsel an, welche bekanntlich damals den Portugiesen gehörte. *) Bei ihrer Annäherung trafen sie täglich häufige Wall=fische, Drescher und Petrels. **) Sie reinigten hier ihre Schiffe; da sie aber alle dicht beisammen staken, so mußten sie sowohl wegen der Arbeit und Hizze, als auch wegen des unordentlichen Lebens der Bootsknechte sechs Wochen hinter einander, täg=lich drei bis vier Mann begraben. Die Seeleute ge=riethen hier in Ausschweifungen, weil die Mittel dazu wolfeil waren, und die Zelte die beßte Gele=

---

*) Seit 1778 ist sie spanisch.

**) Petrel nennen die Franzosen und Petteril die Eng=länder den Sturmvogel (Procellaria. L.)

genheit an die Hand gaben. Der Palmwein ver=
urſachte ein bösartiges Fieber, ſo daß ſie in Zwei=
fel ſtanden, ob ſie ohne Verſtärkung aus England
ſicher fortſegeln könnten oder nicht.   Der Wey=
mouth konnte ſeinen Anker gar nicht, und die
Schwalbe nur mit Schwierigkeit aufwinden. At=
kins hielt es aber als Wundarzt für beſſer, ſelbſt
in dieſen mißlichen Umſtänden die Reiſe fortzuſez=
zen; denn da ſie durch Fortſezzung ihrer Reiſe den
Urſachen ihres jezzigen Ungemachs, nämlich der
Windſtille, Hizze und dem unordentlichen Leben
entgiengen, ſo war vorauszuſehn, daß die Kran=
ken entweder ſich beſſern oder ſterben würden, wo=
durch dem Anſtekken der Krankheit Einhalt geſchä=
he. Sie giengen unter Beiſtand einiger Leute von
einem holländiſchen Schiffe, das ſo eben hier einge=
laufen war, unter Segel. Das Fieber verwandel=
te ſich nun bei vielen wahrſcheinlich aus Mangel
an Nothwendigkeiten in einen heftigen Durchfall.
Der Weymouth, der zweihundert und vierzig
Mann aus England mitgenommen hatte, zählte
am Ende der Reiſe hundert und acht Todte in den
Büchern.

Am 20ſten Auguſt verlieſſen ſie die Prinzenin=
ſel und ankerten am 28ſten darauf zu St. Tho=
mas, (einer portugieſiſchen Linien=Inſel) etwa ei=
ne Seemeile von dem Forte, das linker Hand an
der Spizze der Bai liegt. Dies iſt die vornehmſte
von den drei portugieſiſchen Inſeln auf dieſer Küſte.
Schweine und Vögel ſind hier auſſerordentlich wolfeil.

Unsere Britten trafen hier einen Landsmann, für welchen ihre Ankunft ein grosses Glük war. Rowry, der Meister oder Führer eines kleinen Kauffartheischiffs von Bristol lag hier, von seinen aufrührischen Leuten zum Gefangenen gemacht. Diese handelten schon mit dem portugiesischen Statt= halter, der keine Gelegenheit zur Befriedigung sei= nes Eigennuzzes aus den Händen ließ. Rowry, den seine Leute zuvor äusserst bei ihm angeschwärzt hatten, fand nun wieder das ihm vorher verwei= gerte Gehör und Gerechtigkeit. Da er aber kein Mittel sah, wie er Leute erhalten sollte, seine Bri= gantine in dieser Gesellschaft mit fort zu bringen; so war er genöthigt, sie nebst der Ladung dem Statt= halter in einem wolfeilen Preisse zu überlassen; er gieng dann mit unsern Seefahrern nach Kap=Kor= se, von wo er mit Dank erfülltem Herzen für seine Rettung nach Hause reiste, um seinen Rhedern Bericht und Rechnung abzulegen.

Unsre Kreuzfahrer brachten fünfzehn Tage auf der Reise von dieser Insel bis an die Goldküste zu; und als sie dieselbe wieder verliessen, so wandten sie sich rechter Hand westwärts, in der Absicht so sehr sie könnten windwärts zu gehen, damit sie, im Fall ein Seeräuber an der Küste seyn sollte, denselben unter dem Winde hätten. Am 20sten ka= men sie an das Vorgebirge Apollonia, und an= kerten am 23sten zu Axim, nachdem sie in ihrer Fahrt regnigtes Wetter gehabt hatten. Am 24sten kamen sie an das Vorgebirge der drei Spizzen.

Am 30sten reisten sie wieder weiter, und kamen den Tag darauf nochmals zu Rap Rors an, wo sie erfuhren, daß die Seeräuber unter Roberts Anführung auf der ganzen Küste hinunter grossen Unfug verübt, und alle Schiffe geplündert hätten; jezt aber glaubte man, sie seien fortgesegelt, weil man eine Zeit her keine Nachricht mehr von ihnen hatte. Da sie sich also sicher glaubten, so theilten sie den Vorrath, der ihnen aus England hieher geschikt worden war, und verliessen den Weymouth, welcher nicht mehr im Stande war, seine Anker zu lichten. Die Schwalbe ging windwärts und wiederholte in einer Kreuzfahrt von einem Monate ihre Besuche zu Sukkonda, Dirkove, Akquedah, dem Vorgebirge der drei Spizzen, Akim, dem Vorgebirge Apollonia, Assini, Bassam, Jaque a Jaques u. s. w. Ihre Absicht war, die Handlung in Sicherheit zu sezzen, den Schiffen, worauf Krankheit herrschte, Veränderung der Luft zu verschaffen, überall Nachrichten einzuziehen, und ihr Schiff durch Erkaufung von Sklaven, und Pressen der Leute von Kauffartheischiffen zu bemannen.

Zu Sukkonda kielten und reinigten sie ihr Schiff, und erfuhren zu Dirkove durch den Carlton, daß die Soldaten die unter ihrer Bedekkung zum Dienst der afrikanischen Gesellschaft an die Gambia gebracht worden, einen Aufstand wider einen ihrer Offiziere den Hauptmann Massey erregt hätten, weil sie
über

über die Kaufleute mißvergnügt gewesen seien, die sie mit Essen versorgen sollten; sie hätten die Kanonen vernagelt, und sich auf ein Schiff, das volle Glas genannt, begeben, und wären mit dem Unterbootsmann Georg **Lowther**, und einigen Schiffsleuten in die See gegangen *).

Auf dem Vorgebirge **Apollonia** fanden sie keinen von ihren alten Bekannten mehr. Die Königinn hatte sich mit ihren Leuten genöthigt gesehen, nach **Assini** (**Issini**) zu flüchten. Wahrscheinlich hatten die **Santis** oder **Assantis**, (eigentlich **Assianter**), die hinter dem Vorgebirge **Apollonia** wohnen, durch Rauben und Plündern aufgebracht, sie aus ihren Wohnungen getrieben, ob sie schon sagen, sie hätten es auf Antrieb des **Johann Conny** gethan. Sie fanden sie also zu **Issini** mit Zubereitungen zur Rache beschäftigt. Unsre Engländer verkauften ihr alles Gewehr, das sie entbehren konnten, um einen sehr guten Preiß, und bekamen für einen jeden Feuerstein einen grossen Vogel. Die Negern dieser Gegend sind so beherzt im Kriege und Handel, als nur irgend eine schwarze Nazion es ist.

Am 6ten Januar 1722 warfen sie zu el Mi-

---

*) Im III. B. d. W. S. 76. ist diese nämliche Geschichte nach einer andern, vermuthlich zuverläßigern Angabe etwas anders erzählt. Dort heißt es nämlich, Hauptmann **Massey** sei selbst der Anführer dieser Empörung gewesen.

na Anker, welches der holländisch-afrikanischen
Gesellschaft vornehmstes Fort ist, und am folgenden Tage kamen sie wieder zu Kap Kors an,
welches sie am 10ten abermals verliessen, um die
Seeräuber zu verfolgen; weil der Statthalter Nachricht bekommen hatte, daß dieselben nahe bei Axim
wieder ein Schiff weggenommen hätten.

Roberts, der Seeräubergeneral hatte durch
einen kühnen Streich, den er im August vollbracht
hatte, alle Handelsschiffe in Furcht gesezt. Die
Kriegsschiffe wurden daher bei ihrer Kreuzfahrt oft
mit der Nachricht getäuscht, daß selbige wieder
windwärts wären, welches sie hin und her zu fahren nöthigte. Als sie aber immer Widersprüche
darin fanden, so begaben sie sich nach ihrem Sammel-
plaz auf die Rhede von Kap Kors. Sie waren
aber kaum eingelaufen, so hörten sie, daß die Seeräuber einige Seemeilen davon ein Schiff weggenommen und Grausamkeiten verübt hätten. Diese
Barbaren waren gut mit Mannschaft versehen,
und hatten durch diese doppelte Unternehmung ihre
Zahl stark vermehrt. Dessen ohngeachtet entschlossen sich unsre Britten ihnen nach Whidah zu folgen, welches nach Kap Kors der Hauptplaz für
sie war, um Beute zu machen. Sie trafen am
15ten Januar daselbst ein, und erfuhren, daß die
Seeräuber eilf Schiffe geplündert hätten. Am
19ten sezten sie die Verfolgung fort, und kamen am
29sten wieder vor die Prinzeninsel, wo die Portu-

giesen nichts von diesen Nachrichten wußten. Am ersten Februar ankerten sie an der Mündung des Flusses Gabon, wo sie auch nichts fanden, und von da giengen sie am 3ten nach dem Vorgebirge Lopez. Bei ihrer Ankunft entdekten sie sogleich drei Raubschiffe, die in der Bai vor Anker lagen. Eines davon, das sich tollkühn an sie wagte, wurde noch vor Nacht von ihnen erobert. Am 10ten kamen sie wieder an das Vorgebirge, und trafen die Gesellschaft der Prise ganz ruhig in der Bai an. Beim Vorrükken der Kriegsschiffe entfiel den Seeräubern aber der Muth; sie kappten voll Furcht ihre Taue, und sezten ihre Segel aus; die schwarze Flagge wurde aufgestekt, und sie ergaben sich nachdem sie nur eine einzige Lage bekommen hatten, ohne daß der Schwalbe nur der geringste Schaden wäre zugefügt worden.

Sie hatten schon bei dem ersten Feuer ihren Anführer Roberts, der in den Hals geschossen ward, verloren; dies machte sie muthlos, und ihre Trunkenheit und Unordnung erleichterten unsern Britten den Sieg über diese sonst so verwegenen und beherzten Räuber.

Am 12ten Februar ankerten sie in der Bai des Vorgebirgs Lopez, und bekamen daselbst das dritte Raubschiff, welches von seinen Leuten verlassen worden war, damit sie sich auf dem übrigen desto besser vertheidigen oder retten möchten. In diesen drei Schiffen fanden sie dreihundert Engländer,

sechs und siebenzig Negersklaven, viele Waaren,
und was ihre Augen am meisten auf sich zog, etwa
acht bis zehn tausend Pfund Goldstaub. Diese
ganze Beute wurde durch eine sehr parteiische Be-
günstigung bei ihrer Zurükkunft ihrem Oberbefehlshaber allein zugesichert.

Die Menge der Gefangenen war ihnen auf ihrer sechswöchentlichen Reise sehr beschwerlich, weil
sie besorgen mußten, die Furcht vor dem Strange
möchte die tollkühnen Räuber zu einem verzweifel-
ten Mittel reizen, ihre Freiheit zu erhalten. Sie
unterliessen wirklich auch nicht, einige tolle Entwürfe zu diesem Ende zu schmieden; aber sie mis-
langen, und unsre Britten kamen am 18ten Februar glüklich wieder zu Kap Kors an. Man
machte daselbst den Bösewichtern sogleich den Pro-
zeß; einige wurden gehangen, andere freigespro-
chen. Während ihres Aufenthalts auf der Rheede
besuchten einige Offiziere den Herrn Buttler, Generaldirektor der Holländer zu St. George el Mina, drei Seemeilen windwärts. Er empfieng sie
sehr freundschaftlich, besonders, weil er als gebohr-
ner Engländer die ganzen achtzehn Jahre hindurch,
die er auf dieser Küste schon zugebracht hatte, nur
selten, und am Ende gar nicht mehr von seinen
Landsleuten war besucht worden. Seine Tafel war
sehr kostbar, und er traktirte besonders reichlich mit
vielerlei ausländischen Weinen; sechs Negersklaven,
jeder mit einer goldenen Kette um den Hals, hat-

ten dabei die Aufwartung. Nach der Tafel beschenkte er jeden von ihnen mit einem goldenen Ringe,
der im Lande gemacht war, um sich, wie er sagte,
seiner bei dieser Kleinigkeit zu erinnern, und zeigte
ihnen nachher sein grosses und wohlversehenes Waa-
renlager. Den Nachmittag brachten sie in einem
Sommerhause im Garten zu, und gegen Abend
gaben ihnen seine Offiziere bis nach dem Boote das
Geleit. Sie wurden noch überdies mit brasilischem
Zukker beschenkt, und beim Abstossen mit neun
Kanonenschüssen begrüßt. Im englischen Kastelle
begegnete man ihnen aber nicht mit so viel Gast-
freundschaft.

Am ersten Mai verliessen unsre Britten das
Kap-Kors-Kastell, um nach Westindien zu segeln, und von da, nach glüklich vollbrachtem
Streifzuge, nach England zurükzukehren. Atkins
ward auf dieser Rükreise zum Schiffszahlmeister
gemacht, welches ihm nicht angenehm war. Man
hatte aber sonst Niemand, der diese Stelle versehen konnte.

Die beiden Kriegsschiffe fuhren zuerst nach
Whidah, wo sie einen von Rowry's aufrührischen Schiffleuten antrafen und wegnahmen. Er
schnitt sich aber aus Furcht vor der Strafe die
Kehle ab. — Von da segelten sie am 5ten darauf
nach dem Vorgebirge Lopez, um daselbst Holz
und Wasser einzunehmen, und dann nach Westindien zu gehen; sie erreichten am 26ten dies Kap.
Es hat eine sichere und angenehme Bai, in wel-

cher sie in zwanzig Faden ankerten. Sie hatten
das Vorgebirge Nordwest gen Nord, den Wasserplaz Süd gen Ost, und waren von jedem anbert-
halb Meilen entfernt. Beim Einlaufen hatten sie
das Vorgebirge Südwest, um die Sandbank zu
vermeiden, die auf den Karten unter dem Namen
der Franzosenbank angezeigt ist, und etwa anderthalb Seemeilen Nordnordost von dem Vorgebirge liegt; dieses Vorgebirge ist niedrig und steil,
aber voller Bäume.

Die Einwohner dieser Küste sind sehr gutartig,
und es verkauft nie einer den andern. Sie sind
sehr furchtsam, und wohnen deswegen etwas von
der See ab, auch wagen sich wenige auf ein Schiff,
wahrscheinlich weil sie schon sehr oft von Europäern
betrogen worden sind.

Viele haben europäische Namen, und sind auf-
serordentlich vergnügt, wenn sie von Europäern
an Kindesstatt angenommen werden.

Wenn sie zum Handeln kommen, so hat jeder
Haufe einen Führer, der sich dadurch hauptsächlich
auszeichnet, daß er europäische Kleider trägt, oder
doch in seiner Kleidung die europäische Tracht nach-
ahmt. Gewöhnlich hat er einen abgeschabenen Hut,
oder eine alte Perükke auf, oder ein Paar beschmuz-
te Beinkleider an, so daß er in diesem Anzuge weit
lächerlicher, als seine nakten Kameraden aussieht.

Einer von ihnen Namens Jakob, hatte den
Titel eines Königs angenommen, ohne zu wissen
was derselbe bedeutete; er kam in einem äußerst

komischen Anzuge an Bord der Schwalbe. Er
hatte nämlich eine alte Bootsknechtsperülke auf,
wovon das Unterste zu oberst stand, ein halbes
Paar Hosen, eine Jakke, Hut u. s. w. Dessenohn=
geachtet erwiesen ihm die Andern viel Ehrfurcht;
denn wenn er trank, so hielten allemal zwei ein
Tuch vor sein Gesicht, damit man ihn nicht sehen
konnte. Dieser Gebrauch zeigt eine grosse Ehrerbie=
tung an *). Als aber Jakob und seine Gesellschaft
betrunken waren, denn sie tranken nichts als grosse
Gläser mit Branntwein, so wurde diese Ehrenbe=
zeugung bei Seite gesezt, und zu noch grösserm Un=
glük sahen der König und seine Begleiter ihre Hüt=
ten auf dem Lande in Flammen stehen.

Die Veranlassung dazu war diese. Das Schiff
hatte am 29sten Mai das brittische Fest gefeiert,
und dabei alle Flaggen wehen und einige Kanonen
abbrennen lassen. Dieses legte ein anderes Neger=
oberhaupt auf dem Lande als eine Ehrenbezeugung
für den anmaßlichen König Jakob aus; er bemäch=
tigte sich daher aus Neid seines Hauses, seiner
Weiber und Daschis, trank ihm allen Branntwein
aus, aß seine Lebensmittel auf, prügelte seine
Leute tüchtig ab, und zündete noch zulezt seine bei=
den Häuser an. Am andern Morgen, als sich das
Räthsel auflöste, war aller Zorn vorbei, und bei=
de wurden wieder gute Freunde.

---

*) Eine Sitte, die sonst auch in Südafrika zu Hause ist,
wovon wir in der Folge noch weiter sprechen werden.

Die Negern dieser Gegend sind mit dem Feuergewehr sehr wenig bekannt, weil sie fast gar keinen
Handel treiben. Ihre Waffen sind Spiese, Pfeile
und Käulen. Ihre Kriege sind auch gar nicht mör-
drisch. Werden ihrer sechse in einer Schlacht erlegt,
so gilt sie für eine sehr blutige.

Am 5ten Junius verliessen unsre Britten das
Vorgebirge Lopez (Lobo Gonsalvo), und bekamen die Insel Annobon *) zu Gesicht. Am ersten Julius erreichten sie das Vorgebirg St. Au-
gustin in Brasilien, welches eine portugiesische
Pflanzstadt ist, und ankerten am 4ten in der Rhede von Fernambuko, welches nach Bahia der
gröste Handelshaven von Brasilien ist. Am 12ten
darauf verliessen sie dieses Land wieder, weil sie bemerkt hatten, daß die Winde beständig heimwärts
wehten, auch an Stärke zunahmen und gefährliche
Wellen auf der Rhede erzeugten. Am 3ten August
ankerten sie in Carlislebai auf Barbados, wo
sie Lebensmittel einnahmen. Am 23sten desselben
Monats langten sie zu Portroyal auf Jamaika
an, wo die Schwalbe eine Woche zuvor angekommen war; einige Tage darauf trieb der Sturm
das eroberte Seeräuberschiff ans Land, riß die Masten weg und richtete noch andern grossen Schaden
an, so daß sie sich hier sechs Monate wegen der
Ausbesserung desselben aufhalten mußten.

---

*) Das heißt: Gutes Jahr — weil sie von den Portu-
giesen am Neujahrstage entdekt worden ist.

Am rsten Januar 1723 verliessen sie Portroyal, und ankerten an den Rays. Am 7ten Februar verliessen sie die Rays, und hatten sechs
oder sieben Tage bis nach Portmorant nöthig,
um die Fahrt windwärts zu thun, wo alsdann die
Fahrt gewonnen ist, weil der Wind von Hispaniola das Wasser ebenet, und der beständige Wind
sehr vortheilhaft in die Flaggen wehet. Sie hatten
aber beinahe vier Tage lang Windstille. Am 17ten
entdekten sie die kleine Insel Novasia, *) wo die
Einwohner von Jamaika Guanas **) tödten.

Am 19ten liefen sie in Donna Maria Bay
am Westende von Hispaniola ein, wo sich besonders die königlichen Schiffe aufhalten, um Holz
und Wasser einzunehmen. Unsre Britten füllten hier
ihre Wassertonnen in einem Thale, eine Seemeile
südwärts von den beiden braunen Klippen, wo
das Wasser sehr gut ist, ausgenommen, wenn die
Winde die See über die Barre treiben. Es sind auch
noch zwei andere Plätze bei diesen Klippen, die
nicht so leicht überschwemmt werden. Sie kauften
hier einiges Schweinefleisch von zwei Jägern, die
nach Klein Guavas gehörten.

Am 26sten in der Nähe der Insel Heniago ***)
hatten sie einen immerwährenden Wind der Ost

*) Navaza, eine ganz kleine Insel zwischen Jamaika
und Hispaniola.
**) Eigentlich Iguanas oder Leguana, eßbare Eidexen.
***) Inagua, nordwärts von Hispaniola.

halb Nord war. Am 28sten sahen sie die Klippen, die man Schweinställe nennt. Gegen Mittag kamen sie rund um die Aklins Kaye *) herum, die sehr hoch aus dem Waffer hervorragen, und erreichten noch vor Abend Crooked oder Welleiland.

Von sechs und zwanzig bis sieben und dreißig Grad nördlicher Breite, trafen sie häufig Golfogesträuche um das Schiff herum schwimmen, welches sich aber nach und nach verminderte. Man nennt es so, weil man versichert ist, daß es von den Sandbänken von Florida herkömmt; es wird drei bis vierhundert Seemeilen nordöstlich von dem festen Lande gegenüber gefunden. Dieses ist ein Beweis daß ein unmerklicher Strom in diesen Breiten streicht.

Nordwärts der Bermuden wurden die Winde veränderlich, und immer stärker. Im acht und sechzigsten Grade hatten sie einen heftigen Wind Nordwest, der sie vierzehn Tage lang ihre Foksegel einzunehmen nöthigte; die See gieng dabei so hoch, daß sie das Waffer mit Tonnen aus dem Hintertheile schöpfen mußten.

Endlich langten unsre Britten nach vielen überstandenen Mühseligkeiten im April 1723 glüklich in England an. —

---

*) Kleine unbewohnte felsichte Inseln, oder hohe Klippen.

VII.

Des Ritters des Marchais

französischen Schiffskapitains

Reise nach Guinea.

In den Jahren 1725, 1726 und 1727.

Der Ritter Des Marchais, ein sehr erfahrner französischer See-Offizier hatte schon vorher mehrere Reisen nach Guinea gemacht, als er im Jahr 1724 das Kommando über das französische Kompagnie-Schiff, die Expedizion erhielt, und beordert ward, mit demselben abermals eine Fahrt nach Guinea zu unternehmen.

Auf dieser Reise hatte er nun Gelegenheit, seine schon vorher gesammelten Bemerkungen über diesen Küstenstrich, über die Lage und natürliche Beschaffenheit seiner einzelnen Theile, über die Lebensart, Sitten, Gebräuche und Meinungen der Einwohner, über den Handel u. s. w. zu berichtigen, zu ergänzen, zu vermehren. Er verstand das Seewesen vollkommen, war ein wachsamer und sorgfältiger Befehlshaber, und wußte durch sein Betragen die Liebe und Freundschaft der Negern zu gewinnen.

Dies alles gibt seinen von Guinea eingesammelten, besonders ausführlichen Nachrichten einen hohen Werth.

Der um die Erdkunde so verdiente Pater Labat machte nach der Rükkunft unsers Ritters von dieser seiner merkwürdigen Reise nach Guinea Bekanntschaft mit ihm, erhielt von ihm seine Tagebücher und gesammelten Beobachtungen, die er schon zu

Papier gebracht hatte, und **Labat** ordnete dann
diese wichtigen Papiere, und gab sie — wahrscheinlich mit Zusäzzen aus andern Schriftstellern
— im Jahre 1730 zu Paris mit Kupfern und
Karten in vier Duodez- (oder Klein-Oktav-) Bänden heraus *). Die Karten zeichnete d'Anville,
die übrigen Kupfer wurden nach des **Des Marchais** eigenen Zeichnungen gestochen.

Die Reisebeschreibung des Ritters **Des Marchais** von Guinea, füllt die zwei ersten Bände
dieses schäzbaren Werkes, (die zwei leztern betref-
fen Kayenne) und enthält sehr genaue, ausführ-
liche und merkwürdige Nachrichten von dieser weiten Küste.

Wir wollen hier (wie es auch schon die Herausgeber der allg. Hist. d. Reisen im III. B. gethan haben) die eigentliche Reisegeschichte oder das
Tagebuch des Ritters von seinen Reisebemerkungen,
oder Länder- und Völkerbeschreibungen trennen, um
jener in kurzem Auszuge hier ihre Stelle anzuwei-
sen, und diese, die dem Geographen noch immer
wichtig sind, zu der im nächsten Bande d. W. folgenden allgemeinen Beschreibung von Guinea zu
benuzzen suchen.

---

*) M. s. im VII. B. d. W. S. 22 und 23. — Ich be-
sizze die Amsterdamer Ausgabe von 1731 — und zitire
also nach dieser.

Des Ritters Des Marchais
französischen Schiffskapitains
Reise nach Guinea.

In den Jahren 1725, 1726 und 1727.

(Im Auszuge.)

Am 6ten August 1724 verließ der Ritter Des
Marchais, als Kapitän des Kompagnieschiffes
die Unternehmung (Expedition) den Haven von
Havre de grace, wo er Hanf geladen hatte.
Eine Windstille nöthigte ihn, sich von vier Schaluppen bis vor die Havendämme hinausbogsiren zu
lassen. Ein schwacher und veränderlicher Wind,
den er dann traf, zwang ihn zu laviren, bis er
die grosse Rheede erreichte, welche etwa zwei Stunden von der Stadt entfernt ist. Hier ankerte er
bei zehn Faden Wasser in Kiesgrund. Er wollte
da die zurükgebliebenen Matrosen von seiner Equipage erwarten. Ein verdrüßlicher Umstand für die
Schiffskapitaine! Sie mögen so klug zu Werke gehen, als sie wollen, um ihre Mannschaft zusammen zu halten, so stehlen sich doch immer Einige
weg — besonders solche, die noch etwas von ihrem Vorschusse übrig haben — um den Rest ihrer
Baarschaft im Haven vollends zu verzehren, ehe

fie an Bord gehen. Es scheint ihnen Gewissenssa=
che zu seyn, daß sie jeden Heller ihres Gelds den
Schenkwirthen zurükklassen müssen — oder glauben
sie vielleicht, daß die Paar Thaler, die sie etwa
noch mit an Bord brächten, das Schiff sinken ma=
chen würden? — Genug, sie verlassen den Haven
nicht eher, als bis Alles vertrunken ist, und dann
lassen sie sich ganz leicht und frohen Muths von
ihren Zechbrüdern in Böten dem Schiffe nachfüh=
ren, das sie jezt noch so gerne besteigen, da sie
nichts, als ihre Armuth mitbringen.

Unser Ritter, mußte also mit aller Bangigkeit
eines Mannes, der die Gefahr seiner Lage kennt,
auf dieser ungestümmen Rheede die Matrosen er=
warten, die noch in den Trinkgelagen herumtau=
melten. Weder sein Lösen der Kanonen, noch das
Aufstekken der Abfahrtsflagge vermochte, sie an
Bord zu bringen. Das Meer ward inzwischen so
ungestümm, daß der Kapitän sich entschloß, wie=
der in den Haven zurükzukehren. Schon hatte er
die Dämme wieder erreicht, als die Zauberer end=
lich kamen, und da der Wind sich dann erhob,
so konnte er endlich am 8ten August wirklich unter
Segel gehen.

Die ganze Fahrt durch den Kanal war mit vie=
len Beschwerlichkeiten verknüpft; der Wind war
unsern Seefahrern immer zuwider; bald tobte der
Sturm, bald ward es wieder gänzliche Windstille.
So stießen sie auf sieben Schiffe, die vom Ozean
herka=

herkamen, und übel zugerichtet waren. — Am 14ten August erreichten sie die Insel Quessant *), welche sie vermeiden mußten, um nicht an ihren Klippen zu scheitern. Diese Insel hat nur etwa drei Stunden im Umkreis; um sie her liegen mehrere kleinere felsichte Inselchen. Sie ist ziemlich wol bevölkert; ihre Einwohner, lauter Fischer, wohnen aber nur in einigen geringen Dörfern; ausser diesen findet sich noch ein altes Schloß auf der Insel, wohin die Einwohner flüchten, wenn Korsaren oder andre Feinde sie bedrohen. Sie haben auch einen kleinen, bequemen Haven, der aber für Schiffe, die nur etwas beträchtlich sind, zu seicht ist.

Am 16ten glaubten sie sich in der Nähe der äusserst gefährlichen Inseln Glenan und Pemark; sie bekamen sie aber wegen des dikken Nebels nicht zu Gesichte. Dieser hielt auch am folgenden Tage noch an, so daß man vom Hintertheil das Vordertheil des Schiffes nicht sehen konnte. An diesem Tage, nämlich den 17ten August erreichten sie endlich die Insel Grouais, welche vor der Mündung des Flusses Blavet liegt **), und beinahe

---

*) An der Westküste von Bretagne, auf der westlichsten Spize von Frankreich.

**) An diesem Flusse lag die Stadt Blavet, welche abgebrochen worden ist; aus ihren Trümmern entstand die kleine bevestigte Stadt und Haven Port Louis, welche an der Mündung jenes Flusses liegt, und von ihrem Erbauer Ludwig XIV. den Namen hat. Die-

ganz mit Klippen umgeben, die zwar den Schiffen das Landen äusserst gefährlich machen, aber auch den Einwohnern sehr vortheilhaft sind, weil sie daselbst die Meeraale *) in grosser Menge fangen, und einen beträchtlichen Handel damit treiben. Dieser Fang ist aber beschwerlich, und sogar gefährlich; denn der Meeraal hat starke und scharfe Zähne, mit welchen er heftig beißt, und was er einmal gepakt hat, das läßt er nicht so leicht wieder los. — In einiger Entfernung von dieser Insel ist ein guter Ankerplaz.

Unsre französischen Guineafahrer liefen darauf in den Haven von L'Orient **) ein. Dieser Ort war der französisch = indischen Kompagnie im Jahre 1666 von dem Könige eingeräumt worden. Hier waren der Waffenplaz, das Zeughaus und die grossen Haupt=Magazine dieser Handelsgesellschaft —

---

ser Ort gehört zum Departement des Morbihan, nach der jetzigen Eintheilung von Frankreich.

*) Der Meeraal (franz. Congre, engl. Conger-Eel — Muræna Conger. L.) ein Fisch aus dem Geschlechte der Aale, welcher grösser ist, als der gemeine Aal. Man fängt besonders die jungen Meeraale sehr häufig; denn mit Essig und Senf sind sie ein Lekkerbissen. Von Johannis bis Michaelis wird darum an den Küsten von Bretagne ein ordentlicher Aalfang angestellt.

**) Auch im Departement von Morbihan, eine sehr bekannte kleine Seestadt, deren Haven im J. 1784. zu einem Freihaven erklärt worden ist. Von hieraus wird noch immer ein starker Seehandel getrieben.

und alles dies war in der schönsten Ordnung. Jedes Schiff legt vor den Magazinen an, wo es ein- und ausladen soll, und wann dies geschehen ist, darf es nur auf günstigen Wind warten, um zu seiner Bestimmung zu eilen.

Die Unternehmung war zu Havre de Grace ausgebessert und gekalfatert worden; sie durfte also hier nur ihren Hanf ausladen, und die Waaren einnehmen, deren sie zum Sklavenhandel benöthigt war.

Diese Waaren sind immer einerlei, nur in der Menge verschieden, je nachdem man eine Zahl Sklaven einhandeln will.

Um 500 bis 550 Negern auf der Küste von Guinea einzukaufen, mußte man damals folgende Waaren mitnehmen:

Kauris oder Buschis (Bujis)	20,000 Pf.
Buntgestreifte Glaskügelchen	
Contrebrodé genannt	2000 Pf.
Platillen von Hamburg	1500 Stük.
Guineas, weisse, à 30 Ellen	100 St.
Ditto, blaue, Baftas genannt	50 St.
Salempuris, weisse, à 14 —	
15 Ellen	250 St.
Zis, großblumiger,	150 St.
Douette	50 St.
Garas	40 St.
Tapsal	40 St.
Flinten	200 St.

Q 2

Kupfer, in Bekken	600 Pf.
Branntwein von Nantes	200 Maaß *).
in Fäßchen, Anker genannt,	
jedes zu 25 Maaß **)	
Pulver	2000 Pf.
Eisen, in Stangen	1006 Barren.
Korallen	50 Pf.
Tabakspfeifen, feine holländische,	50 Kisten.

Ueberdies noch eine Quantität Kassade, oder kleine Glaskügelchen von verschiedenen Farben.

Diese Tauschwaaren zum guineischen Sklaven= handel verdienen noch einige nähere Erklärung. Die Buschis oder Kauris sind der Hauptartikel von jeder Guinea=Ladung. Es sind kleine weiße Muscheln, die an den Maldiveninseln gefischt wer= den ***). Man hat von denselben größere und klei=

---

*) Im Originale: Quartes. Eine Quarte = 2 Pin= tes. Eine Pinte de Paris enthält 48 Kubikzoll.

**) Im Originale: Pots. Ein Pot = 2 Pintes folg= lich = 1 Quarte. Pot wird durchgehends für Maaß oder Kanne genommen, und ist = 2 Flaschen.

***) Diese Muscheln gehören in das linneische Geschlecht der Porzellanen (Cypræa. L.) welche von den Fran= zosen Pucelages, von den Holländern Klipkousen ge= nannt werden, und die eigentlichen Kauris sind die Art: Cypræa moneta. L. — Die Geldporzellane; man rechnet aber auch hieher die blaue Kauri (Cy= præa annulus. L.) und die gefleckte Kauri (Cypræa taurica. L.) —

nere; leztere werden am höchsten geschäzt, und beide Arten sind in einem grossen Theile von Afrika sowol südwärts des Senegals, als auch im Innern und auch in einigen Theilen von Ostindien die gemeine Scheidemünze. Es ist ganz natürlich, daß es den Europäern daran gelegen seyn muß, diesen nöthigen Handelsartikel, wobei ein grosser Gewinn zu machen ist, aus der ersten Hand zu bekommen. Doch haben die Holländer, seit sie im Besizze der Insel Zeilan sind, diese Handlung fast ganz allein.

Contrebrodé ist eine Art von Glaskügelchen oder Glasperlen von verschiedener Grösse, die in grosser Menge zu Venedig gemacht werden. Sie sind auf einem weissen oder schwarzen Boden mit entgegengesezten Farben gestreift. Daher ihr Name *). Die Negern binden sie ihren Kindern um den Leib, bis sie ein gewisses Alter erreichen.

Hamburgische Platillas (Platilles de Hambourg) werden im Guineahandel gewisse Leinenzeuche genannt, die in Deutschland gemacht werden **),

---

*) Contrebrodé bedeutet soviel, als gegen gestikt.

**) Platilles wird überhaupt eine Gattung platt zusammengelegter Flachsleinwand genannt, die sehr häufig in Sachsen, Schlesien und Böhmen gewebt, und über Hamburg sehr stark nach Spanien, Frankreich u. s. w. ausgeführt wird. Man unterscheidet sie in rohe, gebleichte, feine, mittlere und ordinäre. Das Stük ist gewöhnlich 6/4 breit und 58 bis 60 Ellen lang.

aber weit geringer find , als die Platillas aus
der Bretagne.

Guineas *), Salampuris **), Baftas ***),

---

*) Guineas, Guinees, weiſſe Katune von Maſulipa-
tam, das Stük gewöhnlich 1 3/8 bis 7/16 breit, und
46 bis 47 Ellen lang; man hat auch blaue von Por-
tonovo; weiß und blau geſtreifte Guineas-Stuffs, und
noch andre Sorten. Dieſe Kattune haben daher ihren
Namen, weil ſie ſehr ſtark im Negerhandel gehen.
Die Dänen bringen die meiſten nach Europa.

**) Salampours oder Salempuris ſind indiſche Kattu-
ne, die in verſchiedenen Gegenden auf der Koroman-
delküſte gewebt, und von den Europdern in groſſer
Menge ausgeführt werden ; man hat rohe und gebleichte, weiſſe und gefärbte, u. ſ. w. Ueberhaupt zählt
man 32 Sorten von dieſer Waare, die durch Beiſez-
zung des Namens des Orts, wo man ſie fabrizirt,
von einander unterſchieden werden, ſo giebt es z. B.
Salempuris Sadraspatnam, Salempuris Jagerna-
gur u. ſ. w. (Zum Beweis, wie nachläſſig die Ueber-
ſezzungen von Reiſebeſchreibungen meiſt beſorgt werden, merke ich hier an, daß das Wort Salempourri
in der Ueberſezzung der Beſchreibung von Nigrizien,
in Culys Samml. v. Reiſen nach Afrika, verdeutſcht
worden iſt: verfaulter Salem !!!)

***) Von dieſem oſtindiſchen Kattun zählt man zwölf
und mehrere Sorten. Die Negern ſchäzzen ihn vorzüglich.

Garas *), Duettas **), Tapsals ***) und
ähnliche sind Kattune, oder baumwollene bunte
Zeuche verschiedener Art, die in Ostindien fabrizirt, und meist nur zum Negerhandel gebraucht
werden.

Alles Kupfer das nach Afrika gebracht wird,
besteht in Bekken von vier, sechs oder acht Pfund.

Der Branntwein ist auch ein Hauptartikel
des afrikanischen Handels. Die Negern sind sehr
grosse Kenner und Liebhaber von diesem schädlichen
Getränke. Man würde sich vergebliche Mühe geben, ihnen geringe Sorten von Branntwein auf-
bringen zu wollen. Sie verstehen sich zu gut darauf, und ziehen den Weinbranntwein allen andern
vor ****). Aller Branntwein, den man nach Afri-

---

*) Grobe weisse Kattune, das Stük 7/8 breit, und 9 2/3
bis 14 1/2 franz. Stab (Aunes de Paris) lang; diese
kommen meist von Surate.

**) Eigentlich Doutis — ziemlich grobe, rohe oder weisse
ostindische Kattune, von fünferlei Sorten. Sie werden von Surate ausgeführt.

***) Tapsels oder Topseils sind blau oder buntgestreifte
indische Kattune, die sehr häufig aus Bengalen gebracht werden, und gewöhnlich 3/4 bis 5/6 breit, und
10 franz. Stab lang sind. Sie gehen stark nach Afrika, und werden auch zu Rouen nachgemacht.

****) Dennoch wird der Branntwein, den die Sklaven-
händler den Negern bringen, meistens sehr verfälscht
und oft wirklich vergiftet. (Wovon in der Folge nach
ein Mehreres.)

la führt, ist um der Bequemlichkeit des Transports zu Lande willen, in kleine Fäßchen abgetheilt, die man Anker nennt.

Schießpulver, und zwar Flintenpulver, denn die Negern haben nur sehr wenig Kanonen, wird sehr von ihnen gesucht; sie sind gute Schützen, und verschwenden bei allen Gelegenheiten eine Menge Pulver *).

Eisen bringen die Franzosen nur wenig nach Guinea; aber desto mehr nach Senegambien, wo die Negern sich ihre Werkzeuge selbst daraus verfertigen. Die guineischen Negern geben sich aber nicht damit ab, sondern handeln alles Eisenwerk das sie brauchen von den Engländern, Holländern und Portugiesen ein. Die Franzosen haben bisher diesen Handel mit verarbeitetem Eisen ganz vernachlässigt, da sie doch so gut, als andre, die eisernen Werkzeuge liefern könnten, wie die Negern sie wollen. — Die Eisenstangen, welche nach Guinea gebracht werden, sind kürzer, als die, welche man nach Senegambien führt. Die ersteren sind gewöhnlich sieben Fuß lang, zwei Zoll breit, und einen Viertelszoll dik.

Holländische Pfeifen sind den guineischen Negern sehr willkommen; sie müssen aber von der fein=

*) Auch schlechtes Pulver liefern die Sklavenhändler den Negern, und noch schlechtere Flinten, die oft beim ersten Schuß zerspringen.

ften Sorte feyn, fonft achten fie fie nicht. Sie ma=
chen zwar auch Pfeifenköpfe, aber fie ziehen die
fremde Arbeit vor.

**Korallen, Glasperlen und Glaskügel=
chen aller Arten** *) find eine in Guinea fehr gang=
bare Waare; denn fie gehören zu dem Puzze der
Weiber und Kinder, und werden an Schnüren um
den Hals, um den Leib, um die Arme, um die
Schenkel und Füffe getragen. Man verbraucht fehr
viel von diefem Artikel. —

Auffer diefen genannten Waaren zum Neger=
handel kann man fich ohne Gefahr auch mit feinerm
Gute, mit allerlei Galanteriewaaren, Kleidungs=
ftükken, Zinn= und Silbergefchirr, Seidenzeuchen,
Muffelin, Wein, Zukker u. dergl. verfehen, um
auch Gold, Elfenbein und Ambra einzuhandeln.
Den vornehmen Negern find alle europäifchen Puz=

---

*) Die Glaskorallen, welche fo ftark den Negern in
Afrika zugeführt werden, kommen meist alle aus fran=
zöfifchen und venezianifchen Fabriken, und werden in
38 Sorten abgetheilt. Die Namen einzelner Sorten
find: Ambréades, gouttes de lait, criftaux faux, ga=
lets, grains, idis, loquis, margriettes, olivettes, pe=
fans, raffade, verrots, contrebrodés, u. f. w. Diefe
Waare überhaupt wird in Frankreich Verroterie ge=
nannt. Sie ift fehr wolfeil, denn das Pfund koftet
nur 8 bis 10 Sous (12 bis 15 Kreuzer) — Zehn
Fäden Glaskorallen machen eine Schnur, und zwölf
Schnüre einen Bund.

und Prunkwaaren willkommen, weil sie gar zu gern in Allem den Europäern nachäffen. —

Nach eingenommener Ladung segelte der Ritter Des Marchais am 4ten September 1724, Morgens um 4 Uhr aus dem Hafen von L'Orient ab. Er hatte ein unbewaffnetes Kompagnieschiff, der Proteus genannt, bei sich, um es sicher nach Senegambien zu geleiten, da man sich vor den saleischen Seeräubern sehr zu hüten hatte. Die Schiffe, die von L'Orient auslaufen, und nach Guinea bestimmt sind, richten gewöhnlich ihren Lauf nach der Insel Madera, die sie dann linker Hand lassen, um nach dem Vorgebirge Monte zu steuern. Hingegen die, welche nach dem Senegal oder nach Goree segeln, steuern nach Teneriffa, und fahren an dieser Insel ostwärts vorbei.

Am 18ten desselben Monats erblikten sie mit Tagesanbruch die Insel Porto santo in einer Entfernung von sieben oder acht Seemeilen, und segelten dann zwischen dieser Insel und Madera durch; eine Gegend, welche eine der gefährlichsten für die Kauffahrer ist, weil die saleischen Raubschiffe daselbst auf sie zu lauern pflegen. — Die Fregatte die Unternehmung durfte hier nur wenig Segel ausspannen, um den Proteus nicht aus dem Gesichte zu verlieren, welcher sehr langsam segelte, und mit allen seinen Segeln immer hinter der Fregatte zurükblieb.

Am 21ſten befanden ſich beide Schiffe nahe
bei den Salvages, welches zwei kleine wüſte Inſ=
feln ſüdſüdöſtlich von Madera ſind. Der Boden
derſelben taugt gar nichts, deßwegen haben die
Portugieſen und Spanier dieſe unbrauchbaren Inſ=
ſelchen willig den Kanarienvögeln überlaſſen, die
ſich daſelbſt auſſerordentlich mehren.

Am 24ſten trennte ſich der **Proteus**, un=
term 26° 15′ N. Br. und 358° 37′ O. L. von der
Fregatte, welche unſer Ritter **Des Marchais** kom=
mandirte, weil jezt von den Galeeren nichts mehr
zu befürchten war. Erſterer ſteuerte nach der Küſte
von Senegambien, und lezterer richtete ſeinen Lauf
nach **Kap Monte**. Zum Abſchied begrüßten ſie
einander mit drei Kanonenſchüſſen. — Zwiſchen
den genannten Inſeln hatten unſere Seefahrer eine
ſo ungeheure Menge Boniten *) getroffen, daß
es ſchien, als ob dieſe Fiſche unter ſich wetteifer=
ten, um recht bald gefangen zu worden. Auch mach=
ten ſich die Matroſen dieſe Gelegenheit zu Nuz und
aſſen auf allerlei Art zubereitete Boniten bis zum
Ueberdruß! — Das Fleiſch dieſes Fiſchs iſt weiß,
zart und ſchmakhaft; man kann es einſalzen oder
mariniren und ſehr lang aufbewahren. — Dieſe

---

*) Dieſer Fiſch gehört in das Linneiſche Geſchlecht der
Makreli, (Scomber. L.) und iſt die Art, welche auch
Bonetfiſch, franz. Bonite, auch Germon genannt wird,
(Scomber Pelamis. L.) Die Boniten ſind gewöhnlich
3 bis 4 Fuß lang, dik und fleiſchig; ſie ſtellen den
fliegenden Fiſchen nach.

Fiſche ſchwimmen immer in dichten Haufen, ma=
chen ein Geräuſch dabei, und laſſen ſich ohne Mü=
he fangen. Sie ſind um die Kanarieninſeln und
Madera herum in äuſſerſt groſſer Menge zu finden.
Weiterhin aber nicht mehr.

Am 3ten Oktober erblikte unſer Ritter die Spiz=
ze der Barbarei (am Senegal); weil er nun bei der
Begleitung des Proteus viele Zeit verloren hatte,
ſo ſah er ſich genöthigt nach Goree zu ſteuern, um
daſelbſt Holz und Waſſer einzunehmen. Dieſer Auf=
enthalt war der Geſellſchaft ſehr nachtheilig, weil
dadurch die beſte Zeit zur Reiſe von Guinea nach
Amerika verloren gieng.

Am 4ten bekamen ſie dritthalb Seemeilen von
dem grünen Vorgebirge die Spizze Almadin zu
Geſicht, und gegen Mittag warfen ſie in dreizehn
Faden nahe bei dem Forte zu Goree Anker.

Man tadelt es gar ſehr, daß die Geſellſchaft
dieſe Inſel nicht mit ſchattichten Bäumen bepflan=
zen, und mit Waſſer verſehen läßt, das jezt von
dem veſten Lande dahin geholt werden muß, da
doch auf dem Berge St. Michael ſehr gute Quel=
len gegraben oder Ziſternen angelegt werden könnten.

Nachdem der Ritter ſich hinlänglich mit Holz
und Waſſer verſehen hatte, ſo ſegelte er am 17ten
Oktober wieder von Goree ab. Am 26ſten fieugen
ſeine Leute einen ſehr ſeltſamen Fiſch, dergleichen
Niemand von der ganzen Equipage jemals geſehen
hatte. Dieſes Seeungeheuer war acht Fuß lang,
hatte ungefähr 4¼ Fuß im Umfang; der Rachen

war groß und mit 12 beinahe zwei Zoll langen
scharfen Zähnen besezt; der obere Theil des Kopfs
bildete einen langen beinernen Schnabel, der über
den untern Theil hervorragte; die Augen waren
roth, die Haut hart und dik, ohne Schuppen.
Statt der Ohren hatte er auf jeder Seite fünf Ein-
schnitte, die er nach Belieben öffnen und schliessen
konnte. Unter denselben hatte er eine grosse, weiter unten zwei kleinere Floßfedern, und auf dem
Rükken auch eine grosse. Man hatte Mühe diesen
wilden und starken Fisch glüklich aufs Verdek zu
bringen; als er an der Kette mit dem Angel hieng,
an welchem sie ihn verbluten liessen, schleuderte er
mit unbegreiflicher Kraft einen Haifisch von sich weg,
der sich ihm genähert hatte. *) —

Des Marchais schiffte am Sierraleonaflusse
vorbei, ohne daselbst zu landen. Er fieng hier eine Fledermaus, die so groß wie eine Henne war,
und durch einen Windstoß auf sein Schiff geschleu-
dert wurde. Dies war kein gutes Zeichen. Wirklich mußte er auch vieles von der schlimmen Witterung ausstehen.

Am 13ten November erblikte er zwei Wasserho-
sen. Die gröste gieng aus einer dikken, schwarzen
und sehr hohen Wolke, sie war, ohnerachtet kein
Wind gieng, gekrümmt, und brachte die See auf

---

*) In der Reisebeschreibung des Des Marchais ist die-
ser Fisch abgebildet, welcher wohl nichts anders, als
eine Art Haififch ist.

hundert Schritte in Wallung. Eine andere gieng
aus dem Obertheile der nämlichen Wolke in eine
andere, die aber nicht so dik und dunkel war als
die erste, aber viel tiefer hieng. Beide Hosen hiengen anderthalb Stunden in der Luft voll Waffer,
riffen endlich, und verursachten einen so heftigen
Regen, daß sie das Verdek mit Schöpfgefässen vom
Waffer befreien mußten. Das Schiff war eine Seemeile davon, und würde ganz gewiß verloren gewesen seyn, wenn eine in seiner Nähe geborsten
wäre. Dieses waren Vorboten von Windstillen und
anhaltendem Regen, wovon viele von dem Schiffsvolk krank wurden; endlich langten sie den 3ten
Dezember nach vielen ausgestandenen Beschwerlichkeiten auf dem Vorgebirge Monte an. Man rechnet von da bis nach dem Vorgebirge Mesurado
acht Seemeilen; die Küste ist sicher, und auf dem
ganzen Wege gut ankern. Bei widrigem Winde, oder
bei gänzlicher Windstille kann man überall liegen
bleiben und die Landwinde abwarten, die alle Nacht
regelmäffig vom Ufer herwehen. Unser Ritter brauchte
dennoch zu dieser kurzen Fahrt sechs volle Tage, ob
man sie gleich nicht selten in sechs Stunden macht.
Ohne die Bequemlichkeit der Ankerplätze würde er
von den Strömungen und widrige Winde wieder
nach Sierraleona oder noch weiter zurükgetrieben
worden seyn.

Am 9ten Dezember 1721 ankerte er endlich eine Viertelsmeile vom Kap Mesurado in 11 Faden Waffer. Kaum hatte er hier den Anker fallen

laſſen, ſo kam ſchon ein Negerboot herbei, um zu
ſehen, wer er wäre? Seine Ankunft verbreitete unter den Einwohnern dieſer Gegend eine groſſe Freude; ſie kannten ihn ſeit langer Zeit und hatten ſehr
viele Achtung für ihn. Hauptmann Pieter *),
der damalige König, ſchifte ſobald er es erfuhr,
ſeinen vornehmſten Marbuten, ihn zu bewillkommen,
und ihn an das Land einzuladen. Des Marchais
ſtieg auf dieſe Einladung am folgenden Tage an's
Ufer.

Der König erwartete ihn am Fluſſe, empfieng
ihn auſſerordentlich gütig, und umarnte ihn zu
wiederholten Malen. Die dringende Noth in welcher das Schiff ſich befand, zwang unſern Ritter
zu allererſt auf die Herbeiſchaffung der nöthigen Be-
dürfniſſe zu denken. Dies ward ſogleich in Ordnung gebracht, der Preiß wurde berichtigt, und der
gutmüthige Negerkönig ertheilte ſogleich Befehl,
daß man ihm unverzüglich Waſſer, Holz und Lebensmittel an Bord bringen ſollte. Die Lebensmittel beſtanden in Ochſen, Schafen, Ziegen und
Hünern, alles in ſehr wohlfeilen Preiſſen.

---

*) Des Marchais ſagt (T. I. p. 99.) er wiſſe den wah-
ren Urſprung dieſes Namens nicht, welchen ſeit langen Zeiten alle Negerkönige von Meſurado führen;
er vermuthet aber, ein ſolcher König habe ihn vor
Zeiten, wie es in Guinea gewöhnlich iſt, von einem
holländiſchen Kapitän angenommen, als dieſe Negern
noch mit den Holländern in Freundſchaft lebten.

Das Land umher ist auch ausnehmend fruchtbar, alle Bedürfnisse des Lebens sind in reichem
Ueberflusse vorhanden; die Luft ist sehr gesund, das
Wasser ist sehr gut; überhaupt ist dieser Küstenstrich
ganz vortrefflich. Kein Wunder ist es daher, daß
dies Land so stark bevölkert ist. Die Bewohner desselben sind starke, wolgebaute, gesunde und mu-
thige Leute; ihre Nachbarn und Europäer, die sie
mißhandeln wollten, haben es schon erfahren, daß
diese Negern sehr tapfer sind. Sie besizzen viel
Verstand, urtheilen sehr richtig, sprechen mit Be-
sonnenheit, und wissen die Sorge für ihren Vortheil sehr klug mit Gefälligkeit und Höflichkeit zu
verbinden. Sie lieben die Ordnung, wenden vielen Fleiß auf den Feldbau und sind unermüdet,
wenn es ihnen beliebt, zu arbeiten; dies beliebt
ihnen aber nicht immer. Eigennützig und gewinn-
süchtig sind sie im höchsten Grade; aber sie lassen
es nicht blikken. Dennoch sind sie standhaft in der
Freundschaft; nur müssen ihre Freunde ihren Weibern nicht zu nahe kommen; denn sie sind äusserst
eifersüchtig. Diese Eifersucht erstrekt sich aber nicht
auf ihre Töchter. Alle unverheuratheten Negerinnen geniessen einer unbeschränkten Freiheit, deren
Mißbrauch ihnen mehr Ehre als Schande bringt;
denn ein Neger macht sich hier ein Vergnügen daraus, ein Mädchen zu heurathen, das schon Be-
weise von seiner Fruchtbarkeit gegeben hat, und ist
froh, wenn sich seine Braut durch Buhlerei ein
Vermögen erworben hat, das ihn für die Hochzeit-

kosten

Toften entschädigt *). — Diese Negern hegen auch
grosse Zärtlichkeit für ihre Kinder, und zu ihren
Tugenden gehört endlich noch ihre grosse Reinlich-
keitsliebe. Die Weiber sind sehr arbeitsam, fried-
fertig, ihren Männern unterwürfig, und sehr aufmerksam auf alles, was diesen angenehm seyn
kann. —

Holländer und Engländer widersprechen zwar
dieser vortheilhaften Schilderung der Negern am Kap
Mesurado, und behaupten, sie seien boshaft, treu-
los, diebisch, tükkisch, rachsüchtig und grausam.
Des Marchais versichert aber, dies sei eine Ver-
läumdung, welche von dem tiefgewurzelten Hasse
herrühre, welchen diese Negern gegen die Holländer
und mehr noch gegen die Engländer haben; er sagt,
wenn ein holländisches oder englisches Schiff des
Handels wegen sich hier vor Anker legt, so werden
von Seiten der Negern alle Vorsichtigkeitsmittel
ergriffen, welche nur das höchste Mistrauen ange-
ben kann; Geiseln werden gewechselt, Wachen

*) Wir finden diesen Mangel an Delikatesse bei sehr vie-
len Völkern, welche Meiners in seiner Abhandlung
über den Werth der Jungferschaft ꝛc. ꝛc. im 1 St. des
1 Bandes des Gött. histor. Magazins — zum Theil
aufzählt. Der Regel, die er darüber angibt, kann ich
aber nicht beistimmen, da uns die Völkerkunde zu
viele Ausnahmen zeigt, und uns auch auf einen Ur-
sprung dieser Sitte hinweist, der mit der verschiedenen Abstammung der Völker nichts gemein hat.
Gesch. der Reisen. 5ter Band. R

ausgestellt, und nie erscheinen die Negern unbewaffnet *); dies findet aber nicht Statt, wenn Franzosen hieher kommen; diese werden von den Negern
am Kap Mesurado geschäzt und geliebt; sie äussern
das vollste Zutrauen gegen sie, sie kommen Haufenweise ohne Waffen an Bord, sie vertrauen ihnen
Alles an, und begegnen ihnen mit der ausgezeich-
netsten Freundschaft. Die Franzosen erwiedern dies
Zutrauen und diese Freundschaft ohne Zurükhal-
tung; sie gehen immer unbewaffnet an's Land,
überlassen ihnen ihre Personen, so wie ihre Waaren ohne alles Mistrauen, und nie haben sie Ursache gehabt, ihr Zutrauen und ihre Freundschaft
zu bereuen; nie ist die gegenseitige Harmonie unterbrochen worden.

Die guten Eigenschaften dieser Negern, ihre
Vorliebe für die Franzosen, die Annehmlichkeiten
und Reichthümer ihres Landes, und die für den
Handel so bequeme und sichere Lage des Vorgebirgs von Mesurado bewogen unsern Ritter, den
Entwurf zu einer französischen Niederlassung daselbst zu Papier zu bringen, um ihn seinen Prinzipalen, der erwähnten Handelsgesellschaft vorzule-
gen. Der König dieses Landes war sehr geneigt

---

*) Wenn Alles so wahr ist, wie Des Marchais es er-
zählt, und wie es wirklich den Schein hat, so möchten wol Engländer und Holländer die erste Ursache
dieses Mistrauens gegeben haben.

dazu; er schenkte unserm Ritter eine ungefähr zwei
Stunden lange und drei Viertelstunden breite, äuf=
ferst fruchtbare und angenehme Insel in der Mün=
dung des Rio Duro oder Flusses von Mesurado,
und drang sehr darauf, daß er daselbst eine Nie=
derlassung gründen sollte. Diese Insel wird die
Königs=Insel genannt; sie gehört unmittelbar
dem Könige, welcher zwar nicht auf derselben
wohnt, aber ein Haus und Sklaven darauf hält,
welche sein Vieh hüten, und Geflügel für ihn er=
ziehen. Diese Insel hat sehr grosse, hohe und dik=
stämmige Bäume — ein Beweis von der Güte ih=
res Bodens — sie wird nie von dem Flusse über=
schwemmt, und hat nur einen Fehler — es
mangelt ihr an süssem Wasser; denn das Wasser,
das sie umfließt ist salzig. Dieser Mangel, und
dann der Umstand, daß es in der Gewalt der Ne=
gern stände, die Niederlassung auf diesem Inselchen
von der Gemeinschaft mit den ankommenden Schif=
fen abzuschneiden, bewogen den Ritter, das Ge=
schenk desselben auszuschlagen, ohne den guten Kö=
nig durch die Entdekkung der wahren Beweggründe
dieser Ausschlagung zu beleidigen. Dieser wünschte
so sehr, in seinem Gebiete eine französische Nieder=
lassung zu haben, daß er den Ritter bat, sich
selbst einen ihm gefälligen und bequemen Ort dazu
aufzusuchen. Des Marchais that es, und fand,
daß die Lage des Vorgebirges selbst die vortheilhaf=
teste dazu wäre. Dieses Kap ist eine schöne Anhö=
he, welche oben eine Fläche von 4000 Schritten im

R 2

Umkreise hat; sie strekt sich als eine Halbinsel in's
Meer hinaus, zu ihrer Rechten strömt der Fluß in's
Meer, und von ihr herab kann man diesen und die
ganze Rhede bestreichen; sie hat eine süße Wasser-
quelle, und ist überhaupt ein ganz vortefflicher
Ort zur Anlegung eines Forts. Des Marchais
zweifelte nicht, daß diese vortheilhafte Lage, die
sichere Hoffnung auf einen sehr einträglichen Handel, und die Liebe der Negern und ihres Königs zu
den Franzosen, seine Prinzipalen bestimmen würde, hier eine Niederlassung zu errichten. Er theilte diese Hoffnung dem freundschaftlichen Könige
mit, und segelte dann am 18ten Dezember 1724
mit Wasser, Holz, Reis, Mais, Geflügeln und
anderen Lebensmitteln reichlich versehen von diesem
Vorgebirge weg, um seine Küstenfahrt weiter fortzusezzen.

Unser Ritter fuhr zuerst nach Rio Sesto, welches 40 (französische) Meilen vom Kap Mesurado
entfernt ist. Daselbst wohnte er einem Leichenbe-
gängnisse eines Negern bei, dessen geliebteste Gat-
tinn auf seinem Grabe umgebracht, und mit ihm
begraben wurde; so ist es hier Landessitte *).

Am 23sten genannten Monats erreichte Des
Marchais das Palmenkap, und am 26sten kam
er nach Drouin. Die Windstillen, Strömungen,

---

*) Diese grausame Sitte soll im nächsten Bande d. W.
näher beschrieben werden.

und widrigen Winde schienen abwechselnd mit ein=
ander zu wetteifern, seine Fahrt au`zuhalten. Er
entschloß sich daher in dreissig Faden hier zu an=
kern, um den Weg nicht zu verlieren, den er mit
so vieler Mühe von dem Vorgebirge Mesurado zu=
rükgelegt hatte. Ein englisches Kriegsschiff lag
hier dicht am Lande, und gab ihm sogleich mit der
Flagge das gewöhnliche Nothzeichen. Zugleich kam
auch das Boot desselben mit einem Offizier an Bord
der französischen Fregatte, welcher unserm Ritter
berichtete, daß sein Hauptmann todtkrank, ohne
Hülfe, ohne Erquikkung darnieder läge. Der Rit=
ter schikte ihm sogleich seinen Wundarzt mit Arze=
neien und Erfrischungen, und besuchte auf den
Abend den Kranken selbst, der durch die Vorsorge
des Wundarztes, und mit Hülfe seiner guten Na=
tur in wenig Tagen wieder gesund wurde. Er be=
schenkte den Ritter mit einem jungen Negern, und
dieser machte ihm ein Geschenk mit seiner Vogelflinte.

— Drouin (oder Gros Drouin) ist ein be=
trächtliches Negerdorf, das auf einer Insel liegt,
welche von den beiden Armen des Flusses Drouin
bei seinem Ausflusse ins Meer gebildet wird. Wei=
ter hinauf dehnen sich zu beiden Seiten dieses Flus=
ses unübersehbare Wiesen aus.

Ostwärts von Drouin stürzt sich der Andreas=
fluß (Rio St. Andre) ins Meer, und bildet
kurz vor seinem Ausflusse eine Halbinsel, die von
der Natur selbst zu einer Vestung bestimmt zu seyn

scheint. Sie hängt blos durch eine Landzunge von
12 bis 15 franz. Meßruthen Breite zusammen,
besteht aus einem auf allen Seiten schroffen, und
oben flachen Felsen, der nur gegen Westen zugäng-
lich ist, aber auch hier durch Klippen in dem Flusse hinlänglich vertheidigt wird. Die Ebene auf dem
Felsen hat etwa 400 franz. Meßruthen (Toises)
im Umfang, und bestreicht die ganze Küste, ohne
daß sie selbst von irgend einer Anhöhe bestrichen
werden könnte. Ueberhaupt ist dieser Ort eine so
vollkommne natürliche Vestung, daß er nur weniger Kunstbeihülfe bedarf, um unüberwindlich zu
werden! — Es wäre der Mühe werth, hier eine
Niederlassung anzulegen! Das Land umher ist ausserordentlich fruchtbar; Reis, Hirse, Mais, Erbsen, Pataten, Melonen und andere Gartengewächse
wachsen hier in größtem Ueberfluß und höchster
Vollkommenheit. Fruchtbäume, Palmen, Baum-
wollenbäume finden sich hier in grosser Menge; auch
wächst hier unbeschreiblich viel Zukkerrohr, grösser
und schöner, als in Amerika; aber man vernachlässigt es, und läßt es von den Elefanten ver-
wüsten.

Ueberhaupt ist dies Land sehr reich, und würde
für eine europäische Niederlassung schon von größtem Nuzzen seyn, wenn man nur den Zukkerbau
betreiben wollte. Ausserdem könnte man hier ungemein viel Gold, Elfenbein, Baumwolle und Sklaven von den Negern einhandeln. Freilich stehen

diese Negern im übelsten Rufe; sie sind Menschenfresser; das ist nicht zu läugnen, denn sie haben
wirklich einst vierzehn Holländer auf Einem Schmause verzehrt. Aber es ist hier die Frage, ob diese
Menschenfresser nicht auch wie andre anthropophagischen Völker jene Holländer nach einer erlittenen
Mißhandlung bloß im Ausbruche der höchsten Wut,
aus unersättlicher Rache und bitterm Haße gefressen haben *)? Es ist die Frage, ob es den Europäern, die doch auch mit andern menschenfressenden Nazionen Handel treiben, und Umgang pflegen, nicht möglich wäre, diese schwarzen Barbaren
zu zähmen, oder wenigstens durch Furcht im Zaum
zu halten? —

Der Herausgeber von unsers Ritters Reisebeschreibung, Labat glaubt, daß dies Alles, und
zwar mit grossem Vortheil für die Unternehmer
leicht zu bewirken wäre; er ist überzeugt, daß diese so verschrieenen Negern durch eine auf der beschriebenen Halbinsel angelegte Vestung gar wol
im Respekt gehalten, und durch Pflanzstädte europäischer Kolonisten eben so leicht zu milderen Sitten gebracht werden könnten; daß dadurch vieles
über diese Küste gewonnen, und ein grosser Nuzzen
eingeärndtet würde. —

---

*) Eine Bemerkung, die zur Ehre der Menschheit von
   Reisebeschreibern und Philosophen gemacht und gegründet befunden worden ist. Doch, hier ist nicht
   der Ort zur Untersuchung dieses wichtigen Gegenstandes.

Des Marchais fieng bei diesem Fluſſe einen
ſeltſamen Fiſch von dem Geſchlechte der Rochen *);
er nannte ihn den Teufel. Dieſer Fiſch war gegen
25 Fuß lang, bis 18 Fuß breit, und 3 Fuß dik.
Seine Geſtalt war wirklich ſcheußlich **).

Unſer Ritter ſegelte weiter. Beim Kap Laho
fängt die ſogenannte Küſte der guten Leute an.
Die Quaqua's, die ſie bewohnen, und die ihren
Namen von ihrem gewöhnlichen Gruſſe Quaqua
(d. h. guten Tag! Willkommen!) haben, den ſie
immer im Munde führen, können nur im Gegenſaz
mit ihren weſtlichen Nachbarn, den Menſchenfreſ-
ſern, gute Leute genannt werden. Für ſich allein
betrachtet ſind ſie es nicht ſo ſehr!

Weiterhin kommt man zu den wirklich gutarti-
gen Iſſinern oder Iſſineſen ***). — Näher am
Kap Apollonia liegt das Königreich Guiamere,
das im Anfange dieſes Jahrhunderts von einer treff-
lichen Königinn beherrſcht wurde, welche männliche Eigenſchaften beſaß, und den Franzoſen ſehr
geneigt war ****).

---

*) Raja. L.
**) Wie aus der Beſchreibung und Abbildung erhellet,
   die uns Des Marchais geliefert hat.
***) Mehrere Nachrichten von denſelben im nächſten
   Bande.
****) Von welcher uns Atkins oben S. 225. ſchon Ei-
   niges erzählt hat. In der Folge noch ein Mehreres
   von derſelben.

Das Kap Apollonia liegt unter 4° 50'. N. Breite, und besteht aus einer mit grossen Bäumen bewachsenen Anhöhe, die man von fernher erblikt. Die Negern daselbst lebten in republikanischer Regierungsform, beklagten sich aber damals sehr über den Druk der Holländer.

Am 3ten Januar erreichte unser Ritter das Vorgebirg der drei Spizzen. Er ankerte hier in fünf und zwanzig Faden, drei Seemeilen vom Lande in sandigem Boden.

Am 5ten Januar war unser Ritter dem Kastelle von Mina gegenüber; er ankerte hier, um seinen zweiten Hauptmann, einen jungen unwissenden und eingebildeten Offizier zu überzeugen, daß es wirklich Mina sei; hierauf lichtete er sogleich wieder die Anker, und erreichte noch denselben Tag das Kastell von Kap Korse, das von Mina nur drei oder vier Seemeilen entfernt ist. Er ankerte auf der Rhede des Kastells, woselbst er vier Schiffe antraf. Sogleich schikte er seinen Unterhauptmann in das Kastell, um den Statthalter zu begrüssen, der ihn an das Land zu kommen bitten ließ. Auf die Entschuldigung des Ritters, daß er nur hier läge, um guten Wind abzuwarten, ließ ihm der Statthalter für die Hülfe, die er vorerwähntem englischen Schiffe ertheilt hatte, schriftlich danken, und ihm ein beträchtliches Geschenk von Hünern, Enten und anderm Geflügel, nebst Früchten und Zugemüsen überschikken.

Am 7ten darauf sezte er seine bisher so verdrüßliche Reise weiter fort; er hatte zwischen Goree und Schudah (Whidah) nicht weniger als vier und zwanzigmal geankert!

Am 9ten war er auf der Höhe von Rio Volta, etwa zehn Seemeilen seewärts. Dieser Fluß macht hier die Gränze der ganzen Goldküste, und insbesondere der Landschaft Abrampur aus; ostwärts fängt hier die sogenannte Sklavenküste an, deren erstes Küstenland, von Westen her, das Königreich Koto oder Lampi ist.

Am 11ten desselben Monats kam dann unser Ritter endlich auf der sehr unsichern Rhede von Schudah (Fidah) vor Anker. Er traf daselbst das Kompagnieschiff der Abentheurer, welches ihn mit fünf Schüssen begrüßte, und seine Wimpel auf dem großen Maste einzog *), weil unserm Ritter, als älterem Schiffskapitän das Kommando

---

*) Ein Wimpel (franz. Flamme) ist ein langer schmaler Streif von leichtem Zeuch, gemeiniglich von Etamine, vorne gespalten, mit zwei langen Spizzen. Diese Wimpel dienen theils zur Zierde der Schiffe, theils zu Signalen. Bei Feierlichkeiten läßt man die Wimpeln wehen. Der Kommendant eines Geschwaders führt zum Abzeichen einen Wimpel unter der grossen Flagge auf dem grossen Maste. Kauffahrteischiffe müssen vor einem Kriegsschiffe die Wimpeln streichen. Ueberhaupt ist der Wimpel am Hauptmaste das Zeichen eines Oberbefehlshabers.

auf dieſer Rhede gebührte, ſo lang er ſich hier auf=
hielt. Er bewillkommte das Fort mit eilf Kano=
nen, und dieſes beantwortete den Gruß Schuß für
Schuß.

Sobald ein Schiff auf dieſer Rhede Anker ge=
worfen hat, ſo eilen die Negern herbei, um Fiſche
und Früchte, wenn ſie welche haben, an Bord zu
bringen. Man bezahlt ſie gut dafür, und gibt ih=
nen Branntwein zu trinken; eine Lokſpeiſe, welche
reizend genug iſt, ſie allen Gefahren trozzen zu
machen. Die Schiffskapitäne begegnen ihnen ge=
wöhnlich ſehr gut, geben ihnen Branntwein in rei=
chem Maaſſe, und bedienen ſich ihrer, um dem
Handelsdirektor die nöthigen Nachrichten zukom=
men zu laſſen.

Da die Landung hier wegen der Barren längs
der Küſte *) äuſſerſt gefährlich iſt, ſo kann ein Schiff

---

*) Dieſe Barre beſteht (nach Des Marchais, Th. II.
S. 24.) aus einer hohen Bank, oder flachen Anhö=
he, welche ungefähr einen Flintenſchuß vom Ufer an=
fängt, und an welcher ſich Wellen gewaltſam bre=
chen, ſo daß immer eine über die andere hinſtürzt,
und dadurch die Ueberfahrt äuſſerſt gefährlich macht.
Vor Zeiten verloren viele Menſchen an dieſer Küſte
dadurch ihr Leben; ſeit aber die Negern, welche ohne=
hin vortreffliche Schwimmer ſind, durch die häufi=
geren Beſuche der Europäer, die Kunſt erlernt ha=
ben, die Kähne über dieſe gefahrvolle Barre zu brin=
gen, iſt es h. iſt ſelten, daß ein Unglük geſchieht.

seine Schaluppe nicht bis ans Land schicken. Des Marchais, welcher in dieser Gegend schon genug bekannt war, ertheilte den an Bord zurükbleibenden Offizieren die nöthigen Verhaltungsbefehle, bestimmte die Signale, um sich vom Lande her dem Schiffe, und von diesem den Europäern auf dem Lande verständlich zu machen, und stieg in die Schaluppe, mit welcher er gegen die Barre hinfuhr. Etwa hundert Schritte von derselben erwartete ihn schon ein Negerkahn, der ihn an's Ufer brachte. Eine gefahrvolle Ueberfahrt! Wer hier nicht seine Kleider verderben will, der zieht nur ein leichtes Leibchen an; denn man wird bis auf die Haut durchnäßt. Die Art, wie man hier in den Neger-Kähnen über die Barre fährt, ist diese. Sobald man an die Barre kömmt, springen die Negern alle zumal, und im gleichen Augenblikke ins Wasser, halten und stüzzen den Kahn auf beiden Seiten, so daß er weder umschlagen, noch anstossen, noch sich umdrehen kann; so schieben und tragen sie ihn an's Land, lassen die stürmenden Wogen über sich zusammenschlagen, und eilen dann mit Hülfe ihrer Kameraden am Lande die Ladung des Kahns sogleich aufs Trokne zu bringen. Dies ist das Werk eines Augenbliks!

Des Marchais wurde auch tüchtig durchwäs-

(Von der Barre an der Mündung des Senegals ist im III. und IV. B. d. W. gesprochen).

fert; denn mit aller Vorsichtigkeit und Behendig-
keit konnten seine Negerschiffer doch nicht verhüten,
daß nicht eine hohe Welle über dem Kahne zusam-
menschlug!

Bei dieser Gelegenheit pflegen die Negern die
Europäer zu bestehlen, wenn man nicht äufferst
sorgfältig auf sie Acht gibt. Können sie dies nicht
thun, während sie die Barre passiren, so wissen sie
es doch immer zu bewerkstelligen, wenn sie die
Waaren von dem Ufer in's Fort tragen.

Des Marchais, der aus langer Erfahrung
die Kniffe und Schelmereien dieser Negern kannte,
und eine grosse Menge Waaren nach Xavier (Sabi)
zu senden hatte, befahl sechsen von seinen Leuten
zu ihrer Bedekkung dabei zu wachen, und die Träger keinen Augenblik aus den Augen zu lassen.
Dies geschah; bereits hatte man die Waaren über
die drei Flüsse, oder eigentlicher über die drei Arme des Flusses Jaquin gebracht, ohne daß die
Negern Gelegenheit gefunden hätten, etwas zu
mausen. Plötzlich fiengen aber zwei von denselben
Streit mit einander an, legten die Waaren nieder
die sie trugen, und schlugen sich abscheulich mit
einander herum. Die Uebrigen nahmen Antheil
daran, umzingelten die Weissen, und baten sie,
durch ihr Ansehen Frieden zu gebieten, und Blutvergiessen zu verhüten. Die Franzosen, die den
Schelmenstreich nicht merkten, gaben sich grosse

Mühe den Streit beizulegen, worüber beinahe eine Stunde hingieng. Unterdessen hatten die Träger, die bei den Fässern mit Buschis gestanden waren, ihre und ihrer Kameraden Päkke aufgemacht, und kamen bald darauf wieder zu den übrigen, wo sich sogleich der Streit endigte; die Träger aber, welche die Waaren in den Magazinen abgegeben hatten, verschwanden augenbliklich. Man erzählte diesen Vorfall dem Generaldirektor und dem Ritter, und diese kamen sogleich auf die Vermuthung, daß der Zank eine angestellte List der diebischen Negern gewesen sei; sie irrten sich nicht; denn beim Nachsuchen fanden sie, daß verschiedene Fässer mit Buschis waren geöffnet, und viel davon gestohlen worden. Die Klage bei dem Hauptmann Assu kam zu spät; denn die Träger waren mit der Beute fort, und der Verlust fiel auf den Ritter; indem die Gesellschaft die Offiziere nöthigte für alles, was an Branntwein, oder an den Fässern von Kowris oder Buschis fehlt, zu stehen *).

---

*) Des Marchais hält dies für sehr unbillig, weil es, wie er versichert, beinahe ganz unmöglich ist, diese schelmischen Negern vom Stehlen abzuhalten, so sehr man auch Acht auf sie gibt. Denn, ist Niemand im Kahne, der die Waaren sorgfältig hütet, so halten sie da, wo die Wellen am höchsten gehen, stille, und plündern, so viel sie können, unter dem Vorwande, der Kahn habe einen Lek bekommen, oder sie machen den Kahn umschlagen, damit die schwereren Kisten

Der Ritter Des Marchais blieb vom 12ten
Januar bis zum 5ten Mai zu Schudah, oder viel=
mehr zu Xavier oder Sabi, bei welcher Königs=
stadt die Europäer ihre Niederlassungen haben *).
— Dieses langen Aufenthalts ohngeachtet machte
er einen sehr schlechten Handel. Der Krieg zwischen
den Königen von Sidah und Ardra hatte die
Handlung so sehr unterbrochen, daß beinahe gar
keine Sklaven zu bekommen waren; denn der Kö=
nig von Ardra, durch dessen Lande sie passiren
mußten, hatte alle Wege versperrt. Daher erhielt
auch unser Ritter in den vier Monaten, die er
hier auf der Rhede lag, nur hundert acht und dreiß=
sig Sklaven, wovon er noch drei und zwanzig am
Borde eines französischen Schleichhändlers fand,
den er für die Gesellschaft konfiszirte.

----

und Fässer versinken, die sie dann am folgenden Tage
hübsch wieder heraufzuholen wissen. Dies thun sie
besonders, wenn man die Fässer mit Kauris so ver=
wahrt hat, daß sie dieselben nicht aufbrechen können.
Dabei haben sie aber doch die möglichste Sorgfalt für
das Leben der Europäer, und wenn man sich ihnen
nur ganz anvertraut, so hat man nichts zu befürchten.

*) Die reichen Bemerkungen, welche Des Marchais
uns über die Landschaft Sidah auf der Sklavenküste,
und ihre Bewohner mitgetheilt hat, werden im XI. B.
d. W. zur Beschreibung dieses Küstenstrichs benutzt
werden.

Der Preiß der Sklaven war hier zu Des Marchais Zeit folgender:

Ein Sklave galt

180 Pfund Kauris oder Buschis *), oder
  4 bis 5 Anker Branntwein ⸗
40 bis 50 St. Platillas ⸗
300 Pf. Schießpulver ⸗
25 bis 30 St. Flinten ⸗⸗
40 bis 45 Eisenstangen ⸗
10 bis 12 St. Chit's **) von Pondichery ⸗
12 St. blaue Guineas ⸗
12 St. weiße Guineas ⸗
12 St. weiße Salampuris ⸗

12 St.

---

*) Hier ist zu bemerken: vierzig Kauris an eine Schnur gefaßt machen eine Tok (toque). Fünf Tok oder 200 St. Kauris machen eine Galline (Galline). Zwanzig Gallinen oder 4000 St. Kauris machen eine Kabesch (cabeche). Achtzehn bis zwanzig Kabesch oder 70,000 bis 80,000 St. Kauris wägen ungefähr 180 Pfunde, und machen den gewöhnlichen Preiß eines Sklaven aus.

**) Chits sind weiße und buntgemalte baumwollene Nesseltücher, die in verschiedenen Gegenden von Ostindien, vorzüglich in Bengalen und auf der Koromandelküste fabrizirt, und in grosser Menge theils nach Europa, theils nach Afrika und Amerika ausgeführt werden. Man hat verschiedene Gattungen derselben.

12 St. blaue Salampuris ☰

20 grosse, lange holländische Pfeifen ☰

16 St. Tapsals ☰

16 St. Nikanes ☰

16 St. Baftas ☰

16 St. Limineas ☰

16 St. Schnupftücher von Pondichery.

Für eine Sklavinn wird durchaus weniger bezahlt, z. B. 10 St. blaue Guineas, 10 St. Tapsals, u. s. w.

Ausser diesen bestimmten Preissen muß man noch 1310 Pfund Kauris dem Könige und seinen Grossen und Beamten zum Geschenke geben. Auch ist man genöthigt, dem König drei, und jedem seiner drei Hauptleute zwei Sklaven in dem gewöhnlichen Preisse abzukaufen, wofür man denn nur alte Weiber oder Männer erhält, die zusammen kaum Einen guten Sklaven werth sind. Ueberdies giebt es noch allerlei Ausgaben an Branntwein, u. s. w. Kurz, Jeder sucht hier etwas zu pflükken! — Am Ende muß man dann noch eine Art von Zoll entrichten, ehe man von da abreisen darf.

Am 5ten Mai segelte Ritter Des Marchais nach der Prinzeninsel, um sich daselbst zu seiner Reise nach Kayenne *) (wohin er seine Sklaven

---

*) Eine französische Besizzung in Guana in Südamerika.
Gesch. der Reisen, 3ter Bänd. S

bringen follte) mit Waffer, Holz und Lebensmit=
tel zu verfehen; denn zu Fidah fehen die Leute ih=
re Wälder als heilig an, und laffen kein Holz fällen;
das Waffer aber ift falzig, und die Lebensmittel
felten und theuer.

Die Witterung war dem Ritter fo zuwider,
daß er zwanzig Tage auf der kurzen Fahrt von der
Sklavenküfte zu der Prinzeninfel zubrachte, wo er
am 29ften Mai ankam. Dafelbft begegnete ihm
ein feltfames Abentheuer. Als er nämlich fein Boot
mit einem Offizier an das Land nach einem Piloten
gefchikt hatte, fo behielt der Statthalter den Offi=
zier als Geifel, weil er befürchtete, das Schiff
möchte ein Seeräuber feyn, dem nur ein Pilot
fehlte, um eine Landung zu unternehmen. Hier
ift diefe Vorficht nöthig, weil oft dergleichen
Befuche kommen. — Da unfern Franzofen der
Wind fehlte, und die Ströme nordweftlich trieben,
fo brachten fie bis zum 9ten Junius zu, ehe fie in
den Haven an den Ankerplaz kommen konnten,
ohngeachtet es nur drei Seemeilen war, und ihnen
ein portugiefifcher Pilot dabei half.

Das Schiff unfers Ritters — die Fregatte
Unternehmung — war bei dem langen Aufent=
halte auf der Rhede von Fidah fehr von Würmern
befchädigt, und im ganzen völlig lek geworden, fo
daß es höchfte Zeit war, in einen guten Haven
einzulaufen, um diefen Schaden auszubeffern.

Es war die erfte Sorge des Ritters, das Schiff

genau zu durchsuchen, und zu besichtigen, da unterdessen die Offiziere die Erfrischungen und Lebensmittel einnahmen. Zu St. Antonio traf er zwei
englische Schiffe, die ihm zum Umlegen seines
Schiffes sehr behülflich waren, und statt seines
kranken Zimmermanns, ihm die ihrigen liehen.

So besorgte Des Marchais alles, was er zu
seiner weitern Fahrt bedurfte, und blieb siebenzehn
volle Tage auf dieser Insel. Er mußte sich überdieß
hier noch einige Tage länger, als er vermuthet hatte, aufhalten, weil ihm sein Oberbootsmann und
zwei Matrosen entliefen.

Er hatte Grund genug zu glauben, daß die
Portugiesen sie dazu verleitet, und ihnen dabei geholfen hätten; denn sie hatten damals Leute zu ihren Handelsbarken nöthig, die sie auf die gegen-
überliegende Küste des vesten Landes von Afrika zu
schikken pflegen. Der portugiesische Statthalter
stellte sich zwar, als ob er alles anwendete, um
sie wieder zu finden; unser Ritter sahe aber seine
Häuchelei leicht ein. Statt ihrer nahm derselbe
fünf Franzosen und einen Kajütenjungen, die wahrscheinlich zu dem an der Küste, gescheiterten See-
räuberschiffe gehört hatten. Auch hatte er noch das
Glük, einen französischen Schleichhändler zu er-
wischen, und ihm viertausend einhundert Krusaden*)

---

*) Ein Krusado oder portugiesischer Thaler, von 480
Rees, thut 1 fl. 7 1/2 kr. im 20 fl. Fuße.

abzunehmen, welche ihm als Erſaz für die in dieſem Haven gehabten Koſten ſehr willkommen waren.

Am 27ſten Junius 1725 ſegelte der Ritter Des Marchais endlich mit ſeiner Fregatte von der Prinzeninſel ab, und richtete ſeinen Lauf nach Kayenne. Der Wind war gar nicht günſtig, und die Fahrt ſehr langweilig.

Am 28ſten Julius ſtieß er auf ein Schiff, das mit vollen Segeln auf ihn zukam; er ſah, daß es feindſelige Abſichten hatte, und da Frankreich damals mit allen Nazionen im Frieden lebte, und kein barbariſcher Seeräuber jemals in dieſe Gegenden kömmt, ſo mußte er daſſelbe für einen kriſtlichen Korſaren halten. Dies war es auch. Unſer Ritter ließ ſogleich alle Vorkehrungen zur kräftigſten Gegenwehr treffen, und alles war bereit, als der Korſar herbeikam. Dieſer führte weiſſe Flaggen mit rothen Säbeln, ſchien ſehr ſtark bemannt zu ſeyn, und feuerte eine Kanone ohne Kugel auf unſre Fregatte ab, die ihren Weg fortſezte, ohne ſich daran zu kehren. Nun ſchoß der Korſar vier Kugeln auf die Fregatte, und ſtekte blutrothe Flaggen auf. Der Ritter gab ihm dafür eine volle Lage, und ſeine Leute machten ein lebhaftes Muſketenfeuer. Der Korſar rief, ſie ſollten ſich ergeben, man wolle ihnen gute Bedingungen machen. Die Antwort wurde mit Kanonen gegeben, und unſre Fregatte feuerte ſo gut und ſo ſchnell, daß die Waghälſe,

die ſich auf das Tauwerk des Korſaren poſtirt hat=
ten, und mit drohender Mine und gezogenem Säbel
in die Fregatte herüber zu ſpringen bereit ſchienen,
nacheinander in das Meer herab purzelten, und
daß auf dem feindlichen Schiffe ſelbſt große Unord=
nungen zu entſtehen ſchienen. Der Korſar war über
die tapfere Gegenwehr der Fregatte betroffen, doch
ſtekte er ſchwarze Flaggen auf, um dadurch anzu=
deuten, daß Niemand verſchont bleiben ſollte,
wenn ſie ſich nicht ſogleich ergäben. Auch dieſe
Drohung wurde nur mit Kanonen und Musketen
beantwortet, und das Feuer war ſo lebhaft und an=
haltend, daß der Feind keine Mine machte, entern*)
zu wollen. Das Gefecht dauerte ſchon zwei ganze
Stunden, als endlich der Beſaansmaſt **) des
Korſaren zerſchmettert umſchlug, und den Haupt=
maſt mit ſich in das Meer riß. Das Schiff war
alſo nicht mehr im Stande ſich zu vertheidigen,
und würde von unſerm Ritter leicht erobert worden
ſeyn, wenn er das Leben ſeiner Leute in einem Ge=
fechte mit mehr als fünfhundert Verzweifelnden
hätte ausſezzen, oder ſein Schiff der Bosheit dieſer
Schurken Preiß geben wollen. Er überließ ſie ih=

*) D. h. mit dem Säbel in der Hand in das feindliche
Schiff überſpringen, um es alſo durch Sturm zu
erobern.

**) Der Beſaans-Maſt iſt der Maſt auf dem Hinter=
theile des Schiffs, der Hauptmaſt ſteht in der Mitte
und der Fokmaſt auf dem Vordertheile.

rem Schikfal in einem maſtloſen Schiffe auf dem
weiten Dzean, und ſezte ſeinen Lauf weiter fort.—

Am 26ſten Auguſt kam Des Marchais end=
lich ziemlich glüklich zu Kayenne, dem Ort ſei=
ner Beſtimmung an , brachte aber von den 138
Negerſklaven, die er von Guinea mitgenommen
hatte, uur noch 66 Lebende mit ſich dahin.

Von da kehrte dann unſer Ritter wieder nach
Europa zurük.

VIII.

Willhelm Smith's

brittischen Ingenieurs

Reise nach Guinea.

In den Jahren 1726 und 1727.

Von dem brittischen Ingenieur Willhelm Smith, der im Jahre 1726 von der englisch = afrikanischen Gesellschaft nach Guinea geschikt wurde, um Karten von den Küsten, und Plane von den brittischen Forts und Niederlassungen aufzunehmen — und von seiner nachher erschienenen Karten = und Plane=Sammlung ist schon im siebenden Bande dieses Werks das Nöthige vorläufig gesagt worden *).

Auch ist daselbst **) derjenige Theil der Smithschen Reisebeschreibung, welcher die Küste von Sierraleona, und Smith's Abentheuer auf derselben betrifft, schon Auszugsweise eingerükt worden.

---

*) Nämlich Seite 23, 49 und 170. des VII. Bandes dieses Werks.

**) Seite 170 bis 181 desselben VII. Bandes.

Hier folgt nun, eben so behandelt der grössere, wichtigere Theil derselben, welcher die Beschreibung von Smith's merkwürdiger Reise nach dem eigentlichen Guinea enthält.

Die Leser belieben also, um den abgeschnittenen Faden desto besser wieder anzuknüpfen, die kurze Erzählung von Smith's Reise nach Sierraleona nochmals zu überblikken, und dann hier fort zu lesen.

Willhelm Smith's

brittischen Ingenieurs

Reise nach Guinea.

In den Jahren 1726 und 1727.

Willhelm Smith, den ein gefährliches Fieber zu Sierraleona niedergeworfen hatte, war noch so krank, als er am 18ten Dezember von der Insel Bense (im Sierraleonaflusse) mit der Schaluppe Bonetta unter des Hauptmann Livingstone's Kommando abfuhr, daß er erst am 4ten Januar 1727 auf das Verdek gehen konnte *)

Am 25sten ankerte das Schiff auf der Rhede von Rio das Gallinas (Hünerfluß), wo sie das Schiff die Königinn Elisabeth wieder trafen, welchem sie schon im vorigen Jahre an der Küste von Sierraleona begegnet waren **). — Creighton, Hauptmann dieses Schiffes, lud hier den Hauptmann Livingstone zu sich an Bord auf einen Weihnachtschmaus ein. Bei dieser Gelegenheit

---

*) Das Datum der Abreise Smith's von Sierraleona ist S. 182. im VII. B. dieses Werks durch einen leicht erklärbaren Irrthum auf diesen 4ten Januar 1727 gesetzt worden, da es doch der 18te Dezember 1726 war.

**) M. s. im VII. Bande d. W. am angef. Orte.

wieß er ihm einen Brief, den ihm ein Engländer
geschrieben hatte, Namens Benjamin Croß, vor=
mals dritter Bootsmann auf dem Schiffe die Un=
ternehmung, unter Kommando des Hauptmanns
Meltisse; dieser Unglükliche war von den Negern
am Vorgebirge Monte drei Monate vorher gefan=
gen genommen worden *). Dies hatten sie blos
zur Wiedervergeltung gethan, um sich für die Weg=
nahme einiger ihrer Landsleute zu rächen, die ein
englischer Kauffahrer ihnen weggeführt hatte. —
Smith sezt hinzu: Dieses niederträchtige Verfah=
ren ist bei den Sklavenhändlerschiffen von Bristol
und Liverpool sehr gewöhnlich, und thut dem gan=
zen Handel mit den Negern auf dieser Küste einen
ungemein grossen Schaden **).

Jener Croß hatte des Schiffs Königinn Eli=
sabeth Ankunft zu Rio das Gallinas vernom=
men, und bat nun den Hauptmann desselben sehr
flehentlich, ihn, da er von seinem eigenen Schiff
zurükgelassen worden war, doch zu lösen. Da
aber dieser es nicht wohl thun konnte, weil er
nach Scherbro bestimmt war, so versprach
der Hauptmann Livingstone, den armen Kerl los=
zukaufen, sobald er nach dem Vorgebirge Monte

---

*) Panyaret nennen dies die Negern.

**) Smith bedenkt hiebei nicht, daß auch ihn der Vor=
wurf eines harten Betragens gegen die Negern tref=
fe! Man erinnere sich an seine Behandlung des Kö=
nigs von Scherbro! — (VII. B. d. W.)

kâme; denn er fuhr die Küste hinunter denselben
Weg, den die Unternehmung genommen hatte.

Denselben Tag kam auch die Freundschaft,
eine Brigantine von Bristol auf der Rhede von
Rio das Gallinas vor Anker. Ihr Führer Bar=
ry speiste auch mit auf der Königinn Elisabeth;
sobald er aber betrunken war, wurde er grob und
brutal, und beleidigte die beiden Hauptleute; diese
liessen ihm auch ihre Empfindlichkeit über sein un=
artiges Betragen merken, und nun ward der Toll=
kopf Barry so aufgebracht, daß er wütend auf
sein Schiff zurükkehrte, und ganz nach Art der
Seeräuber einen Schuß auf die Königinn Elisa=
beth that, der beinahe den Vordersteven *) weg=
genommen hätte. Livingstone eilte sogleich in sei=
ne Schaluppe, um sein Schiff in Vertheidigungs=
stand zu sezzen; als er nun sah, daß die Brigan=
tine auf ihn zusteuerte, so ließ er einige Kanonen
auf sie abbrennen. Dies Kompliment kam dem
tollen Barry, der wahrscheinlich jezt auch von
seinem Rausch erwachte, so unerwartet, daß er
sich eilends davon machte. —

Am 26sten darauf verließ auch die Bonetta
die Rhede von Rio das Gallinas, segelte wei=

---

*) Der Vordersteven eines Schiffes ist ein krummes
Stük Holz, das an dem Vordertheile eines Schiffs
von dem Kiel hinauf gehet, und diesen mit jenem
verbindet.

ter, und kam am 29ſten bei dem Vorgebirge Monte an, wo unſre Britten ſich vier Tage aufhielten.
Der Hauptmann Livingſtone hielt ſeinen Ver-
ſpruch, und löſte hier den armen Croß für fünfzig
Pfund Sterling *) aus, und brachte ihn an Bord
der Bonetta, in welcher er am 26ſten Januar
1727 auf der Rhede von St. Andreas anlang-
te. Hier lagen damals verſchiedene engliſche und
franzöſiſche Kauffahrteiſchiffe, worunter glüklicher
Weiſe auch Hauptmann Meltiſſe, welcher ſeinen
losgekauften Bootsmann Croß wieder annahm,
und dem Hauptmann Livingſtone das ausgelegte
Löſegeld zurükbezahlte.

Smith macht hiebei die Bemerkung, daß die
Negern am Vorgebirge Monte, die zum handeln
ans Schiff kamen, ſo äuſſerſt ſcheu waren, daß
ſie nicht an Bord gehen wollten, weil ſie ſich vor
dem Panyaren (Wegnehmen) fürchteten. Die
aber, welche ſich dennoch an Bord wagten, ſprangen, ſobald ſie nur einige Waffen erblikten, ſogleich in ihre Kähne, und eilten, ſo ſchnell ſie
konnten, dem Lande zu. Auſſerdem ſchienen ſie
ſehr arbeitſam zu ſeyn, denn ſie waren alle in Zeuche von ihrer eigenen Arbeit gekleidet **).

---

*) Ungefähr 500. fl. rheiniſch.

**) Des Marchais (Th. I. S. 87.) rühmt die Negern
am Vorgebirg Monte gar ſehr; er ſagt, ſie ſeien
ſanft, gutartig, geſellig, freundlich, wenig eigennü-
zig und ſehr arbeitſam; auch verſichert er, daß ſie

Am 2ten Januar segelten unsre Britten weiter nach dem Vorgebirge Mesurado, wo sie am Tage darauf ankamen, und in acht Faden Wasser hinter dem Vorgebirge ungefähr zwei Seemeilen von der Mündung des St. Paulsflusses *) Anker warfen. Hier lagen sie bis zum nächsten Mittag; weil aber keine Negern zu ihnen an Bord kamen **), und sie sich auch nicht getrauten an das Land zu steigen, so fuhren sie weiter und segelten langsam ganz nahe längs dem Ufer hin, um eine Karte von dieser Küste aufzunehmen. Dies hielt sie jedoch sehr auf; denn sie mußten jede Nacht ihre Anker auswerfen.

Am 5ten Januar ankerten sie vor der Mündung des Rio Junko, in fünf Faden. Smith fuhr mit dem Langboote in den Fluß hinein, um die Tiefen und Strekken desselben zu untersuchen, und aufzuzeichnen. Die Mündung ist so sehr voller Klippen, daß es auch einem kleinen Schiffe unmöglich ist, in dieselbe einzulaufen; aber innerhalb derselben ist der Fluß schiffbar.

---

in ihrem Hauswesen weit reinlicher seien, als andre Negern. (Man wird ein Mehreres von denselben im nächstfolgenden Bande d. W. finden.)

*) So wird auch der Fluß vom Kap Mesurado auf einigen Karten genannt.

**) Dies bestätigt das, was Des Marchais oben sagte.

Abends kehrte Smith wieder an Bord zurük, ohne daß er Gelegenheit gehabt hätte, mit den hierwohnenden Negern zu sprechen, die er doch in großer Zahl am Ufer gesehen hatte.

Am folgenden Tage lichteten unsre Britten die Anker, fuhren die Küste weiter hinunter, und Smith sezte dabei seine Ausmessungen fort. So kamen sie am 9ten Januar zum Flusse Sestos, wo sie Anker warfen, und sechs Tage in Gesellschaft der Brigantine, die Vorsicht von London, unter dem Hauptmann Cutler liegen blieben. Smith wußte sich diese Zeit zu Nuz zu machen. Er untersuchte den Fluß und seine Ufer, maß ihn geometrisch aus, und nahm die ganze Gegend auf.

Er fand die Einfahrt des Flusses so voller Klippen und Untiefen, daß bloß ein Langboot hineinkommen kann, ohngeachtet das Bekken innwendig geräumig und breit genug ist. Auf der rechten Seite des Flusses gleich bei der Einfahrt ist eine grosse schöne Negerstadt, die Sestos nach dem Flusse genannt wird.

Unsre Britten nahmen hier Holz und Wasser ein, wogegen sie dem Könige ein kleines Geschenk machten. Die Bewohner dieser Gegend sind gegen alle Fremde sehr höflich, nur gegen die Engländer sind sie äusserst schüchtern *). Die Lebensmittel
sind

---

*) Auch dies gehört zur Bestätigung des Verdachts, daß Engländer und Holländer ehmals den Negern

ſind hier zwar nicht theuer, aber ſelten, auſſer
dem Reiß, den man in Menge haben kann.

Am 15ten Januar ſegelten unſre Seefahrer
von Rio Seſtos wieder ab, und kamen am 20ſten
darauf zu Seſtro Krow an. Ungefähr eine
Stunde nach ihrer Ankunft kam ein Kahn zu ihnen
herangerudert; ſie fragten einen von den Negern,
der etwas engliſch ſprach, ob es Ziegen, Schwei=
ne oder Hüner hier auf dem Lande gebe? Der Ne=
ger antwortete, ſie hätten hier alles im Ueberfluſſe.
Dieß verleitete unſre Britten, hier zu verweilen.

Am folgenden Tage nahm **Smith** die Küſte
auf, unterſuchte die Untiefen, und gieng dann mit
dem Hochbootsmanne ans Land, wo ſie von einer
Menge Einwohner empfangen, und nach der Ne=
gerſtadt geführt wurden. Die Häuſer derſelben wa=
ren alle fünf Fuß hoch über der Erde, entweder
der ſchädlichen Dünſte oder der wilden Thiere we=
gen auf Pfeiler gebaut *). — Aus dem auſſeror=
dentlichen Angaffen der Leute daſelbſt zog **Smith**
den Schluß, daß ſie noch nicht viele Fremde möch=
ten geſehen haben.

---

    auf dieſer Küſte Anlaß zum Mistrauen in ſie gaben
    — und daraus floſſen dann die nachtheiligen Berichte
    von dieſen ſchüchternen Negern.

*) Eine Bauart, die nicht nur in vielen Theilen von
    Afrika, ſondern auch in andern Erdgegenden bei un=
    kultivirten Völkern ſehr üblich iſt. (In der Folge
    noch ein Mehreres davon.)

Da es ihre angelegenste Sorge war, sich mit
Lebensmitteln zu versehen, so gieng der Hochbootsmann Carse ohne weiters sogleich zu dem obersten
Befehlshaber dieser Stadt, der eine Art von kleinem Könige ist, und bat um die Erlaubniß, hier
handeln zu dürfen; diese erhielt er auch auf der
Stelle. Es war gerade Mittag, und Carse traf
den erwähnten Negermonarch bei der Tafel an —
man verzeihe mir diese vielversprechende Benennung
einer Bettlersmahlzeit! — Seine negerische Majestät waren so gefällig, daß sie allergnädigst geruhten, den brittischen Hochbootsmann zu ihrem
frugalen Imbiß huldreichst einzuladen. Dieser bestand zwar nur aus Reiß mit Palmöl gekocht;
dennoch standen hier nakte schwarze Kammerherren
zur Aufwartung, deren einer dem Britten, als er
die Einladung unterthänigst angenommen hatte,
eine Muschel statt eines Löffels überreichte. Nach
der Mahlzeit bat ihn der Negerkönig die Muschel
einzustekken, welches er auch that; da er aber fortgehen wollte, so gab man ihm nicht undeutlich zu
verstehen, er dürfe sich nicht eher entfernen, als
bis er ein Geschenk für die Muschel gemacht —
und also die Zeche bezahlt hätte. Er war bereit
dazu und gab dem Könige ein kleines Geschenk
aus seiner Tasche, welches von seiner hungrigen
Majestät sehr begierig angenommen wurde, und
hierauf ward der Hochbootsmann in Gnaden ent-
lassen.

Wegen der Lebensmittel war alle ihre Bemü-

hung vergeblich). Sie hatten sich in ihrer Hoffnung
garstig betrogen; denn es gab hier nichts als Ma=
laghettapfeffer *), und einige Ananas **).

Die Zeit war also verloren, die sie hier zu=
brachten; was konnte auch ein so armes Land für
Reize für sie haben? Was nützte sie die Bereitwil=
ligkeit des Negerkönigleins, der sich so gern die
Gunst der Europäer erworben hätte, und so gierig
nach ihren Geschenken haschte ***?) —

Unsre Britten mußten ein gesegneters Land,
und reichere Negern suchen; sie lichteten daher am
22sten Januar die Anker, und kamen am 24sten
darauf bei dem Vorgebirg das **Palmas** (oder dem
Palmenkap) vorbei. Ungefähr sieben Seemeilen
nordöstlich von diesem Vorgebirge liegt die Stadt

---

*) Die mehrerwähnten **Paradieskörner**, Amomum gra-
na paradisi. L.

**) Die bekannte köstliche Pflanze, Bromelia Ananas. L.
die von den Engländern Pine-apple, Fichtenapfel ge=
nannt wird, daher dollmetschte hier der deutsche Ue=
bersezzer im III. B. der allg. Hist. d. R. — Tann=
apfel! —

***) Dies Land ist sonst an sich gar nicht so arm, wie
man aus der im nächsten Bande d. W. folgenden nä=
hern Beschreibung desselben ersehen wird; ich ver=
muthe daher, daß hier irgend etwas anders Ursache
war, daß unsre Britten keine Lebensmittel daselbst be=
kommen konnten.

T 2

Ostende *); hier erzählte man ihnen, daß die Einwohner der benachbarten Stadt Andreas **) vor Kurzem die Negerstadt Druin bekriegt, und in Asche gelegt, die Männer, Weiber und Kinder aber an die Schiffe, welche zu Andreas vor Anker lagen, sehr wolfeil verkauft hätten. Auf diese Nachricht schifften unsre Engländer nach Druin, und von da weiter nach dem Rio St. Andreas (Andreasflusse) wo sie am 26sten Januar ankamen. Auf der Rhede daselbst trafen sie das englische Kauffahrteischiff die Unternehmung, und ausser demselben noch verschiedene andre englische und französische Schiffe, die hier vor Anker lagen.

An der Mündung des St. Andreasflusses ist eine vortrefliche Rhede für die Schiffe; auch ist dieser Ort seit der Zerstörung Druin's ein guter Handelsplaz geworden.

Smith maß hier die Bai, und nahm die Küste auf; dann fuhren sie, ohne sich weiter zu verweilen, die Quaquaküste hinunter. Diese er-

---

*) Eine Negerstadt dieses Namens findet sich zwar auf der Spezialkarte im III. B. d. Allg. Hist. d. R. N. 29. — aber eine nähere Nachricht davon konnte ich nirgends finden.

**) Dies soll wol nichts anders heissen, als: eine Negerstadt am Flusse St. Andreas; denn eine Stadt dieses Namens findet sich nicht auf den Spezialkarten.

ſtrekt ſich von dem Vorgebirge das Palmas Oſt
und gen Nord, etwa hundert Seemeilen nach dem
Fluſſe Manga, den einige Rio Robra, andere
den Goldfluß nennen. Sie iſt nicht ſo ſtark be=
wohnt, als die Pfeffer = oder Körnerküſte.

Auch hier hielten ſie ſich gar nicht lange auf,
ſondern ſchifften immer weiter oſtwärts an der Kü=
ſte hin.

Am 4ten Februar warfen ſie fünf Meilen weſt=
wärts von Axim Anker. Dieſes iſt das erſte hol=
ländiſche Fort auf der Goldküſte *), eine niedliche
dreiekte Veſtung mit eilf Kanonen, und einer Bat=
terie in jedem Winkel. Die Batterie nach der
See zu hat fünf, und jede von den beiden nach
dem Lande zu drei Kanonen. Unter den Kanonen
des Forts iſt eine groſſe anſehnliche Negerſtadt er=
baut, ſo wie man dies bei allen europäiſchen Forts
auf der Goldküſte findet.

Sieben oder acht (engliſche) Meilen von Axim
iſt ein anderes groſſes, ſchönes Fort, welches die
Brandenburger erbaut haben, jezt aber den Hol=
ländern zugehört, und unter dem Namen Con=
nys Schloß bekannt iſt; welches daher kömmt:
Als die Preuſſen dieſe Küſte verlieſſen, ſo übergа=
ben ſie dies Fort einem ſchwarzen Kaboſchir,
Namens Johann Conny, mit dem ſtrengſten

*) Wenn man nämlich die Goldküſte vom Kap Apollo=
nia an rechnet.

Befehl, es Niemand anders als Preussen zu über=
geben. Kurz darauf verkaufte der König von Preus=
sen seinen Antheil an der Küste von Guinea der
holländisch = westindischen Gesellschaft, worunter
nebst diesem Fort noch ein anderes nicht weit von
dem Vorgebirge der drei Spizzen begriffen war.
Als die Holländer davon Besiz nehmen wollten,
widersezte sich Johann Conny; woraus ein Krieg
entstand, welcher einige Jahre dauerte, und den
Holländern viel Blut und Geld kostete. Der
Negerfürst Conny, auf seine Siege stolz, wurde
ein Todfeind der Holländer; er hatte von dem äus=
sern Thore nach der innern Abtheilung seines
Schlosses mit den Hirnschädeln der erschlagenen
Holländer einen schmalen Weg pflastern lassen,
und bediente sich auch eines grossen holländischen,
mit Silber eingefaßten Hirnschädels zu seinem
Trinkgeschirre *). Dessen ohngeachtet gelang es
den aufgebrachten Holländern im Jahre 1724 ihn
aus seinem Schlosse zu verjagen, von wo aus er
in das Land Jantin floh **). —

*) Dies alles wird oben S. 212. u. ff. von Atkins et=
was anders erzählt.

**) Atkins (m. s. oben) war früher hier, als der Ne=
gerfürst noch im Besizze des Kastells war. Zur Zeit
als Des Marchais hier vorbeischiffte, waren die Hol=
länder gerade mit der Belagerung desselben beschäf=
tigt. Die weitere Geschichte der europäischen Nie=
derlassungen in Guinea folgt im X. Bande.

Am 6ten Februàr ankerten unſre Britten bei dieſem berühmten Schloſſe in ſechs Faden Waſſer. Gegen Abend ſchikte der holländiſche Statthalter einen Kahn zu ihnen, und ließ ihnen Holz und Waſſer anbieten. Smith glaubt aber, daß er ziemlich theuer damit geweſen ſeyn würde, wenn ſie dieſes Anerbieten angenommen hätten; weil man ihn verſichert hatte, alle holländiſchen Statt-halter in ihren auswärtigen Beſizzungen hätten Befehl, kein engliſches Schiff mit Holz oder Waſ-ſer zu verſehen, wenn es nicht einem groſſen Kauf-manne gehörte. Durch denſelben Kahn, der ihnen jenes Anerbieten brachte, erfuhren ſie auch, daß die Holländer an verſchiedenen Orten nach einer Küſte voll Goldſtaub nachgruben, die der erwähnte Johann Conny vor ſeiner Flucht vergraben ha-ben ſollte. Ihre desfalls angeſtellten Verſuche wa-ren aber alle vergebens geweſen.

Am 7ten Februar reißten ſie von Friedrichs-burg (dies iſt der eigentliche Name des gedachten Forts) ab, und fuhren von da nach Dixfove, Sufenda und Kommendo, und ankerten dar-auf am 17ten deſſelben Monats auf der Rhede von Kap Kors, wo ſie verſchiedene andere Schiffe trafen.

Als Smith in dem Kap Kors-Kaſtelle ankam, lag daſelbſt ein Brief an den holländiſchen General-Direktor zu Mina, welchen ein hollän-diſches Schiff zurükgelaſſen hatte. Unſer Ingenieur

glaubte, diese Gelegenheit benuzzen zu müssen, um das holländische Hauptkastell in Guinea abzuzeichnen. Er fuhr deswegen mit dem Hauptmann Livingstone in einem Kahne dahin, unter dem Vorwande, dem Generaldirektor den gedachten Brief zu überliefern. Dieser mußte aber gute Spionen haben, denn als Smith seiner Meinung nach ganz unbemerkt und unerkannt in dem Kastelle zu Mina herumgieng, so folgte ihm der Generaldirektor auf dem Fuße nach, faßte ihn plözlich eh' er sich's versah beim Arme, und führte ihn mit sich in die grosse Halle zurük. Hier nannte er ihn sodann bei seinem Namen, und erklärte ihm, daß es ihm nicht gelingen solle, auch von Elmina einen Plan aufzunehmen, ob er gleich ganz Guinea mit sich in seiner Brieftasche zurükzunehmen im Begriffe sei. Diese unerwartete Anrede machte Anfangs den brittischen Ingenieur etwas bestürzt; er faßte sich aber gleich wieder, und antwortete: er hätte dem Herrn Generaldirektor mehr Kenntnisse von der Ingenieurkunst zugetraut; denn er sollte doch wissen, daß man einen Plaz unmöglich ohne Werkzeuge aufnehmen könnte, da er nun keine bei sich hatte, so wunderte er sich, wie man so etwas von ihm vermuthen könnte. Der Generaldirektor schwieg ein wenig; wahrscheinlich sah er jezt seinen Fehler ein; darauf bat er Smithen sowol, als den Hauptmann Livingstone zu Tische. —
Er wieß ersterm nachher einige unvollendete Abrisse dieses Forts von holländischen Ingenieurs entwor-

feh und angefangen, die von der westindischen Kompagnie in der nämlichen Absicht, wie Smith ausgeschikt, aber durch einen frühen Tod an der Ausführung ihres Auftrags verhindert worden sind.

Am 23sten März segelte Smith mit seiner Reisegesellschaft wieder von Kap Kors ab. Sie verweilten hier nicht länger, weil ihnen die Besazzung kein Wasser abgeben konnte, indem es gerade am Ende der troknen Jahrszeit war, wo man sich an der ganzen Küste von Guinea mit Zisternenwasser behelfen muß, das von den Dächern in Röhren abgeleitet wird.

Sie fuhren darauf weiter nach Tantumquerry *), und am 27sten desselben Monats ankerten sie zu Winnebah **) in fünf Faden. Hier bekamen sie aus der Zisterne des Forts gutes frisches Wasser. Diese Zisterne hat einen felsichten Boden, und scheint auch eine Quelle zu haben; denn ob man gleich einige Tonnen Wassers herausschöpfte, so konnte man doch nicht bemerken, daß die Höhe des Wassers um einige Zolle sank.

Am 28sten darauf lichteten sie wieder die Anker, und kamen am 30sten nach Akra †). Der Landungsplaz ist hier sehr sicher, weil ihn einige Klip-

---

*) Eine brittische Niederlassung.
**) Ebenfalls.
†) Hier ist ein holländisches, englisches und dänisches Fort — ihre Beschreibung in der Folge.

pen dekken, die davor liegen, und die Gewalt der Wellen brechen.

Während unsre Britten sich hier aufhielten, gieng einst Smith mit einem englischen Faktor durch das Thor des holländischen Forts, wo einige holländische Herren standen. Man nahm ihn aber wider seine Vermuthung ganz frostig auf, man lud ihn gar nicht, wie es doch sonst gewöhnlich ist, zur Tafel, ja man dachte nicht einmal daran, ihn in das Fort hinein gehen zu heissen, auch erhielt er die ganze Zeit seiner Anwesenheit dahier keinen Besuch von einem Holländer. Vielleicht hatten sie errathen, wer er war, oder gar von ihrem Generaldirektor zu Elmina Befehl bekommen, ihn nicht zu sich zu lassen.

Am 3ten April segelten sie dann weiter, und kamen am 5ten darauf an der Mündung des grossen Flusses Volta vorbei, den die Portugiesen seines reissenden Stroms wegen so nennen, welcher auf acht Seemeilen vom Ufer Wellen erregt, und die Farbe des Wassers verändert. Er scheidet die Goldküste von der Sklavenküste.

Am 7ten desselben Monats kamen sie mit Tagesanbruch auf der Rhede von Fidah vor Anker, und begrüßten das über eine Meile vom Ufer entfernte Fort mit Kanonenschüssen. Diese Rhede ist der gefährlichste Ankerplaz auf der ganzen Küste von Guinea, weil die See hier so weit vom Lande Wellen wirft, und so ungestümm ist, daß kein euro-

päisches Boot auf 200 Ellen hinankommen kann,
sondern auf Negerkähne warten muß, welche die
Leute und Waaren ans Land führen *).

Smith erstaunte, als er hier sah, mit wel=
cher Geschiklichkeit die Negern sie durch die grossen
Wellen führten, und ihren Kahn auf einer von den
Wellen ein gut Stük auf das Land hinauf laufen
liessen. Nun sprangen sie alle heraus, und schlepp=
ten es etliche Ellen mit sich ans Land hinauf, da=
mit es die nächstkommende Welle nicht erreichen
konnte. Es ist zwar möglich, aber gar nicht wahr=
scheinlich, daß ein Mensch, dessen Kahn in diesen
Wellen umgeworfen wird, sich durch schwimmen
rette; denn wenn er auch Kraft und Geschiklich=
keit hätte, den tobenden Wellen zu entgehen, so
könnte er es doch nicht leicht vermeiden, von den ge=
fräßigen Haifischen verschlungen zu werden, die
den Kähnen immer, in Hoffnung eines Raubs,
nachfolgen **).

---

*) Diese Barre, und die Art über sie zu setzen, ist
schon oben nach Des Marchais beschrieben worden.

**) Zwar spricht Des Marchais nichts von dieser Ge=
fahr auf der Küste von Sidah, dennoch erwähnt er
auch der Haifische in dieser Gegend, welche den
Sklavenschiffen nachzufolgen pflegen, um die Negern
zu erhaschen, die etwa als Todte ins Meer geworfen
werden, oder die aus Verzweiflung selbst hinein=
springen.

Die Schiffe, welche hieher handeln, haben
keine Waarenhäuser am Ufer, sondern schlagen statt
derselben jedes Mal Zelte auf. Smith gieng,
als er hier ans Land gestiegen war, zu einem fran=
zösischen Zelte, wo ihm der Bootsmann, welcher
die Aufsicht über die Waaren hatte, und welcher
ein Irländer war, auf englisch einen Trunk an=
bot, den er auch annahm. Er sah daselbst viele
Anker Branntwein im Zelte liegen, die alle von
aussen naß waren. Smith wunderte sich darüber,
und fragte nach der Ursache; der Bootsmann be=
richtete ihm darauf, sie wären alle bei der Ueber=
fahrt aus dem Langboote geworfen, und nachher
wieder aufgefischt worden; dabei erzählte er ihm,
daß sich einer von den Negern zu weit in die See
nach einem Anker Branntwein gewagt hätte, und
von einem kleinen Haifische angepakt worden wäre,
von dem er aber, mit Hülfe seines Messers wie=
der glüklich los kam; die nächste Welle aber habe
zwei andere Haifische mit sich gebracht, die den
armen Menschen vor ihren Augen in Stükken
zerrissen.

Smith schauderte bei dieser traurigen Erzäh=
lung, und der Gedanke an die verwünschten Hai=
fische, die so leicht und so gierig einen Menschen
wegschnappen, flößte ihm einen heftigen Wider=
willen gegen diese Küste ein.

Sobald die Tragmatten, welche unsern Inge=
nieur mit seiner Gesellschaft in das Fort bringen

sollten, in Ordnung waren, sezten sie sich hinein, und wurden so über drei Arme eines Flusses getragen *). Von hier aus giengen sie zu Fusse, weil die Gegend ausnehmend schön war; ja Smith versichert, er habe nie eine angenehmere gesehen.

Sie kamen endlich bei den Forts an. Das französische steht nur einen Musketenschuß von dem englischen; beide sind mit einem dikken Lehmwalle umgeben, um welchen her ein tiefer Graben gezogen ist **). Das englische Fort ist groß und hat vier Batterien, auf welchen 17 schwere Kanonen stehen. Diesem Fort ist die Faktorei Jakquin ***), etwa zwölf Meilen östlicher, und die zu Sabi, ungefähr fünf Meilen nördlicher, untergeordnet. Leztere Niederlassung war vor wenig Jahren durch die siegreiche Armee des grossen und berühmten Königs von Dahome in die Asche gelegt worden ****). Die erste Beute dieses Eroberers war im J. 1724 Groß Ardrah, 50 (englische) Meilen nordwestlich von Sabi. Der König von Ardrah stand mit dem brittischen Statthalter Baldwin zu Fidah

---

*) Dies ist der Fluß Jakin, der hier zwei Inseln hat, welche die gedachten drei Arme bilden.

**) Auch ein portugiesisches Fort war hier. Alle drei bei dem Dorfe Gregoi oder Gregue; diese Niederlassung wird auch nach dem Namen des Landes Fidah genannt.

***) Im Königreich Ardra, am Flusse Jakin.

****) Wovon in dem hierunten folgenden Briefe, und im XI. B. d. W. noch ein Mehreres.

in Geschäften; da sie wegen ihrer Rechnung nicht
miteinander in Richtigkeit waren , so behielt der
König den englischen Faktor Lambe als Geisel zu=
rük, um den Statthalter Baldwin dadurch zu nö=
thigen, seine Rechnung desto schleuniger zu berichti=
gen. Zu derselben Zeit wurde Ardrah durch des
Königs von Dahome's Heer belagert, und nach
einem tapfern Widerstande eingenommen, wobei
der König von Ardrah am Thore seines Pallasts
umkam. Lambe wurde aber als Gefangener vor
den feindlichen General gebracht, der aus Verwun=
derung über ein so seltsames Geschöpf, als ein weis=
ser Mensch ist, ihm das Leben schenkte, und ihn
zu dem Könige seinem Herrn führte. Dieser befand
sich damals zweihundert (englische) Meilen weit im
Innern des Landes, wohin zuvor noch nie ein Weis=
ser gekommen war. Von da aus schrieb Lambe
an den Statthalter Tinker, welcher dem Bald=
win in der Statthalterschaft zu Fidah nachgefolgt
war. Dieser theilte unserm Smith eine Abschrift
von jenem Briefe mit. *)

Nach dieser glüklich gelungenen Eroberung un=
ternahm der König von Dahome eine Landung zu
Fidah und belagerte im Jahre 1726 die Haupt=

---

*) Smith nahm diese Abschrift in sein Tagebuch auf, und
daraus entlehnt folgt dieser gewiß merkwürdige Brief
hier als Beilage am Schlusse von Smith's Reiseb=
schreibung.

ſtadt Sabi, wo der König ſeinen Siz, und die
Engländer, Franzoſen und Portugieſen Faktoreien
hatten. Nach wenig Stunden hatte dieſer Plaz
das nämliche Schikſal wie Ardrah. Seine Majeſtät der König von Fidah entrann; er war ein
ſehr groſſer und fetter Mann, und ließ ſich in einer
Tragematte wegſchleppen. Die europäiſchen Faktoreien wurden geplündert, und die Weiſſen gefangen in das Lager zu Ardrah zu dem Könige von
Dahome geführt. Der Statthalter Tinker, welcher auch vor den Eroberer gebracht wurde, erklärte ihm freimüthig: es würde ihm in den eroberten
Ländern keinen Vortheil bringen, wenn er die Weiſſen mißhandelte; im Gegentheil würde dieſes die
Schiffe abſchrökken an ſeinen Beſizzungen zu landen und dadurch würde aller Handel aufhören und
mit demſelben auch ſeine eigne Größe abnehmen.
Der König gab ihm Recht, und ſagte, ſein General
hätte es wirklich ohne ſeinen Befehl gethan. Er
ſollte nur wieder mit den übrigen Engländern nach
dem Forte zurükkehren, welches ſie auch einige Tage darauf thaten. Als ſie aber durch Sabi nach
Fidah reisten, ließ der General ohne königlichen
Befehl ihre Faktoreihäuſer vor ihren Augen in Brand
ſtekken. Ein trauriger Anblik für dieſe guten Leute, beſonders für den franzöſiſchen Handelsdirektor,
der nicht wie Tinker, nach Europa zurükkehren
wollte, ſondern ſich ſchmeichelte Sabi und die dortige Handlung wieder hergeſtellt zu ſehen!—Dieſer
barbariſche General benahm ihnen aber gar bald al-

le Hoffnung dazu; worauf sie ihren Weg nach den
Forts nahmen.

Nur Ein Beispiel von der Grausamkeit dieses
schwarzen Heerführers. Um die Jugend schon frühe an das Blutvergiessen zu gewöhnen, ließ dieser
Tyrann allen verwundeten und alten Gefangenen,
die nicht zum Verkaufe tauglich waren, durch Kinder von sieben bis acht Jahren die Köpfe abschlagen. — *)

Die Stadt Sabi (oder Xavier) hatte ohngefähr fünf Meilen im Umkreise, die Häuser waren
artig, obgleich nur aus Lehmwänden gebaut, denn
im ganzen Lande giebt es keinen Stein, der nur
so groß wie eine wälsche Nuß wäre. Die Faktoreien waren dennoch nach europäischer Art luftig und
geräumig mit vielen artigen und bequemen Zimmern gebaut. Jede hatte eine grosse offene Halle
mit kühlen Gängen, die alle auf gleicher Erde waren, und unter denselben befanden sich die Waarenhäuser. Diese angenehmen Wohnungen fanden
die Europäer ihrer Gesundheit sehr zuträglich. —
Die Stadt überhaupt war so volkreich daß man sich
bei dem Volksgewimmel nur mit Mühe durch die
wirklich sehr breiten Strassen drängen konnte. Täglich

*) Von der unmenschlichsten Grausamkeit des schwarzen
Tyrannen von Dahome und seiner Knechte, werden
wir in der Folge noch mehrere, noch schröflichere
Beispiele auffinden.

lich war Markt, wo man auſſer den Lebensmittel,
auch noch allerhand europäiſche und afrikaniſche
Waaren feil hatte. In einiger Entfernung von den
europäiſchen Faktoreien war ein groſſer von Bäumen beſchatteter Plaz, auf welchem die europäiſchen Kaufleute und Kapitäne wie auf einer Börſe
handelten. Alles dieſes war aber wenige Tage vor
Smiths Ankunft in Graus und Aſche verwandelt
worden *). —

Der 20ſte April war ein windſtiller Tag, dieſen benuzte Smith und ſeine Geſellſchaft, um
ſich von Fidah aus nach ihren Schiffen bringen zu
laſſen. Ihr Kahn lag auf dem Ufer mit dem Vordertheile nach der See gekehrt, die Reiſenden mußten ſich ins Vordertheil ſezzen, weil die Kahnfüh-
rer hinten gemeiniglich zu eilf oder dreizehn an ihren Rudern ſtehen. Als ſie ſich feſtgeſezt hatten,
nahmen die Negern die Gelegenheit in Acht mit
dem Kahne auf den Rükken einer Welle zuzulaufen;
hierauf ſprangen ſie hinein, und brauchten ihre
Ruder ſo geſchikt, daß ehe die nächſte Welle wieder kam, ſie vor denen, die ſich am Ufer brechen, ſicher waren. Die Gefahr war aber noch
nicht ganz vorüber, denn einige dreiſſig Ellen
weiter hinaus iſt eine Barre, wo die See noch
ungeſtümmer als am Ufer iſt. Sie kamen aber
auch glüklich über dieſe und noch über eine dritte,
welche die allergefährlichſte iſt. Zwiſchen dieſen

---

*) M. ſ. den nachfolgenden Brief.

Geſch. der Reiſen. 8ter Band.　U

beiden sich brechenden Wellen, die wie der rollen=
de Donner brüllten, ruderten sie beinahe eine Vier=
telstunde fort. Als sie aber endlich eine grosse
Welle brechen sahen, thaten sie einen Stoß gegen
dieselbe, und fuhren sogleich durch die nachfolgen=
de, die gewöhnlich sehr klein zu seyn pflegt, und
kamen so zum größten Verdrusse der lauernden
Haifische glüklich an Bord.

Am folgenden Morgen lichteten sie die Anker,
segelten von dieser unglüklichen Küste weg, und
kamen am 8ten Mai auf der Prinzeninsel an, wo
sie frische Lebensmittel, Holz und Wasser einnah=
men, und ihr Schiff kielten.

Am 16ten darauf fuhren sie von da wieder ab,
und passirten am 20sten die Linie. Am 23sten
entdekten sie das Vorgebirge Lopez *), welches
der lezte Ort war, den sie an der afrikanischen Kü=
ste besuchten. Hier hatte Herr Chaloner Ogle
den berühmten Seeräuber Roberts überwunden,
wofür er zum Ritter ernannt wurde **). Unsre
Reisenden hatten noch viele von den Gesellen jenes
Seeräubers auf Kap Kors in Ketten hängen
gesehen.

Da sie ungefähr vier Grade südwärts die Linie
herunter gesegelt waren, kamen sie in den bestän=

---

*) Oder Kap Lobo Gonsalvo.

**) M. s. oben den Bericht des Augenzeugen Atkins
hierüber.

digen Südoſtwind, und ſteuerten faſt vier hundert
Seemeilen in ſüdlicher Breite weſtwärts ab, worauf ſie ſich nordnordweſtlich wendeten, und die Linie wieder am 3ten Junius durchſegelten. Am
folgenden Tage kamen ſie in Windſtillen, die immer um dieſe Jahrszeit, beſonders den nordöſtli-
chen und ſüdöſtlichen beſtändigen Winden nahe bei
der Linie ſind. Das Wetter war ſo trüb, düſter
und regnicht, daß die engliſchen Seeleute, die
auf dem Verdekke bleiben mußten, nicht Kleider
genug zu wechſeln hatten, und ſelbſt unter der Linie war es kalt und rauh. Gewöhnlich konnten
ſie ſich tagtäglich auf einen Tornado *) gefaßt
machen; mit Hülfe dieſer Sturmwinde kamen ſie
aber in den wahren Nordoſtwind, und konnten dann
mit gutem, günſtigem und ſtarkem Winde ihren
Lauf nordnordweſtlich bis zum erſten Julius halten.
Sie befanden ſich da in 13 Grad 19 Minuten
Norder Breite. Auf einmal fanden ſie, daß ihr
Schiff ganz lek war, und daß mehr Waſſer ein-
drang, als ſie wegzupumpen im Stande waren;
ſie geriethen daher in eine groſſe Angſt, weil ſie
ſo weit von Lande entfernt waren, und kein Schiff
zur Geſellſchaft hatten. Nach fleiſſigem Nachſuchen
entdekte der Hauptmann im Hintertheile etwa einen Fuß unter dem Waſſer ein kleines Lek. Sogleich ließ er einen Theil der Ladung anderswohin
bringen, wodurch das Hintertheil leichter, und

---

*) Siehe oben S. 131.

U 2

die Oeffnung aus dem Waſſer gebracht wurde.
Deſſen ohngeachtet nahm das Waſſer immermehr
zu; ſie wendeten daher das Schiff vor den Winde,
wodurch es auch ungleich leichter wurde, ſo daß
ſie gerade mit beiden Pumpen eben ſo viel Waſſer
herausbrachten, als hineindrang. Nun beſchloſſen
ſie auf des Hauptmanns Vorſchlag ihren Lauf
nach Weſtindien zu nehmen, denn ſie waren in
dem beſtändigen Winde von Nordoſt, ſo daß in
erwähnter Breite ein weſtlicher Lauf ſie gerade
nach Barbados bringen mußte. Die Entfernung
betrug nach ihrer Berechnung ſiebenhundert See=
meilen. Warlich ein weiter Weg für ein Schiff,
das bis zum Sinken lek iſt!

Indeſſen beſchloſſen ſie doch den Muth nicht zu
verlieren, und ſich ſo gut als möglich über dem
Waſſer zu erhalten. Zu dem Ende wurde Jedem
ſeine Verrichtung angewieſen. Der Hauptmann
ſollte mit dem Hochbootsmann von vier zu vier
Stunden am Steuerruder abwechſeln; Wheeler
und Smith ſollten einander im Kochen ablöſen,
und für die Leute an der Pumpe warmen Punſch
machen, wovon jeder alle vier Stunden, oder jede
Wache anderthalb Pinten zur Erhaltung ſeiner
Kräfte bekam. Die Bootsleute wurden ebenfalls
in zwei Wachen zu den Pumpen vertheilt. Zwei
kleine Neger=Jungen mußten Küchenjungen Dienſte
verſehen u. ſ. w.

Nach Verlauf von zehn Tagen waren die Leute

des Schiffs alle durch die ausserordentlich strenge
Arbeit schon sehr abgemattet, und fiengen an zu
murren, ob ihnen gleich täglich frisches Vieh ge=
schlachtet wurde, und man sich aufs eifrigste be=
mühete, sie mit der Hoffnung aufzumuntern, daß
sie Barbados bald sehen würden.   Ihr Yawl *)
ein gutes breites Boot, das fünf Leute erforderte,
war auf dem Verdekke, aber ihr Langboot wurde
zwischen den Verdekken verwahrt, es verlangten
daher verschiedene, daß es heraufgebracht, und
nebst dem Yawl mit allen Nothwendigkeiten zum
Lebensunterhalt, und zur Schiffahrt versehen würs=
de, damit sie auf jeden Fall die Boote zur Zu=
flucht hätten.   Dies wollten aber die übrigen nicht
zugeben, aus Furcht, die Muthlosen möchten sich
einmal bei Nacht in das Langboot werfen, und
die übrigen verlassen, welches unvermeidlich das
Verderben des Schiffs gewesen wäre, weil man
alle Leute zum Pumpen nöthig hatte. — Unter=
dessen starben ihnen alle ihre seltenen fremden Thie=
re, aus Mangel an Wartung.

.Am 16ten Julius wurden drei von den Leuten
an der Pumpe ohnmächtig, und für todt vom Ver=
dek getragen; weil man aber deßwegen, die von
der folgenden Wache früher herbei rufen mußte, so
konnte man Schrekken und Verwirrung auf allen
Gesichtern lesen.   Smith stellte aber die Ordnung

---

*) Dies englische Wort, das der Uebersezzer beibehal=
ten hat, bedeutet nichts anders, als ein kleines Boot.

durch ein gutes Frühstük wieder her; während des
Essens sprang einer von den Leuten an der Pumpe
auf, lief im Freudentaumel wie ein Rasender um=
her, und schrie aus allen Leibeskräften: Land!
Land! Jeder wollte es nun mit eignen Augen
sehen. Man ließ daher das Essen stehen, und
alle sahen mit wonnetrunkenem Blik nach der Ge=
gend hin, wo der Erste Land entdekt hatte; die
Augen eines Jeden bestätigten die erwünschte Nach=
richt. Es war wirklich die Insel **Barbados**.

An demselben Tage, nämlich am 16ten Ju=
lius Nachmittags um 4 Uhr ankerten sie glüklich
in der **Carliolebay**, die damals voller Schiffe
war. Noch in derselben Nacht kam **Thomas
Leake, Esquire**, Agent der königlichen Gesellschaft,
ihre ermüdeten Leute von der Pumpe abzulösen,
und am folgenden Morgen gieng **Smith** in **Herrn
Leakes** Wohnung. Hier traf er seinen Freund
D. Warren, der ihn zu dem Statthalter **Wors=
ley** führte, wo er zur Tafel geladen wurde; ihr
Vergnügen ward aber durch die Ankunft der Nach=
richt von dem Tode seiner Majestät gar sehr ge=
stört.

Unterdessen arbeitete man mit der größten Eil=
fertigkeit an der Wiederherstellung des Schiffs.
Als man einst der Hauptmann **Livingstone**, mit
Herrn **Leake** und einigen anderen Herren am
Borde war, pumpten die Leute einen kleinen halb

verfaulten Delphin heraus, der weder Kopf noch
Schwanz hatte, und ungefähr zwei und dreißig
Zoll lang war. Diesem Fische hatten die Britten
aller Wahrscheinlichkeit ihr Leben zu danken; denn
da er im Lek gelegen war, so hatte er daßelbe so
weit verstopft, daß das Waßer nicht noch stärker
eindringen konnte. Um deßwillen nahm ihn der
Hauptmann, und bewahrte ihn sogleich in Wein-
geist auf, um ihn als Denkmal dieser höchst wun-
derbaren Rettung mit sich zu nehmen.

Nachdem das Schiff gehörig ausgebeßert, ge-
kielt und verpicht war, segelten unsre Britten am
18ten August 1727 wieder von Barbados ab.
Sie hatten guten Wind, und eine glückliche Fahrt.
Alle ihre Trübsale schienen nun überstanden zu
seyn, und sie sahen nun täglich dem erwünschten
Haven entgegen, indem sie ihre vaterländische Erde wieder betreten sollten.

Am 22sten September erreichten sie das Vorgebirge Lizard *), und kamen mit einem mittel-
mäßigen Südwestwinde in den Kanal. Am 26sten
waren sie der Insel Wight gegen über, von wo
sie sich aber wegen des widrigen Windes nach
Portsmouth wenden mußten. Sie ließen zwar

---

*) Südlich vom Vorgebirge The Land's End — des
Landes Ende — welches die südwestlichste Spizze
von England ist.

ihre Wimpeln wehen, und thaten drei Nothschüsse,
aber kein Lotse wollte sich zu ihnen hinauswagen;
endlich gelang es ihnen in Portsmouth noch den=
selben Tag glüklich einzulaufen, und Smith reis=
te dann von da nach London.

Beilage

zu Smith's Reise nach Guinea.

Bullfinch Lambe's,

vormaligen brittischen Faktors zu Sabi,

Brief an den brittischen Statthalter Tinker, zu Fidah *).

Aus Truro Audatis, Königs von Dahome **),
Palaste zu Abomeh, den 27sten November 1724.

Mein Herr!

Vor ungefähr fünf Tagen gab mir der König Ihren Brief vom 1sten jezt laufenden, und verlangte sogleich, daß ich solchen in seiner Gegenwart beantworten sollte, welches ich that. Aus der lezten Unterredung, die ich mit seiner Majestät gehalten,

---

*) Da dieser Brief zu Smith's Reisebeschreibung gehört, so füge ich ihn derselben unverändert bei, ob er gleich ein Beitrag zur Geschichte des grossen Negerkönigreichs Dahome ist, dessen nähere historisch-geographische Beschreibung erst im XI. B. d. W. folgen kann. Norris hat uns mit guten Nachrichten davon versehen. (M. s. die Einleitung im VII. B. d. W.)

**) Norris nennt diesen König: Guadscha Trudo.

als ich Ihren Brief bekommen, urtheile ich, daß
er nicht sehr darnach verlangt, einen Preis zu
meiner Loskaufung zu bestimmen; denn da ich ihm
sehr anlag, mir zu sagen, unter was für Bedingungen ich loskommen sollte, so antwortete er immer, er verlangte nicht, mich zu verkaufen, ich
sei kein Neger. Als ich weiter in ihn drang, so
forderte er im Scherze siebenhundert Sklaven; welches Einen zu vierzehn Pfund gerechnet, auf zehn
tausend Pfund Sterling käme. Diese ironische Art
zu reden, machte, daß mir, wie ichs ihm auch
sagte, das Blut in den Adern erstarrte. Als ich
mich erholt hatte, fragte ich ihn, ob er mich für
den König meines Landes hielte? Ich sezte hinzu,
Sie und die Gesellschaft würden glauben, wir hätten beide den Verstand verloren, wenn ich schreiben sollte, was er mir sagte. Darauf lachte er,
und sagte, ich sollte nichts dergleichen in den Brief
sezzen; denn er wollte seinen vornehmsten Handels-
hauptmann schikken, mit ihnen darüber zu sprechen, und wenn Sie nicht was recht Schönes für ihn
hätten, so müßten Sie seinetwegen an die Gesellschaft schreiben.

Zur Antwort sagte ich ihm, ich sähe wohl, ich
sollte in seinem Lande sterben, und bäte nur, einige von seinen Leuten nach Kleidern und Nothwendigkeiten für mich zu schikken, welches er bewillig-
te. Ich sehe also, daß kein anderer Weg ist, mich
loszumachen, als wenn ihm die Gesellschaft eine

Krone und Zepter zum Geschenke sendet, welches
von dem, was man noch dem lezten Könige von
Ardrah schuldig ist, kann bezahlt werden. Sonst
glaube ich, wird ihm alles zu schlecht seyn, weil er
mit Silber, gearbeitetem Golde, und andern Kost=
barkeiten reichlich versehen ist, auch mit allen Ar=
ten von Rökken, Kleidungen, Hüten u. s. f. Er
hat auch alle Arten gemeine Güter, ohne Maaß,
und giebt Buschis, wie Koth weg, und Branntwein
wie Wasser, denn er ist ungemein eitel und stolz.
Bei dem allem ist er der größte Krieger und reichste
König in diesem Welttheile, und wird sicherlich
mit der Zeit alle Länder um ihn herum unter sich
bringen. Er hat schon seine beiden vornehmsten
Paläste rund herum mit Menschenschädeln be=
legt, so dikke sie an den Mauern an einander lie=
gen können. Alle diese hat er im Kriege umge=
bracht. Jeder von diesen Palästen ist im Umkreisse
grösser, als St. Jamespark, etwa anderthalb
Meilen in der Rundung.

Er spricht viel von Aufrichtung eines Vergleichs
mit der Gesellschaft, und daß weisse Leute herkom=
men sollten. Sie müssen ihn dazu anfrischen, und
melden, das Mittel dazu sey, mich loszugeben;
denn er spricht, er wollte gern, daß Schiffe an
einen Ort kämen, nur seiner Sklaven wegen, und
ihm solche Dinge zu bringen, die sich für so einen
König, wie er, schikten. Dieß alles höre ich wil=
lig von ihm an, und wenn Sie ihn in diesen Ge=

danken erhalten, so kann es ein wirksames Mittel
seyn, mir aus diesen elenden Umständen zu helsen.
Ich hoffe, meine gütigen Herren werden mei=
nen Zustand in Betrachtung ziehen, und an das
gedenken, was ich ihrentwegen so lange und so
häufig ausgestanden, und in was für Elend ich
noch bin. Ich bin von allen Ergözzungen des Le=
bens, nicht nur von meiner Frau und meinen
Freunden, sondern von allem Umgange überhaupt
abgesondert, gleichsam lebendig begraben, und
glaube, nichts gleicht meinem Unglükke, da ich
meine Jugend so umsonst an so einem verwünschten
Orte zubringen muß.

Er hat es gern, wenn Briefe oder sonst etwas
an mich kömmt, und es würde ihm zu verächtlich
seyn, mir etwas vorzuenthalten, wenn es auch
zwanzig Sklaven wären. Ich glaube auch nicht,
daß er einen andern Weissen, welcher hieher käme,
aufhalten würde; denn mich sieht er als einen
Kriegsgefangnen an. Er schäzt mich sehr hoch,
weil er nie einen Weissen hier gehabt hat, als
einen alten portugiesischen Mulatten, den er, so
viel ich rechnen kann, für fünfhundert Pfund von
den Popoern gekauft. Ob dieser Weisse gleich
sein Sklave ist, so hält ihn doch der König wie
einen Kaboschir, und hat ihm zwei Häuser, und
eine Menge Weiber und Bedienten gegeben.
Vielleicht bessert er, (als ein Schneider) etwa alle
zwei oder drei Monate eine Kleinigkeit für Seine

Majeſtät aus, aber ſehr ſchlecht; ſo, daß wenn
ein Schneider, Zimmermann, Schmidt, oder an=
derer Weiſſe, welcher frei wäre, herkommen woll=
te, er viel Verdienſt haben, und groſſe Gewogen=
heit genieſſen würde, wenn er ſich nur dieſes Le=
ben eine Zeitlang könnte gefallen laſſen; denn Sei=
ne Majeſtät bezahlen Jeden, der für ſie arbeitet,
ausſchweifend.

Vielleicht wäre dies auch ein Mittel, daß
er mich gehen lieſſe, unter dem Verſprechen, daß
ich wiederkommen, und mit ihm handeln wollte.
Jezt aber ſpricht er, wenn ich fortgienge, ſo
wüßte er nicht, ob er jemals wieder Weiſſe zu ſe=
hen bekäme; denn er glaubet, ſie vermehren ſeine
Pracht. Wenn alſo einer, es möchte ſeyn wer es
wollte, herkömmt, und wieder abreißt; ſo wird
er auf die Gedanken gerathen, daß mehr Weiſſe
kommen werden, und alſo mich gehen laſſen, um ſie
dazu anzufriſchen. Wenn mein Bedienter, Hein=
rich Tench, zu Whidah iſt, und zu mir kommen
will, ſo kann es ihm wohl mit der Zeit viel Vor=
theil bringen; denn weil es ein Knabe iſt, wird
ihm der König ganz und gar gewogen werden.

Ob ich gleich nichts für ihn thue, ſo hat er
mir doch ein Haus und ein halb Duzend Sklaven
und Sklavinnen gegeben, nebſt beſtändigen Ein=
künften mich und ſelbige zu unterhalten. Wenn ich
den Branntwein liebte, ſo könnte ich mich bald zu
Tode ſaufen, weil genug davon da iſt, wie auch von

Zukker u. dgl. Wenn er, wie oft geschieht, Och=
sen schlachtet, so bekomme ich sicher mein Viertheil,
und manchmal ein lebendig Schwein, Schaf oder
eine Ziege, so daß ich nicht verhungern werde. Wenn
er öffentlich ausgeht, so werden der Portugiese und
ich gerufen, den ganzen Tag in der Sonne zu si=
zen; nur dürfen uns unsere Jungen alsdann die
Rideysols oder Sonnenschirme über die Köpfe
halten. Aber er bezahlet uns gut dafür, zu Zei=
ten mit zwei, drei und vier Grand Rabes, und
einer grossen Flasche Branntwein, daselbst zu trin=
ken, nebst noch zwei oder drei mitzunehmen.

Auf diese Art leben also der Portugiese und
ich, so gut wir können, und sind zufrieden, wenn
wir uns nur noch gesezt erhalten. Weil ich mei=
nes elenden Lebens überdrüssig war, so bat ich
Seine Majestät vor einiger Zeit, mich seinem Ge=
nerale zuzugeben, daß ich zu Pferde mit in den
Krieg gienge. Darein wollte er aber gar nicht wil=
ligen, und sagte, er verlangte nicht, daß ich um=
kommen sollte; denn er wollte mir bald was anders
auftragen; daher sollte ich ruhig zusehen, was er
thäte. Dieß verstehe ich jezt noch nicht. Der Ge=
neral war auch dawider, daß ich nicht in den Krieg
gehen sollte; denn wenn ich umkäme, so möchte
der König auf ihn, als ob er die Gelegenheit dazu
gewesen, zornig werden. Indessen befahlen Seine
Majestät, mir ein Pferd zu geben, und sagte,
wenn er ausgienge, sollte ich bei ihm seyn. Er

läßt sich oft in einem schönen Tragesessel mit vergoldeten Aermen und Vorhängen austragen. Er
hält sich auch oft in einigen seiner andern Paläste
auf, die etliche Meilen von hier, und wie mir berichtet worden, eilfe an der Zahl sind.

Da es sehr beschwerlich ist, ein ungesattelt
Pferd zu reuten, so bitte ich Sie, mir gewiß ein
altes Pferdezeug, mit Spornen und Peitsche zu
senden. Der König hat mir gleichfalls aufgetragen, Sie um das beste Pferdezeug, welches zu
Whidah zu haben ist, zu schreiben, wofür er bezahlen will, was verlangt wird, auch um ein
paar Schuhschnallen, und einen englischen Hund.
Wenn Sie es für gut finden, so können Sie es an
mich senden, mit der Versicherung, daß auch ein
schlechtes Geschenk von mir nicht nur angenehm
seyn, sondern auch mich beliebter machen wird, ich
mag nun bleiben oder abreisen. Ich bitte also,
schikken Sie mir dasjenige unfehlbar, was von diesen Sachen zu erhalten ist, wodurch nicht nur mein
elender Zustand kann verbessert werden, sondern
Seine Majestät auch auf die Gedanken kommen
werden, daß man gar nicht daran denket, mich
loszukaufen, und mich also, wenn sie einmal bei
guter Laune sind, fortschikken dürften.

Ich hoffe, Sie werden kein Bedenken tragen,
alles zu schikken, warum ich schreibe, da ich seit
meines Aufenthalts in Guinea weder Besoldung,
noch Kostgeld bekommen habe. Sie dürften sich

auch nicht wundern, daß ich um so viel schreibe, denn Seine Majestät haben befohlen, ein ander Haus für mich in einer Stadt zu bauen, wo er meistens hingeht, wenn er Kriegsanstalten machet. Dieß erfüllet mich mit betrübten Gedanken; denn es scheint, als dürfte ich sobald noch nicht aus der Gefangenschaft kommen.

Wenn Sie wollen, daß ich mit dem Könige um einige Sklaven handeln soll, so müssen Sie seinen Leuten davon sagen, und mir einen Aufsaz schikken; denn so lange ich hier bin, will ich gern der Gesellschaft alle mögliche Gefälligkeit erweisen. Ich muß aber alsdann ein Verzeichniß von allen Arten von Gütern mit Zeichen und Zahlen, auch den Preisen, zu Vermeidung des Irrthums erhalten.

Seine Majestät haben mir den größten Theil des Papiers abgenommen. Er hat jezt einen fliegenden Drachen im Kopfe, und ob ich ihm wohl gesagt habe, daß dieses nur ein Kinderspiel wäre, so spricht er doch, ich müßte einen für ihn und mich machen, damit zu spielen. Ich ersuche Sie also um zwei Buch ordentlich Papier, und etwas Gepaptes dazu, auch um ein Stük Lunte, denn Seine Majestät verlangen bisweilen von mir, ich solle seine grossen Stükke losbrennen, und ich fürchte, durch die Funken um meine Augen zu kommen. Er hat fünf und zwanzig Kanonen, von denen einige über tausend Pfund wiegen; man sollte denken, der Teufel hätte ihm geholfen, sie hieher zu schaffen, da dieser Ort über zwei hundert Meilen von Whidah, und wenigstens hundert und sechzig von Ardrah ist. Seine Majestät vergnügen sich sehr, sie jeden Marktage zweimal rund herum abfeuern zu lassen, ausgenommen jezt, da seine Leute Lafetten dazu machen.

Ob er gleich ein Herr von grossen Gaben zu sein scheint, so findet er doch ein besonderes Vergnügen an Spielwerken, und seltsamen Einfällen. Wenn Sie Etwas dergleichen haben, so bitte ich, mir solches, wie auch Bücher und Gemälde zu schikken; denn er sieht gerne in Bücher, und trägt ordentlich ein lateinisches Meßbuch in seiner Tasche, welches er von einem Mulatten bekommen hat. Wenn er jemanden eine Bitte versagen will, so sieht er so aufmerksam in dieses Buch, als ob er es verstände.

Er schmattert gern auf Papier, und schikket mir oft Briefe, aber auch allemal einen Dollmetscher, mit einer guten Flasche Branntwein, und einen oder ein paar grossen Kabes. Wenn etwa dort eine abgesezte Beischläferinn ist, sie mag eine Weisse oder Mulattinn seyn, die nach diesem Lande kommen will, seine Frau zu werden, oder ihre alte Handthierung fortzusezzen; so würde ich durch sie seiner Majestät Herz gewinnen, und er würde alles glauben, was ich ihm vorsagte, z. E. daß ich fortgehen, und mit mehr Weissen von der Gesellschaft zurükkommen wollte. Kein Weibsbild,

das herkömmt, hat sich etwa eines Zwanges zu
befürchten; denn er hat wenigstens zwei tausend
Weiber, die er besser, als sonst ein schwarzer König hält, und nichts, als für ihn selbst, in seinem Hause oder Palaste thun läßt, der einer kleinen Stadt gleicht. Wenn hundert und sechzig,
oder zwei hundert von ihnen mit kleinen Gefässen
nach Wasser gehen, so tragen sie den einen Tag
reiche seidene, den andern scharlachene Kleider,
mit drei oder vier breiten Korallenschnüren um den
Hals, und ihre Führer haben bisweilen karmosine,
grüne oder blaue Sammtkleider, mit silbernen vergoldeten Stäben in den Händen.

Als ich erst herkam, so hatte der Portugiese
eine Mulattinn, mit welcher der König sehr wohl umgieng, und ihr viele Geschenke gab. Sie hatte
zwei Weiber, und ein Mädchen zur Bedienung.
Da sie aber an den Pokken gestorben, so will er
gerne mehrere haben, und sagt, kein weisser Körper
sollte etwas vergebens verlangen, das er für Gold
zu erkaufen wüßte. Er muntert auch schwarze
Fremde sehr auf, und ist einigen Malayen, (Mul-
lahs) die jezt hier sind, sehr gnädig.

Das Land ist wegen seiner Höhe, da es beständig schöne kühle Winde hat, sehr gesund. Es
ist auch sehr angenehm. Man hat das grosse Po-
po im Gesichte, ob gleich weit entfernt. Auch
plagen uns die Mükken nicht.

Ich hoffe, ich werde noch bessere Gelegenheit

haben, die Macht und Grösse dieses Siegers zu beschreiben, die mich oft erstaunt gemacht hat, weil ich nicht vermuthete, so was in diesem Welttheile zu finden. Ich will daher meinen Brief mit einer kurzen Erzählung von dem Kriege beschliessen, den ich selbst mit angesehen, und aus dem ich nichts auf der Welt gerettet, als was ich auf dem Leibe gehabt, und darinn beinahe im Feuer umgekommen wäre. Dieses würde mir mit hundert andern wiederfahren seyn, wenn mir nicht ein Mann über die Mauer des alten Blankos Hause geholfen hätte, in das ich eingeschlossen war, sobald das Kriegsgeschrei kam. Ohne dieses Unglük würde ich vielleicht entronnen seyn. Ich vermuthe, daß der König von Ardrah und der alte Blanko dieß befürchtet haben, weil sie mich eingesperrt hatten.

Da dieses Haus das erste war, welches die Dahomeier anstekten, so kam ich zeitig genug heraus, um ein betrübter Zuschauer der folgenden Verwüstung zu seyn. Gleich darauf führten sie mich durch die Stadt zu des Königs Haus, wo der General von Dahome war. Ob er gleich sehr beschäftigt, und auf seinen Sieg stolz war, so nahm er mich doch gütig bei der Hand, und gab mir einen Trunk, welches ein Trost für mich war, ob ich ihn gleich nicht kannte. Zuerst hielt ich ihn für des Königs von Ardrah Bruder, ob ich mich alsdann wohl verwunderte, daß sein Gesicht so zerfezt war, und das Haus in Flammen stand. Ich erfuhr aber bald, wer er war.

Als wir ausgiengen, so konnten wir vor ents
haupteten Leichnamen kaum fortkommen, und wenn
es Blut geregnet hätte, so würde solches nicht dik=
ker auf dem Boden liegen können. Beim Einbruche
der Nacht gieng ich unter einem Haufen Volks mit
dem Generale nach dem Lager. Nachdem er mir
hier zwei bis drei Trunke gegeben, so ließ er mich
bei einem von den kleinen Kriegshauptleuten, der
sehr gütig und sorgfältig mit mir umgieng. Am
Tag darauf brachten sie mir einen von meinen Jun=
gen, welcher des Hauptmann Blankos Sohn
war, aber weil selbiger so tödlich in den Kopf ver=
wundet war, daß man das Gehirn sah, so war
er nicht im Stande, mir zu melden, was sie
sagten.

Zwei Tage darauf ließ mich der General bei
sich und seinem Hauptmann sizzen, weil sie die
Sklaven durchzählten; indem sie jedem ein Buschi
gaben. Die Zahl stieg auf zwei grosse Kabes,
welche achthundert Sklaven ausmachten. Ich sah
unter selbigen noch zwei von meinen Jungen, von
denen einer ins Knie, der andere ins dikke Bein
verwundet war. Dieser Zufall gab mir Gelegenheit,
etwas mehr mit dem Generale zu sprechen, der
sich bemühte, mir ein Herz zu machen, eine Fla=
sche Branntwein forderte, mir zutrank, und das
übrige mich behalten ließ. Er bot mir auch eini=
ge Stükke Sletias u. s. f. an, welches ich aber,
weil sie mir nichts nüz waren, ausschlug, und

meldete, wenn sie unter der Beute Hemden oder
Kleider fänden, so wollte ich ihnen dafür danken,
weil ich, wie ihr selbst errathen könnet, sehr be-
schmuzt aussah.

Die Leute, deren Gefangene meine Bedienten
waren, wollten sie, ohne dabei zu seyn, nicht zu
mir kommen lassen. Indessen sagte der General,
ich sollte darüber im geringsten nicht unruhig seyn;
denn Niemand sollte mir etwas thun, bis ich den
König, seinen Herrn, gesehen, der mich, wie in
der That geschah, gütig aufnehmen würde. Der
General gab mir ein Rideysol, oder Sonnen-
schirm, und einen Tragsessel, um mich das Land
hinaufzuschaffen, welches ich freudig annahm.

Weil ich gesehen hatte, wie viel Grausamkeiten an den Leichnamen alter Männer und Weiber begangen wurden, auch an denen, welche
wegen ihrer Wunden, und weil sie verbrannt waren, u. s. f. nicht fortkommen konnten; so war
es natürlich, daß ich mich fürchtete, besonders
den ersten Morgen, da sie mich, nach meiner Ein-
bildung, zum Opfer ausführten. Eine Trommel
schlug einen Todtenmarsch vor mir her, und viele
hundert versammelten sich um mich, welche sprangen und schrieen, daß es gen Himmel schallte.
Viele hatten blosse Schwerter und Messer in den
Händen, welche sie um mich, als ob es auf die
Hinrichtung losgienge, herumschwangen. Weil ich
indessen Gott um Barmherzigkeit anflehte, so schifte

der General meinem Hauptmann Befehl, mich zu
ihm zu bringen, da er sich zwei Meilen vom La=
ger befand. Sein Befehl ward sogleich erfüllt,
und ich zu ihm gebracht. Womit sich meine Furcht
endigte.

Ich sollte auch einige Nachricht von meiner
Vorführung beim Könige ertheilt haben, wenn
Seine Majestät nicht diesen Augenblik eilfertig
nach gegenwärtigem Briefe schikten, so daß ich ihn
weder auszubessern noch abzuschreiben Zeit hatte.
Ich hoffe daher, Sie werden die Wiederholungen
und andere Fehler verzeihen, und bin

Ihr ꝛc. ꝛc. ꝛc.

Bullfinch Lambe.

Unser Reisebeschreiber Smith fügt diesem
Briefe die Nachricht bei, daß Bullfinch Lambe,
nachdem er ungefähr zwei Jahre an dem Hofe des
Königs von Dahome gewesen, endlich auf das
Versprechen mit mehreren Europäern wieder zu
kommen, von dem Negermonarchen losgelassen,
und bei der Abreise reichlich beschenkt worden sei,
so daß er mit einem baaren Vermögen von etwa
2000 Pfund Sterling *) am Werthe nach Fidah
kam, wo er sich aber nur kurze Zeit aufhielt, und

---

*) Folglich ungefähr 20,000 Gulden rheinisch!

dann nach Barbados reiste. Daselbst traf ihn
Smith auf seiner Rükreise.

Hier enden sich die Reiseberichte des brittischen
Ingenieurs Smith, und mit denselben würden
wir diesen Band schliessen, wenn nicht auch Snelgrave in seiner Reise nach Sidah und Dahome *)
uns einige bemerkenswerthe Nachrichten von jenem
Bullfinch Lambe mittheilte, die hier am beßten
ihre Stelle finden.

Snelgrave kam im März 1727 wieder nach
Sidah **), wohin er schon vorher verschiedene
Reisen gethan hatte, und traf daselbst alles in
schröklichster Zerstörung an; denn etwa drei Wochen vorher hatten die Dahomeer das Königreich
Sidah angefallen, erobert und verwüstet ***).
Die Europäer waren aus ihren Faktoreien weg in
die Gefangenschaft geschleppt, doch bald wieder
losgelassen worden; das Feuer hatte alles weit

---

*) Welche Reisebeschreibung mit Weglassung dessen,
was hier schon daraus entlehnt wird, im XI. B. d.
W. ihre gebührende Stelle erhält.

**) Snelgrave kam also kurz vor Smith (m. f. oben)
hier an, und blieb länger im Lande, als dieser. Er
war gerade während Smith's Aufenthalt auf dieser
Küste, am Hofe des Königs von Dahome.

***) Dasselbe sagt auch Smith. (M. f. oben.)

umher vertilgt, und die Felder waren mit Leichnamen ermordeter Negern wie übersäet.

Die hier wohnenden Britten erzählten nun ihrem Landsmann Snelgrave die ganze Geschichte
dieses Kriegs, und so erfuhr derselbe auch die
Schiksale des Faktors Lambe, von welchen er
uns folgendes berichtet, das zur Ergänzung der
Nachrichten, welche Smith mitgetheilt hat, dienen kann:

Der Statthalter der brittischen Niederlassung
zu Jaquin schikte (um's Jahr 1722) den Faktor
Bullfinch Lambe nach Ardrah, um gewisse
Handelsgeschäfte mit dem Könige von Ardrah in
Ordnung zu bringen. Dieser Negermonarch machte eine Forderung an die Britten von hundert Sklaven am Werthe, die er ihnen nach Jaquin geliefert zu haben behauptete. Unter diesem Vorwande
behielt er den genannten Faktor in seiner Residenz
zurük, und ließ dem brittischen Statthalter melden, er würde denselben zum Sklaven machen,
wenn er ihm nicht sogleich den Werth von den be-
sagten hundert Sklaven bezahlte. Der Statthalter
weigerte sich dessen, und Lambe mußte in der
Gefangenschaft zurükbleiben; doch wurde ihm sehr
gut begegnet; auch wurde er nicht als Sklave behandelt.

Lambe war schon gegen zwei Jahre in dieser
Gefangenschaft, als Ardrah von den Dahomeern
erobert wurde, in deren Gewalt er jezt fiel. Diese

brachten ihn vor ihren König, welcher vorher noch
nie einen Weissen gesehen hatte, und diesen ersten
daher sehr gütig aufnahm. Der schwarze Eroberer
ließ ihm eine eigene Haushaltung einrichten, schenkte ihm mehrere Negern zu Bedienten, und gab
ihm selbst einige seiner nahen Anverwandtinnen zu
Weibern. So lebte Bullfinch Lambe gegen drei
Jahre an dem Hofe des Königs von Dahome, und
würde wahrscheinlich vergnügt gewesen seyn, wenn
er sich nicht so sehr nach seinem Vaterlande zurük-
gesehnt hätte. Voll von dieser Sehnsucht lag er
dem Könige immer mit Bitten an, ihn doch zurük-
reisen zu lassen. Endlich willigte dieser darein, beschenkte ihn königlich bei der Abreise *), und schikte sogar auf dem ganzen Wege, den er auf seiner
Rükreise bis zur Küste nehmen mußte, Boten vor
ihm her, welche in allen Städten und Dörfern,
durch die er ziehen mußte, den Befehl ertheilten,
diesem Weissen nicht nur mit Hochachtung zu begegnen, sondern ihn auch mit allem Nöthigen beßtens zu versorgen.

Nach Lambe's Abreise fiel der König von
Dahome auch das Königreich Fidah an und eroberte es. Lambe hatte ihm während seiner Anwesenheit immer davon abgerathen, theils wegen

---

*) Nämlich, das Geschenk bestand in 320 Unzen oder
20 Pfund Gold (gegen 9,000 fl. am Werthe) und
acht Sklaven. (M. s. oben.)

des Widerstandes den ihm die mit Feuergewehr
gut versehenen Fidaher leisten würden, theils wegen der Europäer, die wohl gezwungen wären,
den Fidahern beizustehen. — Diese Hindernisse
hielten den Eroberer nicht davon ab; er erfuhr
durch Kundschafter, daß der König von Fidah ganz
in Wollüsten versunken ein Weichling geworden
war, und die Regierung seinen Vornehmen überlassen hatte, daß diese unter sich uneins, und daß
die Unterthanen mit ihrer Regierung höchst unzu-
frieden waren. Diese günstigen Umstände benuzte
der Monarch von Dahome auf's beßte, überfiel
Fidah, trozte dem Aberglauben, den die Fidaher
ihm statt der Waffen entgegensezten *), eroberte
die Hauptstadt, wo sich damals die europäischen
Statthalter aufhielten, welche mit ihrem ganzen
Gefolge gefangen genommen wurden, und bemei-
sterte sich des ganzen Landes.

Unter diesen Europäern befand sich auch der
abgehende brittische Statthalter Tinker **), welcher so eben im Begriffe war, nach Europa zurükzukehren, und sein Nachfolger Duport. Der portugiesische Statthalter war glüklich entwischt. Die-

---

*) Nämlich sie stellten ihnen ihre heiligen Schlangen
   entgegen, welche aber ihrer Heiligkeit oder Göttlich-
   keit ohngeachtet von den Dahomeern in Stükken gehauen wurden.

**) Von welchem oben.

se Europäer wurden vor den König gebracht, welcher sich wegen der ihnen wiederfahrnen Mißhand-
lungen entschuldigte, und sie ohne Lösegeld wieder
entließ; aber das, was ihnen bei der Eroberung
von Sabi geraubt worden war, das wurde ihnen
nicht ersezt; doch schenkte der König den vornehmsten unter ihnen einige Sklaven, und versprach ihnen, nach vollbrachter Eroberung der Küstenlän-
der für das höhere Aufblühen der Handlung be-
sorgt zu seyn.

Er hielt auch darin Wort; denn als Snelgrave bald darauf hieher kam, so berief er ihn zu
sich, behandelte ihn sehr gütig, und ließ sich wegen der Zölle äusserst billig finden. In seinen Un-
terredungen mit diesem Britten beklagte sich der
Negermonarch gar sehr über den Faktor Bullfinch
Lambe. Er sagte, er habe ihn doch so gut behandelt, habe ihn nicht nur frei losgegeben, sondern ihn auch noch ansehnlich beschenkt, und doch
halte ihm dieser Weisse seine eidlich gegebene Versicherung wieder zu kommen gar nicht, denn nun
seien schon seit seiner Abreise zwölf Monden ver-
flossen. — Snelgrave entschuldigte seinen Landsmann so gut er konnte; er antwortete dem König,
er kenne zwar den Lambe nicht weiter, da er aber
gehört habe, derselbe sei von Fidah nach Barbados gereiset, welche Insel weit von England entfernt liegt, so glaube er doch, er werde seinem
Eide getreu wieder kommen; denn die Zeit sei noch

zu kurz, als daß er in derselben die Reise von Fidah nach Barbados, von da nach England, und von da zurük nach Guinea hätte machen können.

Der Negerkönig bezeugte dem Snelgrave seine grosse Sehnsucht, den Lambe wieder zu sehen, und erzählte ihm, er habe diesem einen jungen Neger Namens Tom, der in Diensten der brittischen Faktorei zu Jaquin stand, daselbst die englische Sprache erlernt hatte, und nachher mit Lambe zu Ardrah gefangen worden war, auf die Reise nach Europa mitgegeben, damit dieser Neger nach seiner Rükkunft ihm das Gesehene berichten und sagen könnte, ob das Alles wahr wäre, was ihm Lambe während seines Aufenthalts an seinem Hofe von dem Könige von England, und von den Sitten und Gebräuchen der Britten erzählt habe.

Am Ende sezte der Monarch von Dahome noch hinzu: „Sollte aber auch Lambe seinen Eid brechen, und nicht wieder kommen, so werde ich doch seine Niederträchtigkeit die andern Europäer nicht entgelten lassen; was ich ihm geschenkt habe, ist eine Kleinigkeit, die ich nicht achte; käme er nur bald wieder, so wollte ich ihm gerne noch obendrein das größte Schiff voll Sklaven schenken!" —

Snelgrave kam nachher wieder nach Fidah. Lambe war aber noch nicht zurükgekommen, endlich traf er ihn im Jahr 1731 in London, wohin

er in demſelben Jahre, nach einem langen Auf=
enthalte in Amerika mit ſeinem Tom gekommen
war. Lambe hatte dem Könige von Großbrit=
tannien einen Brief im Namen des Königs von
Dahome überreicht; als er aber darüber befragt
wurde, geſtand er, daß dieſer Negerkönig nichts
davon wiſſe. Dennoch wurde beſchloſſen, den
ſchwarzen Tom ſeinem Herrn wieder zu ſchikken.

Unterdeſſen mußte dieſer Tom für einen Ne=
gerprinzen, für einen Abgeſandten des Königs von
Dahome gelten; denn dazu hatte ihn das lügenhafte
Gerücht in London ſchon gemacht. Ja, die Sache
gieng ſo weit, daß die Schauſpieler — aus Spe=
kulazion! — mehrere Male auf ihre Anſchlagzet=
tel ſezten: „Zum Vergnügen des Negerprinzen
Adomo Oroonoko Tomo„.

Snelgrave lachte über den Schwank, und
hatte Mühe genug, das Publikum eines beſſern
zu belehren. Dem Lambe rieth er, nicht wieder
nach Dahome zurükzukehren, indem der König
wahrſcheinlich über ſein langes Ausbleiben ſehr
aufgebracht über ihn ſeyn mußte.

Tom wurde darauf mit koſtbaren Geſchenken
für den König von Dahome beladen von dem Her=
zog von Richmont auf dem Kriegsſchiffe der Ti=
ger, unter Hauptmann Berkeley nach Sidah
zurükgeſchikt. Sein Monarch nahm ihn ſehr gnä=
dig auf, und wollte den Hauptmann Berkeley
aus Dankbarkeit reichlich beſchenken. Dieſer war

aber schon wieder abgesegelt, weil er nicht so lange auf der Rhede liegen bleiben wollte, bis der Neger aus dem Innern des Landes, wo er den König aufsuchen mußte, wieder zurükkäme. —

So weit geht Snelgrave's Erzählung. — Die so interessante Geschichte des Negerkönigreichs Dahome auf der Sklavenküste folgt im eilften Bande dieses Werks, welcher der nähern Beschreibung dieses Theils von Guinea bestimmt ist.

Ende des achten Bandes.

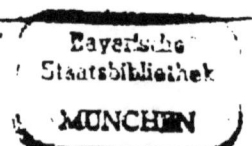